黄帝内经十二时辰养生法 II

全天候身体健康调理法

○王彤 著

化学工业出版社
·北京·

内容简介

本书从日常生活着手，帮我们解读《黄帝内经》里的养生大智慧，告诉人们什么时候应该做什么、不应该做什么，指导我们按照人体生物钟的养生规律来保养我们的身体。每一章都向人们清楚地解析了应时养生、择时养生的秘密，将人体十二经络与十二时辰一一对应起来，从而完美地揭示了时间医学的养生真谛。

年有十二月，日有十二时，五脏六腑有神明。只要我们每天按照人体的本性好好生活，在正确的时间做正确的事，好好吃饭、好好睡觉，供养好我们的先天真元，养生就会变得非常简单！本书讲的就利用人体经络的养生规律保养我们全家的健康。掌握了人体自身的秘密，也就掌握了健康长寿的秘密！

图书在版编目（CIP）数据

黄帝内经十二时辰养生法Ⅱ/王彤著．—北京：化学工业出版社，2009.8

ISBN 978-7-122-05975-8

Ⅰ.黄…　Ⅱ.王…　Ⅲ.内经-养生（中医）-普及读物
Ⅳ.R221-49　R212-49

中国版本图书馆 CIP 数据核字（2009）第 100672 号

责任编辑：杨建忠　肖志明　　　绘　　制：刘　伟
责任校对：蒋　宇　　　　　　　装帧设计：尹琳琳

出版发行：化学工业出版社（北京市东城区青年湖南街 13 号　邮政编码 100011）
印　　装：化学工业出版社印刷厂
720mm×1000mm　1/16　印张 15　彩插 1　字数 212 千字
2010 年 1 月北京第 1 版第 3 次印刷

购书咨询：010-64518888（传真：010-64519686）　　售后服务：010-64518899
网　　址：http://www.cip.com.cn
凡购买本书，如有缺损质量问题，本社销售中心负责调换。

定　　价：29.80 元

十二时辰养生对照表

十二时辰	别名	解析	对应生肖	当令器官	循行经脉	常见症状	时辰宜忌
子时(23:00～1:00)	夜半，又名子夜、中夜	由天黑转为天亮这一时间段	鼠	胆	胆经	头晕目眩、口苦、善太息	宜：睡觉 忌：熬夜；吃夜宵
丑时(1:00～3:00)	鸡鸣，又名荒鸡	指深夜过后，鸡鸣之时	牛	肝	肝经	胸闷、疲倦、黑眼圈、特别容易烦躁	宜：熟睡 忌：熬夜；生闷气；久视
寅时(3:00～5:00)	平旦，又称黎明、早晨、日旦	天刚蒙蒙亮的时候	虎	肺	肺经	肺部胀满、咳嗽气喘、缺盆部(包括喉咙)疼痛	宜：熟睡或导引吐纳，调理肺经 忌：熬夜
卯时(5:00～7:00)	日出，又名日始、破晓、旭日	指太阳刚刚露脸，冉冉初升的那段时间	兔	大肠	大肠经	牙齿疼痛、颈部肿大	宜：起床喝温热的白开水；排便；调理大肠经 忌：饮酒
辰时(7:00～9:00)	食时，又名早食	吃早饭时间	龙	胃	胃经	腹胀肠鸣、消化不良	宜：及时吃早餐，调理胃经 忌：早餐质量不好
巳时(9:00～11:00)	隅中，又名日禺	临近中午的时候	蛇	脾	脾经	舌根强直、食则呕吐、胃脘疼痛、腹内发胀、时时嗳气	宜：适量饮水，调理脾经 忌：思虑过度，久坐不动
午时(11:00～13:00)	日中，又名日正、中午	此时太阳最猛烈	马	心	心经	喉咙干燥、头痛、口渴难忍	宜：吃午餐；小憩；静养阴血，调理心经 忌：午餐过多；餐后马上运动
未时(13:00～15:00)	日昳，又名日跌、日央	指太阳偏西	羊	小肠	小肠经	喉咙痛、颌部肿、肩痛如裂、臂痛如断	宜：调理小肠经 忌：多吃食物
申时(15:00～17:00)	哺时，又名日哺、夕食	指傍晚	猴	膀胱	膀胱经	头痛、眼睛痛、颈项痛	宜：适量饮水；运动；抓紧时间工作；调理膀胱经 忌：憋小便
酉时(17:00～19:00)	日入，又名日落、日沉、傍晚	指太阳落山的时候	鸡	肾	肾经	四肢冰冷、腰酸背痛、耳鸣	宜：休息；调理肾经 忌：过劳
戌时(19:00～21:00)	黄昏，又名日夕、日暮、日晚	此时太阳已经落山，天将黑	狗	心包	心包经	胸痛、心律不齐、手部灼热	宜：吃晚餐；心情快乐；散步，调理心包经 忌：晚餐过于肥腻；生气
亥时(21:00～23:00)	人定，又名定昏	此时夜色已深，人们也已经停止活动，并已经安歇。人定也就是人静	猪	三焦	三焦经	耳聋、听声模糊、咽喉肿痛、喉咙闭塞	宜：心平气和；入睡；调理三焦经 忌：熬夜；生气；饮茶

十二时辰经络气血流注表

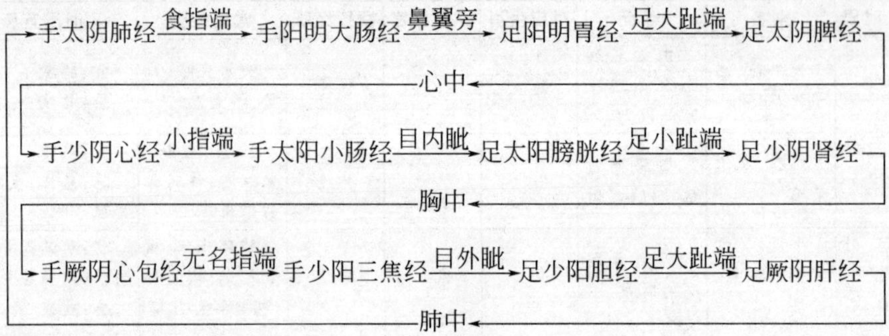

上午

时辰	寅虎 3～5 时	卯兔 5～7 时	辰龙 7～9 时	巳蛇 9～11 时
流注经络	手太阴肺经	手阳明大肠经	足阳明胃经	足太阴脾经
起止穴	中府——少商	商阳——迎香	承泣——厉兑	隐白——大包
主要任务	熟睡中	起床、排便	吃早餐	吸收早餐、工作

下午

时辰	午马 11～13 时	未羊 13～15 时	申猴 15～17 时	酉鸡 17～19 时
流注经络	手少阴心经	手太阳小肠经	足太阳膀胱经	足少阴肾经
起止穴	极泉——少冲	少泽——听宫	睛明——至阴	涌泉——俞府
主要任务	午餐、午睡	消化吸收	喝水、学习、工作	吃晚饭、练功、散步

晚上

时辰	戌狗 19～21 时	亥猪 21～23 时	子鼠 23～1 时	丑牛 1～3 时
流注经络	手厥阴心包经	手少阳三焦经	足少阳胆经	足厥阴肝经
起止穴	天池——中冲	关冲——丝竹空	瞳子髎－足窍阴	大敦—期门
主要任务	休闲以愉悦身心	入睡	睡眠的黄金时间	安睡以养阴养血

明《针灸大成》气血流注时辰歌：**肺寅大卯胃辰宫，脾巳心午小未中，申胱酉肾心包戌，亥三子胆丑肝通。**

前言

顺应天时以养生　天人合一是正道

月有阴晴圆缺，海有潮涨潮落，我们的人体也是一样的。它就像一个小小的宇宙，随着日月的盈亏、节气的变化而变化，与大自然遥相呼应，此消彼长。

我国养生学特别强调“天人合一”，我们的先人认为，人活于天地间，与自然是和谐统一的。当自然环境发生变化时，人体也会相应地发生改变。只有顺应自然，人体才能健康。如果违背了这一原则，就会让你疾病缠身。元代著名道教理论家俞琰就说过：“人受冲和之气，生于天地间，与天地初无二体。若能悟天地之妙，此心冲虚湛寂，自然一气周流于上下……自可与天地同其长久。”可见，只有顺应天时以养生，达到天人合一的境界，这才是长寿之道。

关于这一点，我国古代医学典籍中早有论述。《灵枢》中写道：**“春生、夏长、秋收、冬藏，是气之常也，人亦应之。以一日分为四时，朝则为春，日中为夏，日入为秋，夜半为冬。”**人体则应顺应这四时养生。所以，养生不仅要顺应一年四季的变化，更要符合一日四时的规律。

一年有四季，一日有四时。但这样的划分过于笼统，我们的古人是很聪明的，为了划分方便，他们根据十二生肖中动物的出没时间将一天划分为十二个时辰，每个时辰等于现在的两小时。而与之相对应，人体也有十二条正经，这些经络是气血运行的主要通道。十二经脉又隶属于十二脏腑。按照中医的理论，每个时辰都有各自的“值班”经络，人体的经气就如同潮水一样，随着时间而在各经脉间起伏流动。人体想要健康，就应该顺应经络的循行规律，从而达到强壮脏腑的效果。中医为此而建立了专门的体系，叫做“时间医学”。早在2000多年前的《黄帝内经》及汉代张仲景的《伤寒杂病论》中，就提出了人体生理和病理的昼夜节律、七日节律、四季节律以及年节律的论述，这是“时间医学”最初的雏形。而西医直到近代才提出这种理论。比如**（心脑血管患者清晨发病率较高，因此一定要注意在这个时间内采取有效措施以降低其发病率；哮喘病经常在夜间发作，而提前服药则可减轻病情；补肾药最好在早上空腹时服用，因为这样可以促使肾上腺皮质激素达到最高）**尽管两者的表述方法不同，但之间却有异曲同工之妙。

科学家认为，人的寿命至少应为100岁，但在科技高度发达的今天，我们仍没有办法实现这个生命上的突破。而许多动物却可以“寿终正寝”，活到天年，就是因为它们比人更加接近自然。如果我们也可以顺从自然规律而生活，追求长寿就不再是一个让人无法翻越的山巅。

目前市场上关于养生的图书非常多，但专门针对时辰及经络来谈养生的书却并不多见，本书就是写十二时辰养生和十二经络养生内容的。全书按照时辰为主线，分为十二章，每章介绍其专属的经络及脏腑，并针对其常见的症状做出了具体的分析，并提出相应的保健方法，从而达到有病治病，无病防身的效果。

要想关爱身体，就得了解身体，我们首先要做的就是学会倾听身体的声音。希望本书能帮助我们更好地了解自己的身体，从而达到健康长寿的目的。

当然，毕竟是一家之言，希望各位同行能够及时给以斧正，让我们在共同探讨中寻找生命的真谛。由于时间仓促，书中难免有疏漏之处，也敬请广大读者朋友批评指正。

目录

引言

借天地之力　养五脏六腑

自古以来，人们一直都没有放弃对长寿的追求。随着生活水平的日益提高，健康更被提上了日程。但大自然却似乎总喜欢跟人类开玩笑，尽管新药在夜以继日地研发，但疾病仍像“潘多拉的魔盒”一样层出不穷。

生命的极限有多大，似乎没有人能说得清。据史料记载，药王孙思邈活了100多岁，中国著名的哲学家老子活了160多岁，而活得最长的当数颛顼的玄孙彭祖，他活了大约800多岁。不管以上数字是否确切，有一点却是我们必须承认的，就是人的自然寿命应远大于现在的生存年限。《黄帝内经》有“尽终其天年，度百岁乃去”的说法，意思是说人的寿命可达百岁。《尚书》则认为“一曰寿，百二十岁也”，意指人活到120岁才算是活到天年。现代科学也证实了这一点，科学家们研究哺乳动物时得出一个结论，那就是哺乳动物的寿命相当于其生长期的5～7倍。如马的生长期为5年，其寿命为25～35年；狗的生长期为2年，其寿命为10～14年。按照这个结果推算，人的生长期为20～25年，其寿命应在100～175岁之间。但人的寿命远未达到此标准。

为什么人类活不到自然寿命，而长寿者又是怎样长寿的呢？关于这个问题，或许老子的话可以给我们一些启示。老子认为，“人法地，地法天，天法道，道法自然”。这里的“道”指的就是自然规律。也就是说，我们只有懂得顺其自然，才能真正开始接近天地。离天地越近，越能得到天地的滋养，并从中获得无穷无尽的能量，进而达到长寿的目的。

曾经有一个故事是这样讲的：**战国时有位年轻人，自认为箭术天下无双。后来他遇到一位叫甘蝇的老人，老人对他说真正的射手不用弓箭，说完做了个射箭的动作，一只小鸟应声落地。正在年轻人惊愕之际，只见老人拿起小鸟，冲它吹口气，小鸟立刻又向空中飞去了。年轻人非常佩服，跟着老人苦学了十年箭法。在这十年中，他慢慢变得平和恬静。学成之后，再也没有人见他使用过箭，但他居住的房子却箭气冲天，甚至连凶猛的鹰也无法飞越。**

这个故事或许有些夸张，却说明了一个道理：当你真正成为自然的一部分时，自然的力量才真正属于你。养生也是如此，当你悟出天地之道时，才能吸收天地之力量，从而与天地共存。

所以，对于苦苦追求长寿的人而言，首先要做的就是顺应自然。从这个角度出发，动物就成了我们学习的好榜样。动物没有人类先进，生病时也没有专门的医生，但它们往往可以“寿终正寝”，原因就在于它们更懂得顺应自然。冬天到了，它会冬眠；春天来了，它知道出来觅食；秋天的时候，它便忙着储存食物。它们以天为生，而自然也给了它们丰厚的回报。人类却恰恰相反，我们仗着科学技术带来的便利，一直在做着违背身体本能、破坏自然规律的事，而自然也给了我们报复，各种疾病层出不穷，人类疲于应付，命运像是受了诅咒一样多舛。

其实《黄帝内经》早就指出，“从阴阳则生，逆之则死，从之则治，逆之则乱。反顺为逆，是为内格”。自古以来这一直成为指导养生的总纲。人生活于阴阳的万千变化之中，就必须学会适应，只有这样，才能达到机体内部和外部阴阳双方的平衡。就自然界的阴阳变化而言，对人体影响最大的莫过于四季交替及晨昏的变更，人体也应适应这一点。如何适应呢？具体来说就是该吃时吃，该睡时睡，天热时减衣，天冷时加衣。简而言之，就是“跟着太阳走”，虽然看上去简单，却是最好的养生之道。

因为人体就是一个小宇宙，体内的阴阳是随着自然界阴阳的变化而变化的。而“太阳”与我们体内的阳气是相对应的，我们只有顺应它的变化规律，才能使体内的阳气充盈。阳气为生命之本，阳气健旺，人体自然就会健康长寿了。要做到这一点，从大的方面来讲要求我们学会顺四时而养生，具体而言就是“春夏养阳，秋冬养阴”。从小的方面来讲，就是要做到顺节气、顺时辰来养生。

古代的养生家都特别强调人体应与一天中阴阳的转换相应。《素问·生气通天论》认为一天之中，早晨阳气始生，日中而盛，日暮而收，夜半而藏。这种变化与四时的“春生、夏长、秋收、冬藏”规律完全一致。古人将一天分为十二个时辰，与之相对应的，人体也有十二条经络，我们称之为“十二正经”，每条正经各有所主的脏腑。“十二正经”是人体的主干线。气血按十二时辰的阴阳消长有规律地流注于十二经脉之中，而人体各脏腑的功能也会随时间的推移而发生相应的变化。经与体内无数条脉络相互交错（经为干线，络为旁支），在人体内形成一张大网，将人体连成一个有机的整体，使人体的活动保持着阴阳的协调统一。所以要平衡阴阳，首先要养好经络。

经络上的穴位很多，对于没有中医基础的普通患者来说很难掌握。其实，养好经络并不一定要你熟记各个穴位，只要顺应它的本性，有规律地作息就好了。比如**子时夜深人静，这时你就该安然入睡；辰时阳光普照，此刻你就该按时吃饭；午时为阴阳相交之际，可以小睡一会儿以养阴。**人体的作息只有与天地阴阳相合，才能长寿。明明该睡觉的时候你却在娱乐，该工作时你却倒头大睡，人体阴阳就会失衡，疾病自然就会乘虚而入了。

人类其实很脆弱，与茫茫的宇宙相比就如同一滴水、一粒沙。但如果我们借天地之力，便可以聚细流以为海，聚黄沙以成塔，这便是自然的力量。中国传统的养生观追求的其实就是这种人体生命与自然万物的整体和谐状态。所以，就让我们像一颗幼芽那样随着四季，沐着风雨自然生长。在与自然相融的同时，您便可以得到健康了！

第一章

子时：一阳初生，睡觉是养护阳气最好的办法

子时——23：00～1：00——胆经当令

《黄帝内经》认为，“夜半为阴陇，夜半后而为阴衰”。这里的“夜半”即指子时，也就是指晚上的23点到凌晨1点。意思是说子时为阴气最重的时刻，之后阴气渐衰，阳气渐长。阴主静，阳主动，与之相适应，人体此刻最需安静，我们此时最宜安然入睡。

中医养生特别讲究睡“子时觉”，因为子时气血流注胆经，阳气开始生发，而睡眠就成了养护阳气最好的办法。阳气为生命之本，“阳强则寿，阳衰则夭”。如果你在这个时候熬夜，就会将刚刚生发起来的阳气消耗掉，这对人体是极为不利的。

子时睡觉养生发之机，从脏腑的角度来讲也是养人的胆气。“凡十一脏取决于胆”，若胆气没有生发起来，就会影响到其他脏腑的功能。生机养不住，整个人就会昏昏欲睡。因此，睡好子时觉，从养生的角度来讲是非常重要的。

子时就相当于一年中的冬至日，睡觉最顺应天时

一天就是一个小四季，子时就相当于四季中的“冬至日”。冬至一阳生，这时候，一定要让人体收藏起来，顺应四时的变化，只有这样，才能天人合一，健康长寿。

现在大家都知道，23点之前要上床睡觉，可是能做到的人却寥寥无几。说到底，还是对于23点之前睡觉的意义不甚了解，不明白过了这个时间点睡觉到底对身体有多大的伤害。所以过了这个时间依然游戏作乐，熬夜加班的人不在少数。

其实，23点之前睡觉这个说法不是很严谨，准确地说，应该是在23点进入熟睡状态。也就是说，应该在23点之前，根据个人的入睡情况，酌情选择。比如说，你很容易入睡，倒床三分钟就可以睡着，那你可以在22∶55左右上床。如果你很难入睡，半小时才能睡着的话，就得在22∶30上床了，总之，得在23点的时候进入一个相对沉睡的状态。

为什么要这样严格限制呢？关键就是顺应天时，与天地相呼应，也就是中医所说的天人合一。大家都知道，一年有四季，却不知道其实一天也是有小四季的，《黄帝内经·顺气一日分为四时篇》中说：**“以一日分为四时，朝则为春，日中为夏，日入为秋，夜半为冬。”一天就是一年的浓缩，晚上23点到凌晨3点相当于一年中的“冬季”。**冬天的时候，天地都睡了，动物冬眠，植物凋零，人如果不休息的话，就相当于在和天地做“拔河游戏”，逆天而行的结果必然是身体大吃苦头。

子时就相当于二十四节气中的“冬至”。冬至一阳生就是指阴气在这时到达一个顶点，阳气开始生发，人体开始进入一个新的循环。很多还未睡觉的人会觉得这时候特别精神，其实这不是自己的精神特别好，而是阳气生发的表现。这时候，如果不睡觉的话，阳气就生发不起来，阳气无法生发，阴气必然也无法收藏，阴阳失调带来的只能是身体疾病丛

生，难得安宁。所以，要想获得健康，在这之前就应该收起自己的心情，平静下来，准备入睡，这样才能与自然界秋收、冬藏的规律相适应。

“人与天地相参也，与日月相应也”。《灵枢》中的这一句话，简要地概括了人和天地之间的关系，即人体就是一个小宇宙，只有和天地自然这个大宇宙相适应，顺势而为，才能获得健康，与日月同寿。

睡觉养阳，阳气才是护佑一身的根本

万物生长靠太阳，人体与自然万物一样，需要阳气的温煦，只有阳气充足，气血才能循环正常，脏腑才能保持阴平阳秘的平衡状态，身体也才能百病不生。

子时睡觉，一个重要的特点就是顺应天时，让阳气顺利生发起来。可能很多人还不明白，阳气是什么，它对身体有什么重要的影响?《黄帝内经·生气通天论篇》中就说到过：“阳气者，若天与日，失其所则折寿而不彰。”意思很浅显，就是说，人体的阳气就和天上的太阳一样，如果人体缺少了阳气，就好像自然万物缺了阳光的照耀一样，会夭折或者减寿的。

人们常说：万物生长靠太阳。其实人体也是一样的，靠的就是阳气的温煦保护。阳气在中医术语里面被称做“卫气”，也就是保护人体的卫士。阳气不足，表现在脏腑上就是肾阳虚，脾阳虚，身体气血淤滞不前，对食物的运化能力不足，整个身体处于一种阴暗潮湿的环境当中，湿浊内聚，疾病丛生，连性格都会变得“内有忧愁暗恨生”，所以历代医家最重视的就是调动人体的阳气。

而现代人的生活方式，伤害最重的就是阳气，比如吹空调、吃冷饮、静坐不动等，都是极其伤阳的生活习惯。著名的老中医李可说，在他的临床经验当中，阴虚的人，百例不见一二，绝大多数都是阳虚。可见，现代人的生活方式对阳气的伤害有多严重。

在各种生活习惯当中，伤害阳气最重的要属熬夜，天地都已经沉睡了，人还在忙碌。天地运转到子时的时候，阴气开始慢慢消耗，阳气开始慢慢生发，生命力是最强劲的，如果你顺势而为去睡觉，阳气就会迅速地生发起来，护卫我们的身体，就好像春天的种子，捂一捂就会生长发芽。而这时候，你不睡觉，就等于不给阳气生发的机会，本来我们现在白天的生活就已经很伤阳气了，晚上睡觉最重要且最简单的生发阳气的方式你还不去做，那一切的养生方式还有什么意义呢？

老人想要获得良好的睡眠，最重要的是补充足够的阳气

老人晚上之所以爱失眠，是因为气血不足。而人体精血津液的生成皆有赖于阳气的滋养，所以补足体内阳气，才是解决失眠困扰的治本之策。

我们前面说过，子时阳气初生，想要保护好阳气，只要保持良好的睡眠就可以了。但是对于上了年纪的老年人来讲，睡眠却成为一件很奢侈的事。许多老年人晚上翻来覆去总也睡不着，就算睡着了，也总感觉不踏实，一有个风吹草动的就会惊醒了。

很多人可能觉得，人老了，睡不好觉很正常。可事实呢？《灵枢·营卫生会》中有这样一段话：**“老者之气血衰，其肌肉枯，气道涩，五脏之气相搏，其营气衰少而卫气内伐，故昼不精，夜不瞑。”**意思是说老年人气血衰弱，肌肉得不到足够的滋养而枯槁，气道滞涩，五脏之气耗损，对内供养不足，对外抵抗力下降，故白天精神不振，晚上难以入眠。所以，对老年人来说，要想睡得安稳，就要补充气血，而精血津液的生成皆赖于阳气的滋养，因此归根结底，补充足够的阳气才是治疗失眠最好的方法。

那么生活中如何来补充阳气呢？有一个简单却很好用的办法，那就是晒太阳。因为人体内的阳气并非独立存在的，它与天上的阳气是息息相通的。晒太阳就可以帮助我们将自然中的阳气转化到人体内，不用花

一分钱就可以补足体内的阳气。

不知大家注意到没有，很多老人喜欢坐在太阳底下眯着眼睛晒太阳，晒着晒着就睡着了。这个其实就是因为身体吸收了阳气，气血得到了温润，所以才会昏昏入睡。**如果你喜欢晒太阳的话，可以在清晨太阳刚升起时进行。**因为此时空气比较清新，光线比较柔和，不像中午那样强烈，可以避免灼伤皮肤。**为了最大程度地吸收日光，可将双手举起，将掌心对着日光。**因为掌心为劳宫穴的位置，这样就可以使阳气通过劳宫穴进入人体内，对心、肺也有很好的保护作用。很多老人都有晨练的习惯，这很好，因为“动则生阳”，多运动就可助养阳气。如果在晨练之后，再将手举过头顶，面向东方晒上10多分钟的太阳，提升阳气的效果就更好了。

当然，晒太阳还会受到天气的局限。如果连日阴天怎么办？还有一个办法，就是刺激任脉上的关元穴，也就是我们平常所说的丹田。此穴位位于下腹部，人体前正中线，脐下三寸处。自古以来，这个穴位就被公认为是扶助阳气、强壮身体，可以起死回生的重要穴位。《难经集注》认为，“丹田者，人之根元也，精神之所藏，五气之根元，太子之府也”。此穴可补肾壮阳、理气和血，壮一身之元气。刺激此穴以温和的灸法效果最好。**将艾条的一端点燃，使其距离皮肤2～3厘米，以周围皮肤有温热感而不灼痛为宜。另外，隔物灸的效果也相当不错。将生姜切成薄片，然后将艾炷放在姜片上点燃。每次灸的时间以10～15分钟为宜，每月连续灸10次，**长期坚持，对提升体内的阳气有很好的作用。

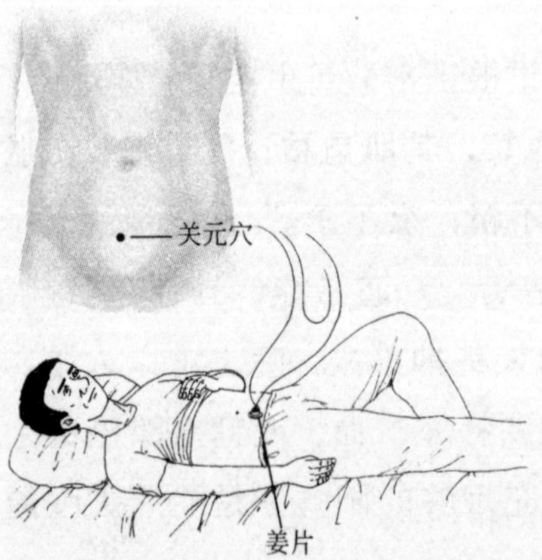

关元穴位于下腹部，前正中线上，脐下三寸处。主治泌尿、生殖器疾病，此外对神经衰弱、失眠症、手脚冰冷、生理不调等也有很好的功效。

不过想要取得更好的效果，只灸关元穴是不够的，因为它只起到补阳的作用。阳气只提上来却运不出去，效果自然不好。要想使阳气运行到四肢各处，还要配合按摩手上的劳宫穴和脚上的涌泉穴。劳宫是心包经的穴位，有很好的通经气、通阳气的作用；涌泉穴为肾经的穴位，也有很好的通络、回阳的作用。用手心按摩脚心，就可使心肾相交，阴阳合抱，此时气血也是充足的，而气血相当于我们体内的“搬运工”，这样便可将阳气输送到全身了。刺激这两个穴位时有一个比较简单的办法，那就是每晚用热水泡脚后，然后以单侧手掌心搓对侧脚心，每次搓100次，至手心脚心有微热感为止。记住双侧都要搓，这样就可以很好地将关元穴聚集的阳气输送到四肢各处，温润全身。

阳气足则气血足，气血足则脏腑就可以得到很好的滋养，五脏之气运营正常，阴阳相交，自然也就可以安然入眠了。阳气足了睡眠好，良好的睡眠又可以助养阳气，人体就会进入一个良性循环，身体自然也就能健康长寿了！

胆有多清，脑有多清，晚上觉睡好了，白天头脑才清醒

生活中，有些人总爱熬夜加班到凌晨一两点钟，这样会影响到胆汁的正常代谢。“胆有多清，脑有多清”，熬夜损害的不仅是健康，对工作也是不利的。毕竟，生活不是百米赛跑，而是一场马拉松，需要的是长久的耐力和坚持。只有事业、健康两兼顾的人，才是真正的智者。

生活中你经常会见到这样一种现象，一些人拼命赚钱，以致健康透支，身体产生了各种不适，然后再拼命用赚到的钱去买保健品。或许，你觉得这有些可笑，但你敢说自己就没有犯过这样的错误吗？

很多人都有过这样的情况，晚上挑灯夜战，往往熬到凌晨一两点才上床睡觉，第二天再睡眼惺忪地爬起来去上班。果真如此的话，那你也在犯同样的错误了。或许你会满脸无辜地叹一句：“没办法，工作忙啊！”要知道，生活不是百米赛跑，而是一场马拉松，需要的是长久的耐力和坚持，谁跑到最后，谁才是真正的赢家。只有事业、健康两兼顾的人，

才是真正的智者。其实，要想获得健康，睡眠是最好的，也是最简单的养生方法，而且不需要你花一分钱。长期熬夜，伤害的不仅仅是我们的身体，对我们的事业也是极为不利的。

你或许觉得上面说的有些夸大其词，其实并非如此。我们说过，子时胆经当令，此时如果不休息，就会大伤胆气。中医认为，**胆为中正之官，主决断**。《黄帝内经》认为，“气以壮胆，邪不能侵。胆气虚则怯，气短，谋虑而不能决断”。意思是说，胆气壮，外邪便不能入侵，人体的免疫力就会增强，从而身强体健；胆气不足，就会胆子小，做事犹豫不决。人如果在子时前就寝，胆汁便可得到正常的代谢。胆的功能正常，大脑决断的能力也就强了。正所谓“胆有多清，脑有多清。”这样早晨醒来后脑子就会很清醒，做起事来效率也会特别高。

反过来，如果你总爱熬夜加班，胆汁不能及时代谢，就会变浓结晶，久而久之，易形成结石类的病症。最重要的是，胆气的生发也会受到影响，从而造成胆气虚，决断能力也会大打折扣，第二天起床后也总会感到头脑昏昏沉沉的，工作效率自然也就大大降低了。所以熬夜加班损害的不仅仅是我们的身体，对工作也是不利的，真是得不偿失。因此，哪怕工作再忙，也一定得保证充足的睡眠。每晚最好 22 点躺下，放弃所有杂乱的想法，使自己的身心得到充分的放松，这样到 23 点时也就可以睡熟了。不仅可以让疲惫的身心得到调整，还可以给第二天的工作积聚能量。

如果手头的确有忙不完的工作怎么办？你可以早早睡下，次日早些起床。起床之后继续做未完的工作，然后再去上班，这样既得到了充分的休息，又不至于耽误工作。还有一点要注意，那就是无论晚上睡得多晚，早上起床时都不可以养成“赖床”的习惯。因为熬夜已经耗杀了体内的阳气，若再赖床，阳气得不到生发，再淤积于体内，就会形成对阳气的“双杀”，这样做对身体是没有好处的。如果实在睡不醒也没关系，可起床后再在中午补个觉，这样既得到充分的休息，又可防止“双杀”，有一举两得之功效。

效率出成绩，无论学习、工作皆是如此。正所谓“欲速则不达”，所以想要在事业上取得成功，先得把自己的时间调整过来，每晚好好地睡

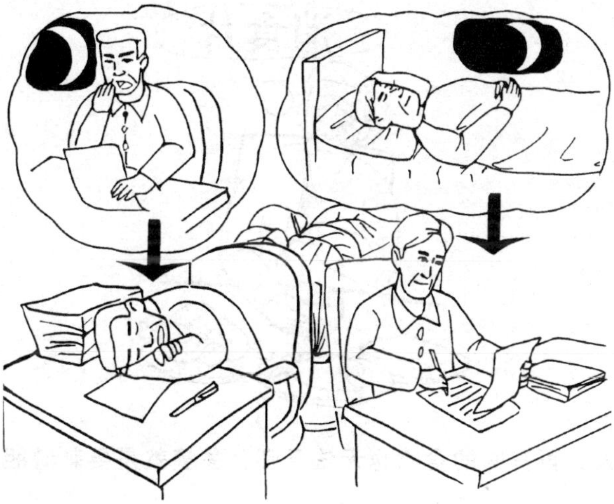

一个员工晚上熬夜加班，第二天工作时头昏脑涨，不久就趴在桌上打起瞌睡来；另一个员工早睡早起，次日起床时精神抖擞，工作效率也特别高。

上一觉，第二天才能全身心地投入到工作中去。养成科学的作息时间，就会事半功倍，养生立业两不误，何乐而不为！

凡十一脏皆取于胆，胆汁分泌正常，脾胃消化才正常

对于上了年纪的老年人来讲，经常会遇到食欲不振的情况。大多数人往往认为是脾胃出了问题，经常吃一些健胃消食的药物。其实对于这种情况，养好胆才是最重要的。“凡十一脏，取决于胆也”，胆汁分泌正常，脾胃功能才正常。

人世间最痛苦的事情莫过于面前摆着山珍海味，却只能望洋兴叹。不过，这种痛苦对于老人来说，实属家常便饭。对于这种情况，大多数人可能会认为是脾胃出了问题，消食片常常随身携带。其实，这只能起到一时的作用。治病要治本，养护好我们的胆才是最重要的。

或许你觉得有些难以置信，脾胃不好怎么会和胆扯上关系呢？

按照中医的理论，**“凡十一脏，取决于胆也”，**也就是说，人体的其

脾胃不好的人，再美味的食物也无法下咽，关键就是要刺激胆汁正常分泌。

他脏腑，都取决于胆气的生发，脾胃自然也不例外了。《东医宝鉴》认为："肝之余气，泄于胆，聚而成精。"意思是说，胆汁为肝之余气所化生。胆汁在肝内生成之后，再在肝的疏泄功能作用下，流入胆囊。胆囊的作用主要是浓缩、储存和排泄胆汁。打个比方来说，如果将肝脏比喻成胆汁的"生产工厂"，胆囊则是存放胆汁的"仓库"。正常情况下，胆囊除了存储胆汁，还会对胆汁进行"精加工"。当人体处于饥饿状态时，"仓库"的大门就会紧闭。而人在进食 3～5 分钟之后，胆囊就会开门放行，将存储的胆汁排入十二指肠，以帮助消化和吸收。而且，肝胆的疏泄功能对脾胃升降也有促进作用。胆气足，胆汁分泌旺盛，脾胃升降有序，消化能力才强。如果胆汁得不到正常的生成和排泄，脾胃升降紊乱，就会出现食欲不振、恶心呕吐等不良症状。可见，想要减轻脾胃的负担，就得保护好胆，使胆汁得到正常的分泌。生活中有些患者轻易就将胆囊切掉，这样做是不负责任的。由于失去贮存的仓库，胆汁就会随意流掉了，这样就更容易加重肠胃的负担。进行胆囊切除手术的人经常会有消化不良、腹胀腹泻等症状，就是这个原因。所以，不到万不得已的时候，最好不要将胆囊切除。

对于消化不好的老年人来讲，更要养护好自己的胆。我们前面说过，子时入睡是对胆最好的养护。战国时有位叫文挚的名医，曾经对齐威王说过这样的话，他的养生之道是把睡眠放在头等位置，人和动物一样，只有睡眠才生长，睡眠帮助脾胃消化食物，所以，睡眠是养生的第一大补，人一个晚上不睡觉，其损失一百天也难以恢复。因此对于老年人来讲，只要保证充足的睡眠就可以了。对于年轻人而言，除了睡眠外，还要注意早上一定要吃早餐。许多上班族由于时间紧张，有的干脆就不吃早餐。这样就会导致空腹的时间过长，胆汁分泌减少，长此以往不但会影响消化功能，还会增加患结石的风险。

“治病必求于本”一直是指导祖国医学的辨证法则，“头疼医头，脚疼医脚”只是庸医所为。这就要求我们要学会抽丝剥茧，抓住事物的本质。做事如此，治病也是如此。

少白头多是胆经气血不足，疏通胆经才是解决之道

你想拥有乌黑亮丽的头发吗？偶尔冒出来的“银丝”是否让你愁眉不展。中医认为，少白头多是胆经气血不足所致，所以，对于深受白发困扰的青少年而言，先要疏通“管道”。胆经气血充足，“华发早生”的烦恼也就没有了！

生活中，我们见到不少年轻人原本应该乌黑的头发却多了一些不和谐的色彩，鬓角过早出现了一些银丝，整个人看上去好像衰老了很多。这种现象也就是我们平常所说的少白头。打破时间规律而过早出现的白发不仅让自己的形象严重“受损”，还会给自己造成一种心理上的压力。于是许多人一见白发就毫不手软地把它拔掉。白发少时这种办法还可以对付，如果白发多，恐怕你就一筹莫展了，总不能把所有的头发都拔光吧！于是越来越多的人选择使用染发剂，但这往往只起一时之效，过不久白头发又会卷土重来，而且长期使用染发剂不仅会伤害到发质，也会给我们的健康带来很大的损害。少白头，成为让许多年轻人头疼的问题。

那么对于这种症状，有没有一种好的解决办法呢？当然有了。不过，想要找出解决的办法，我们还得先了解一下少白头的形成原因。

按照人体的生理规律，女子每隔七年，男子每隔八年生理上会发生一次明显的变化。《黄帝内经》认为，女子**“六七，三阳脉衰于上，面皆焦，发始白”。**男子**“六八，阳气衰竭于上，面容憔悴，发鬓斑白”。**也就是说，女子 42 岁，男子 48 岁，体内阳气开始衰竭，头上就会慢慢出现白发。而最易出现白发的地方就是两鬓了，所以后人才有了“乡音未改鬓毛衰”的感叹。

为什么两鬓会出现白发呢？我们知道，头发在中医中还有一个别称——“血余”。按照中医的理论，头发的两大能源物质为精和血。头发健康，则说明你的精血充足；而“精血津液之生成，皆由阳气为之化”，当阳气衰弱后，气血也会不足，“能源危机”就迫在眉睫了。头发得不到足够的养料，就会干枯变白。两鬓白，说明是少阳脉胆经出了问题。因为胆经是从人的外眼角开始，沿着人的头部两侧，顺着人体的侧面走下来的。这个地方瘀堵，气血过不来，白发自然就生出来了。而少年两鬓斑白也和胆经有关系，所以想治疗少白头，就得从根源入手，调理胆经的气血，气血足了，头发就会健康。举个简单的例子来讲，生活中我们发现有些人两鬓的胡须长的特别多，这样的人一般都不会出现少白头，就是因为这种人的胆经气血特别充足，毛发得到的“营养”多，所以才会又长又密，不易花白。因此，**防止两鬓出现白发的最好办法就是疏通胆经**。

如何来疏通胆经呢？有一个很好的办法，那就是吴清忠先生推荐的敲胆经。通过对胆经上重点穴位的敲打，从而起到舒经活血的效果。这个办法已为大家所熟知，我们这里就不再赘言。我这里再介绍一个办法，即干梳头。**具体方法为将五指张开，像用梳子一样由前发际梳到后发际，先中间后两边，适度用力，对头皮轻轻按压，如此反复梳上 100 次，至头皮微微发热为止。**中医认为“头为诸阳”之会，分布着许多经络，除了胆经外，还分布有胃经、膀胱经，经常梳头不仅可以刺激胆经，对其他经络也有很好的刺激效果，从而使这些经络通畅，生发阳气。阳气足，气血也会足，头发得到气血的供养，就会乌黑浓密。正如俗语所言：“发梳千遍，其色自黯。”而且这种方法比较简便，且不拘时，只要你一有空便可梳理，不但对防治白发有效，还可防治脱发、秃顶，使头发更加秀美健康。

“多情应笑我，早生华发”，苏东坡的这首词千百年来让多少英雄豪杰感慨万千？其实，很多时候，华发早生只是身体向我们发出来的一个警示，只要我们转变心态，好好调理，身体会给予我们足够的时间去实现自己的梦想。君不见，渭水河畔，姜太公八十始遇周文王。华发早生，我们又何妨将它视作一个信号，一个提醒我们爱护身体，珍惜时光的信号呢！

宵夜会让人长胖的一个重要原因就是它会阻碍胆汁分泌

你有吃夜宵的习惯吗？如果有的话最好赶快改掉。因为吃夜宵会阻碍胆汁的分泌，不但会让你的“形象”受损，对健康也是有很大危害的。养成一种良好的习惯，去除生活中的陋习，才是最好的养生方！

对于爱美的女士而言，有一个永远都不会过时的话题，那就是“减肥”。毕竟，只有做个“窈窕淑女”，才会有更多君子来追求！正是由于这种心理，市场上关于减肥的广告铺天盖地，但真正有效的却屈指可数。你在摇头大呼“上当”的同时，也只能任自己的身体“自由发展”了！其实，想要减肥，有一个毛病一定要改掉，那就是“吃夜宵”。

无论男人还是女人，如果你有吃夜宵的习惯，除非你真的对自己的形象不在意，否则最好还是改掉。中国有句俗话，叫做“马无夜草不肥，人无夜食不壮”，这是有一定科学道理的。**因为过晚吃夜宵会阻碍胆汁的分泌。**很多熬夜的人可能都有这样的感觉：到了23点钟，就会觉得很饿，肚子咕噜咕噜地叫。这是因为体内的阳气生发起来了，此时最重要的就是要养阳。如何来养呢，最好的办法就是睡觉。人体只有静止不动，阳气才不会受到消耗，才能慢慢生发起来。你可能说我晚上23点也睡觉了，只不过吃了点东西而已。你是睡了，但肠胃是不会睡的，它还是得工作，消化你吃下去的东西。肠胃运动，就得靠阳气的滋养，这样刚刚生发起来的阳气就会被消耗掉。胆为少阳脉，少阳之气生发不起来，就会影响胆的功能。长此以往，胆经就会出问题，胆汁的分泌就会减少。而胆汁是消化脂肪的得力干将。胆汁分泌不足，脂肪等就会在体内沉积下来，身体自然也就会发胖了。这一点最明显的表现就是在头发上。我们发现一些人的头发特别爱出油，就是因为胆的功能弱，无法有效分解吃进去的油脂，加上肝热等因素，就从头发排出油来了。许多减肥的人在拍打胆经后都取得不错的减肥效果，就是因为刺激了胆汁分泌，使得体内脂肪得到分解的缘故。你经常吃夜宵的话，胖起来也就不足为怪了！

或许你会说，我晚上要上夜班，不吃东西怎么受得了。如果是不得不吃，那就应该在怎样吃上动脑筋。作为不得不吃的夜宵而言，清淡的粥品是上上选，不但易于吸收，也有很好的补身效果。关于这一点，我们的先人早就意识到了。《本草纲目》中曾直赞粥“极柔腻，与肠胃相得，最为饮食之妙诀也”。南宋诗人陆游有一首叫做《食粥》：“世人个个学长年，不悟长年在目前。我得宛丘平易法，只将食粥致神仙。”陆游就是个典型的夜猫子，经常看书熬至深夜，而他应对饥饿的办法就是来碗山药粥。**取新鲜山药100克洗净切片，然后与粳米150克煮粥，有补脾益气、补虚益精的功效。**当然，由于各人的喜好不同，也可以选择自己喜欢的粥类。可参照至今仍在民间广为流传的《健康粥歌》：若要不失眠，煮粥加白莲；要想皮肤好，米粥煮红枣；气短体虚弱，煮粥加山药……喝粥的时间应尽可能地早一点，以晚上20～21点钟为宜，等到23点钟时，消化得也就差不多了，这样也就不会影响胆气的生发了。

有时，养成一种良好的生活习惯，会比吃名贵的保健品更为有效。清除掉生活中的陋习，才是最好的养生方！

附　子时经络锻炼：胆经锻炼有绝招，敲对位置功效妙

足少阳胆经，从头走向脚，起点在外眼角（瞳子髎），向上到达额角部（颔厌），然后转而往下走，经耳后（完骨），外折再向上，经过额部到眉毛上方（阳白），然后又返回耳后（风池），之后沿着颈部侧面，走在手少阳三焦经之前，到肩膀上退后，交出于手少阳三焦经之后，往前

进入缺盆部。

胆经是行经路线比较复杂的一条经络，有多条分支，一条分支从耳朵后面分出，进入耳朵，出来经过耳朵前面，到眼外角的后方。从眼外角分出一支，往下到达下颌部大迎穴，与手少阳三焦经相合，经眼眶下到下颌角至颈部，与前面的一条会合于缺盆，进入体腔，穿过横膈，联络肝脏，属于胆，然后沿腰胁，绕过阴毛部，横向进入髋关节环跳穴。直行的经脉从缺盆部分出，向下到腋窝，沿着胸侧部，经过季胁，下行至髋关节与前面一条会合，往下沿大腿外侧、膝关节外侧、小腿外侧，直下到外踝尖前，沿着脚背进入第四趾外侧端（足窍阴）。还有一条支脉从脚背（足临泣）分出，往前出大脚趾外侧端，折回来穿过趾甲，分布于大脚趾趾甲后，与足厥阴肝经相交。

足少阳胆经从头走向脚，行经路线很长，可以说是“贯通南北”，而且分支也比较多。俗话说，打蛇打七寸，做事抓重点，对于胆经来说，最关键的一段在大腿上，也就是从臀部到膝关节这一段——大腿外侧正中间的那条线。手握空拳，用掌面一侧从屁股往下顺着气血的流向（从上往下）缓慢拍打，直到膝关节处。拍打的力度要适中，自己觉得舒服即可，不要太轻也不宜过重。左右两侧的经络都要拍打，每侧每次至少 5 分钟，你可以“左右开弓”两侧同时拍打，也可一边一边地来。以拍打到大腿外侧微微发热为最佳，这样就可以有效地清除淤滞，疏通经络，刺激胆汁分泌。

虽然气血流注胆经是在半夜的子时，但我们保养胆经的任务却应该放在白天进行。为什么呢？因为胆虽主生发之气，但它却为清净之腑，其喜欢宁谧而讨厌烦扰，所以**养胆气的秘诀在静不在动**。而最好的静养之法莫过于睡眠了，所以气血流注胆经的子时最应该做的就是安安稳稳睡觉，这也是中医非常强调睡“子时觉”的原因之一，拍打胆经则可以在白天的任何时候进行，每天拍打 1～2 次，定能收到很好的保养效果。

敲胆经第一下

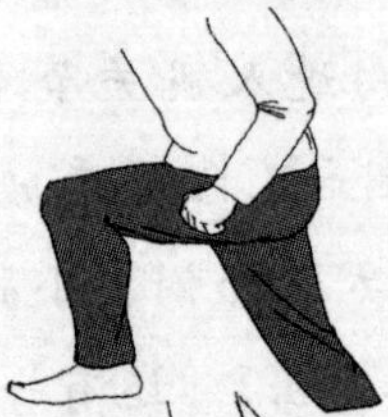
敲胆经第二下

敲胆经第三下

敲胆经第四下

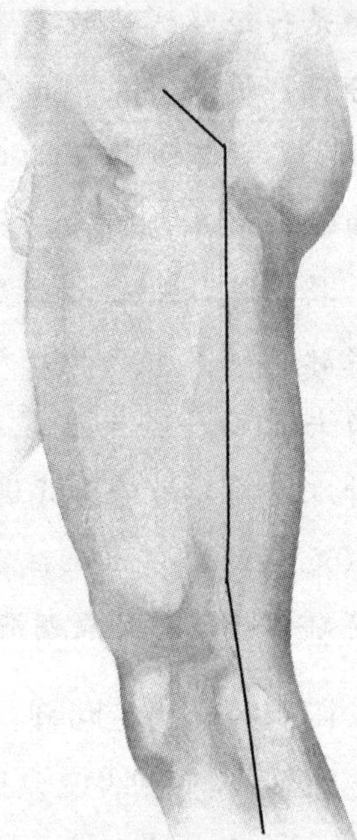
胆经大腿段

拍打胆经大腿段

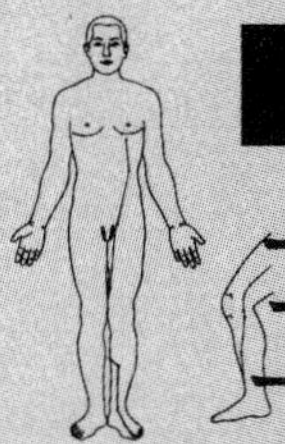

第二章

丑时：旧血不去，新血不来，深度睡眠让肝血推陈出新

丑时——1：00～3：00——肝经最旺

丑时（凌晨1～3点）气血流注肝经，这时轮到肝“值班”了。肝主藏血，中医认为“卧则血归于肝”，人体在此刻应进入深度睡眠当中，以利于肝血的代谢。如果此刻没有好好休息的话，肝血不能及时回流，就会导致代谢失常。肝血不能“推陈出新”，肝的功能就会受到影响，从而引发肝病。现在得脂肪肝的人越来越多，就与不规律的生活习惯有关。

肝脏功能出现异常，对工作也会产生一定的影响。《黄帝内经》认为，肝为“将军之官，谋虑出焉”。肝与思维也是紧密相关的。肝气足，思维就会敏捷，反应也会更加灵敏。反之，就会反应迟钝，工作效率也会大大降低。“肝开窍于目”，视力也会因此而受到影响。所以，无论是为了您的健康还是事业，丑时保证深度睡眠都是必不可少的。

丑时春入户，养好了肝血，人在春天就不容易犯困

春天的脚步近了，阵阵春困总会不时地袭来。中医认为，“肝为罢极之本”，春困与肝脏有着密切的关系。所以要想预防春困，就得养好肝。肝五行属木，与春天欣欣向荣的气象正好相合，此时养肝，可起到事半功倍的效果。

俗话说：“春困秋乏夏打盹，睡不醒冬三月。”春天本来是万物生发，一片欣欣向荣的季节，可是很多人却呵欠连天，昏昏沉沉，一副没有睡醒的样子。因为太常见了，所以有人将之总结为“春困”，似乎这是理所当然的行为。其实春困是有些说法的。为什么会出现春困呢？这是因为刚刚经过一个漫长的冬季，人们在抵御严寒的过程中消耗了体内大量的阳气。阳气顺应春生、夏长、秋收、冬藏的规律，待到初春时，阳气刚刚生发，气血偏于外行。“冬藏”消耗大量阳气，若此刻熬夜或大脑思虑过多，肝失疏泄，阳气生发再受到限制，身体就极易疲劳、倦怠。

再者，按照祖国医学“天人相应”的理论，自然界的四季与人体也是一一对应的。春季适逢肝经当令，因此肝气在春季最为旺盛。肝气旺盛，易致脾湿，湿困脾胃，就会造成整个脾胃的运作失常，以致中气不足，人体就会出现疲劳、乏力、头昏脑涨等不适症状。

既然知道了春困产生的原因，那么如何来预防呢？我们知道，春困与肝有着紧密联系，所以要想预防春困，首先要做的就是养肝。肝五行属木，树木在春天都要抽枝发芽，孕育果实，从而为夏秋结果做好准备。肝脏也是如此。肝与春相应，主生发，与春天欣欣向荣的气象正好相合，所以春季养肝效果是最好的。肝最主要的功能是调节全身气血的运行，气血足了，脏腑得到足够的滋养才能发挥正常的功能，人体抗疲劳的能力就会增强，从而起到缓解春困的效果。

那么如何养肝呢？《素问·四气调神大论》曰：“春三月，此为发陈，

春困多与肝有关，养好肝，人在春天就不容易犯困。

天地俱生，万物以荣。夜卧早起，广步于庭，披发缓形，以使志生，生而勿杀，予而勿夺，赏而勿罚，此春气之应，养生之道也。”这里，古人就给我们指出：早睡早起，经常散步，披散头发，穿宽松的衣裤，勿动杀念，一切顺应自然，这就是春天的养生之道。当然，古人的生活方式与现代人有所差别，我们也不必完全照搬，只要在日常生活中多注意做一些伸展筋骨的运动就可以了。比如说**早晨起来之后伸伸懒腰**，你可别看这个动作小，它养肝的效果可是非常好的。因为经过一夜睡眠后，人体松软懈怠，气血此时流得很慢，所以清晨醒来后总会感觉浑身松软无力。根据“人卧血归于肝”，“人动则血流于诸经”的原则，通过伸懒腰可以起到行气活血、通畅经络的作用。通过这个动作，不仅可使头脑更加清醒，肝脏功能同时也受到了激发，从而起到很好的养肝效果。

除此之外，我们在饮食上也要注意，平时多喝些鸡汤，对养肝是很有

灵芝鸡汤

材料：三黄鸡1只（大约2000克）、灵芝2朵、葱1根、姜1块。

制作：1. 将三黄鸡去除内脏后洗净，生姜切片，然后连同鸡一起放入锅中煮沸，然后捞山备用。

2. 将葱切成细段，然后连同姜丝、灵芝、鸡一起放入汤煲中，加入适量的清水，大火煮沸。10分钟后将表面的浮沫撇去，转成小火再煲上一个小时。

3. 加入适量的食盐调味，然后以中火煲15分钟即可。

好处的。五禽中，鸡应于肝，所以鸡汤滋养肝血、肝阳的效果非常好。我们平常见到一些女性坐月子时都会喝鸡汤，就是这个道理。这里为您介绍一款补肝安神的药膳——灵芝鸡汤。

这道汤不但可以补肝安神，对因神经衰弱而导致的失眠也是很有好处的，而且味道鲜美。闲暇时分，找一本自己想读却许久未读的书籍，煲一锅鸡汤，在香味弥漫当中静静品尝，岂不是人生一大乐事？

我国古代先哲荀子曾说过："登高而招，臂非加长也，而见者远；顺风而呼，声非加疾也，而闻者彰。"意思是说，借助外力，可以使我们做得更好。养生也是如此，只要遵循自然规律，顺应天时，并学会从大自然中汲取无穷无尽的力量，就能永葆健康。

睡得越深，肝脏净化血液的工作效率就越高

丑时肝经当令，肝血在此刻完成代谢。肝脏每天都在劳累地工作，不仅要生产出新鲜的血液，还要完成大部分的解毒工作，我们一定要好好对待它。养护肝脏最好的办法就是睡眠，"人卧则血归肝"，肝血得到正常的代谢，自身才能健康。

我们说过，关于养生，就是要做到"天人合一"，也就是要顺应自然规律。丑时肝经当令，也就是说凌晨 1 点到 3 点钟胆经已经下班了，这时万籁俱寂，我们的肝经也该干活了。

肝干什么活呢？我们知道"肝主藏血"。中医认为，肝有负责贮藏血液及调节血量的作用。休息及睡眠时，机体处于静止状态，气血便会藏于肝脏。当我们的身体工作及运动时，肝脏便将事先贮藏的血液运送到全身，从而给机体提供能量，使人体可以正常工作。

可以这么说，肝脏相当于储存能量的"仓库"。以中医的观点而言，丑时是气血流经肝脏的时段，此时废旧的血液被淘汰，新鲜的血液再生，肝脏的新陈代谢得以顺利进行。人累了身体知道要休息，然后体能才会

恢复。肝脏也是如此。此刻也是肝脏自身功能得到修复的时候。

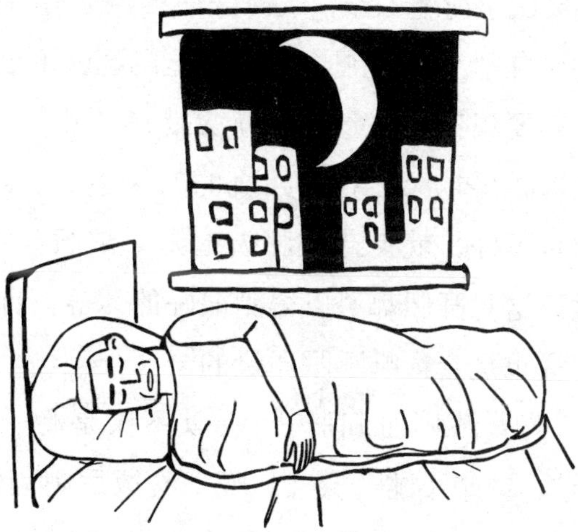

丑时肝经当令，“人动血行于诸经，人卧则血归于肝”，深度睡眠是养肝血最好的办法。

按照人体的生物钟规律，丑时大多数人都已进入了甜蜜的梦乡。而这也正与中医养生的观点相符合。《黄帝内经》认为，“人动血行于诸经，人卧则血归于肝”。也就是说，只有当人体静卧时，气血才能归于肝脏。如果丑时不入睡，肝还在输出能量支持人的思维和行动，气血就会继续不停地“运行于诸经”，无法归肝养肝。这样“仓库”就没有办法存储下能量，而且还要接收一大堆的垃圾。众所周知，肝脏还有一个功能是排毒。它是我们人体最大的解毒器官。人体每天会产生许多的毒物、废物，有时食物中也包含一些有害的物质，这些都是我们体内的垃圾。生活中垃圾多了，苍蝇、蚊子就会满天飞，所以我们都会及时将其清理出去。体内的垃圾自然也是如此。可是如何将这些毒素排出呢？这时，肝脏就会挺身而出了。它可以分解由肠道吸收或身体其他部分制造的有毒物质，然后将其转化为无害的物质分泌到胆汁或血液中，之后再将其排出体外。在这个过程当中，充足的气血既可以为肝脏解毒提供能量，又可以起到“搬运工”的作用。“垃圾”没有了，病毒就失去了生长的温床，人体也才能健康。

生活中我们见到一些人经常连夜奋战，整宿不睡觉。这样就会违反人体的生理规律。如果肝脏的血液得不到代谢，存储能量的“仓库”空了，体力也就无法恢复，这时我们总会感到特别累。新鲜的血液无法生成，原来进入血液中的毒素也就无法顺利排出，如果长期积聚在人体内，就会产生病灶。我们知道广东、香港一带得肝病的人特别多，主要因为那里比较盛行夜生活，许多人晚上还会吃夜宵、喝酒。肝脏不仅得不到休息，还要超负荷地工作，长此以往难免会有闪失。正应了那句话："种瓜得瓜，种豆得豆。"脂肪肝、肝炎找上门也就不足为怪了。

要想养肝，最好的办法就是"睡"。不仅要"睡着"，还得"睡好"。因为睡得越深，肝血回流的效果越好，运行、排毒的功效就越高。睡眠质量不好，就会造成肝火上升。按照养生的观点，每晚最好在子时前入睡，这时肝胆都可以得到很好的休养。而且晚上最好不要从事脑力活动，那样也是会影响睡眠质量的。

"人卧则血归肝。"所以不仅是晚上，白天我们也可以找时间"卧着"。中午小睡一会儿，晚上吃饭后稍稍休息一下，都能让肝发挥其解毒作用，从而起到很好的清除疲劳的效果。

养生的奥妙就在于阴阳平衡。我们常常高喊"生命在于运动"，这句话也并非完全准确。该动时动，该静时静，动静结合，顺应天时才是最好的养生方法。所以，该吃时吃，该睡时睡，将心放宽，虽然简单，却是最好的养生法。只是，大多数人却已经习惯了抱着金饭碗讨饭吃，将它遗忘在一边了。想要追求健康的您，不妨先检查一下自己是否也犯了这样的错误！

养好肝血，拯救你的眼睛

"久视伤血，久坐伤骨。"对于电脑族而言，经常会出现视物模糊、双眼干涩等症状，这是因为肝血不能滋养双目所致。因此，想要养眼，先得护肝。肝血充盈，你才可以顾盼生姿。

前些日子，到朋友家喝茶。朋友的妻子向我抱怨，感觉最近眼睛越来越不好了，不但视力下降了，眼睛还经常会感到发涩、发胀。她是从事IT行业的，从早到晚都要对着电脑，时间一长，眼睛自然会受不了的。

生活中，深受这种困扰的人应该不在少数。特别是"电脑族"，眼睛酸涩、视物不清、视力下降等几乎成了家常便饭。有些人认为点些眼药水就没事了，殊不知，这是眼睛不堪重负，在向我们提出严重抗议了。

裁判亮出了黄牌，我们就得停下来好好调整，不然就得红牌罚下了。那么如何来保养眼睛呢？想要养眼，先要养肝。因为肝和眼睛的关系十分密切。按照中医的理论，肝的经脉上连于目系，眼睛的视力正常与否，皆有赖于肝的疏泄及肝血的滋养。《灵枢》认为，“肝气通于目，肝和则目能辨五色矣”。也就是说，肝血提供的血液和阴津可以滋养眼睛，只有肝脏功能正常，看东西才能清晰明亮。一个人的眼睛如果顾盼有神，表明他的肝血充足；而肝血亏损，眼睛得不到足够的供养，就会出现“目涩不灵”现象。我们知道一些人年老后会眼花，而且以女人居多。这是因为女人以血为本，耗血较多，再加上年龄的增长，肝脏功能的减弱，以致肝血不足，目失所养所致。可见，**养好肝是明目的基础**。

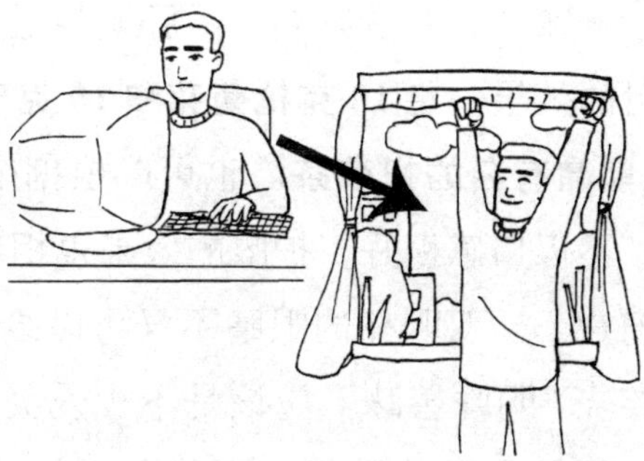

每隔一小时，要给眼睛放个假。

眼睛最易受伤的恐怕就是“久视族”了。按照中医“久视伤肝，久坐伤骨”的理论，电脑族成天对着电脑屏幕“望穿秋水”，肝血得到大量的消耗，如果晚上再加班熬夜，就会影响肝血的及时回流。“目受血而能视。”肝血只消耗却得不到补充，眼睛就得不到足够的“食物”，长此下去自然就会生病，发生故障也就在所难免了。所以，想要养眼就要先养肝血。

那么如何才能养好肝血呢？最好的办法就是保证充足的睡眠。尽管有些老生常谈，但却是最好的办法。晚上最好不要熬夜，23 点前准时入睡，使肝胆得到正常休养，肝血得以及时回流。生活中要尽量避免眼睛过度疲劳。工作时最好每隔一小时或闭目休息一会，或极目眺望远处的风景，使眼睛得到适当的休息。除此之外，适当做些按摩也是有好处的。下面就为你简单介绍两种简单有效的按摩方法。

方法一：按摩颈部

将手掌放在颈部，上下或左右来回搓动，大约3～5分钟，至有微热感为止，这样可以起到促进颈部血液循环的功效。

方法二：推搓两胁法

将双手按于腋下，肋骨间隙推搓至胸前，至两手交叉时返回。如此反复推搓30次。

颈部血液循环正常，上升到头部的气血就会增多，而头部的供血又直接影响到眼睛。所以搓热颈部对改善眼底及整个大脑的供血都是有好处的。

两胁指两侧下胸肋及肋缘部，为肝胆胰所居之处，经常推搓此处，可起到增强肝功能、养肝护肝的效果。

除此之外，工作间隙还可以泡杯菊花枸杞茶。菊花以杭菊花为好，枸杞以宁夏枸杞为好。据《本草纲目》记载：菊花“性甘、味寒，具有散风热、平肝明目之功效”，而枸杞也有补肾益精、养肝明目的效果。**将10克杭菊花和10克宁夏枸杞用沸水冲泡大约10分钟，就是鼎鼎有名的杞菊茶。**也可以根据个人的口味适当加入一些蜂蜜或是冰糖，不仅口感极好，护眼的效果也相当不错。

眼睛是心灵的窗户。一双明亮的眼睛不仅可以给你带来清晰的世界，还可以让你顾盼生姿。“明眸善睐”应该是不少爱美的女孩子所追求的。所以我们一定要细心呵护自己的眼睛。而养肝则是护眼的基础，肝血充盈，你才可以“巧笑倩兮，美目盼兮”。

女人以肝为本，远离妇科疾病，一定要养好肝

女人从出生的那一天起就与肝结下了不解之缘。月经、白带、怀孕、分娩、哺乳等哪一样不要耗费大量的气血？肝相当于身体里的“血库”，只有这个“血库”充盈，我们的身体才有取之不尽、用之不竭的能源。

您是否有过这样的经历，平白无故地脸色发黄、心情郁闷、总想发脾气，特别是“那几天”，脾气总会特别大，看谁都不顺眼。

其实，这也不怪女人，谁让女人以肝为本呢！可能您觉得有些奇怪，月经不是跟肾精有关吗，怎么跟肝又扯上关系了呢。的确，所谓“经水出诸肾”，肾精是月经产生的根本。但精必须化以为血，藏之于肝，注之于脉，然后才能转化为月经。可见，月经与肝是脱不开干系的。

对于女人来说，肝脏似乎更容易受伤。每个月的“大失血”让血总是处于亏损状态。血虚又会影响肝的功能，所以月经时女人出现火气大也就不足为怪了。不但是月经，女子的一生几乎都与肝经存在着密切的联系。除了月经外，女人的白带、怀孕、分娩、哺乳等都需要耗费大量的气血。也就是说，女人的生理功能只有依赖雄厚的气血滋养才能完成，因此才会有**“女子以血为主，以肝为养”**的养生古训。

肝藏血，主疏泄。它相当于一个“血库”，这个血库充盈，肝的疏泄功能正常，则任冲二脉通畅，月经就会准时到来，妊娠、孕育及分娩等也得以顺利进行。如果“血库”告急，或是肝的疏泄功能不正常，以致冲任失调，就会导致月经紊乱、白带异常等病症，严重时还会导致不孕不育。而且女子性格多偏于内向，多愁善感，因此容易被七情所伤，这样就更易导致气机淤滞。气滞则血不行，脏腑失去气血的滋养，月经失调、痛经、不孕等各种妇科病也就接踵而来了。诚如《济阴纲目》所说：“凡妇人无子，多因七情所伤，致使血衰气盛，经血不调……不能受孕。”所以，女子更要保护好自己的肝脏。

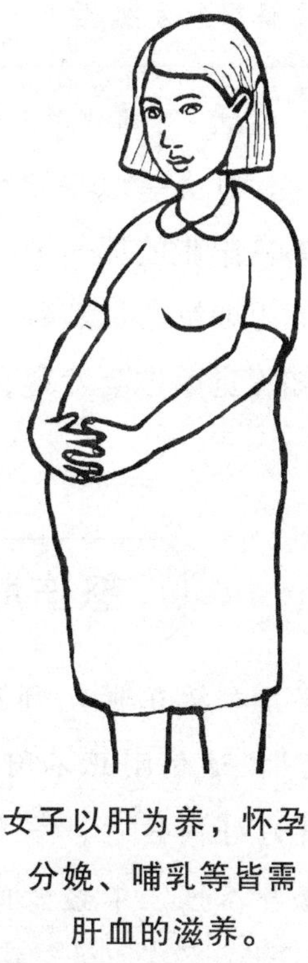

女子以肝为养，怀孕、分娩、哺乳等皆需肝血的滋养。

要想养肝，一定要注意饮食。正所谓“巧妇难为无米之炊”，没有充足的营养供应，身体就算本事再大，血也生化无源。肝脏喜欢什么呢？它喜欢青色的食物。因为“肝主青色”，比如一些人晚上睡不好，早上醒来后面色发青就是这个原因。同样“青色入肝经”，青色食物对肝脏也有很好的滋养功效。所以，平常多吃一些青色的蔬菜，对养肝是很有好处的。烟花三月，许多朋友喜欢出门踏青。趁踏青的时机品尝一些新鲜的野菜，既可赏心悦目又可养肝护肝，真可谓两全其美。当然，吃不到新鲜的野菜也没关系，“肝性喜酸”，可以去市场选购一些天然原味的绿色蔬菜，在家烹饪时适量加些食用米醋，也有益肝脏健康。

当然，饮食上的调养只是外在的，女性朋友情绪波动较大，学会调控情绪就变得十分必要了。这里给您介绍一套可以疏肝理气的按摩手法。

疏肝理气按摩手法

1. 用拇、食、中三指捏拿右季肋部（即右上腹部）皮肤，自上而下进行捻动，用力适度，如此反复操作3分钟，以产生微热感为佳。

2. 将手掌张开，两只手掌重叠放置在右季肋部，适度用力，自右向左横擦3分钟，以皮肤微红发热为止。

这套手法按摩的重点在右季肋部肝胆区。右季肋部为肝脏的位置，肝的下面便是胆囊。这种方法可以直接对肝脏和胆囊形成刺激，从而起到疏肝理气、调畅气机的效果。捻时注意用指腹用力，一边搓捻一边移动。这套手法比较简单，一学就会，效果也很不错。对于经常郁闷的女性朋友来说，有很好的疏肝解郁的效果。

生活中人们往往存在一种误区，那就是“养肝是男人的事”，因为肝硬化、肝炎等似乎更偏爱男性。其实，对于女性而言，养肝更加重要。女人从出生的那一天起就与肝结下了不解之缘。因此，对于这位“朋友”我们更要细心地照顾，就像照顾我们自己的孩子、自己的父母一样周到。不知不觉中你会发现，自己在收获健康的同时，也将美丽绕在指间了。

怒伤肝，有了火气一定要发泄出来

人活在世，哪有不生气的时候。怒则伤肝。“肝者，将军之官”，这位刚正不阿的将军出了事，后果是很严重的。所以，我们得好好伺候它。平常做到少生气，最好做到不生气，生活中要学会修身养性。不经意间或许你会发现，疾病已经很少登门了！

如果将心比喻为君王的话，肝就是刚正不阿的将军。《黄帝内经》认为："肝者，将军之官，谋虑出焉。"后世有医家王冰作注解："勇而能断，故曰将军。潜发未萌，故谋虑出焉。"将军肩上的责任可是很重的，君王的安全要它来保护（藏血以养心），外敌的入侵要它来防御（解毒），此外还要运筹于千里之外。如果将军出了毛病，那可就天下大乱了。所以对于这位将军，我们一定要爱惜，不要让它受到伤害。因为，这位将军也有害怕的东西，那就是怕"怒"，怒则伤肝。

从气机的升降运行来看，肝气宜条达舒畅，柔则血和，郁则气逆。我们知道，一个人生气的时候，总会感到血往上涌，近而出现面红耳赤、吃不下饭、胸闷腹痛等症状。这是因为"怒则气上"，肝气生发太过。肝藏血，血随气行上冲到头部，就会产生眩晕、脸红脖子粗等状况。《素问·生气通天论》说："大怒则形气绝，而血菀于上，使人薄厥。"生气所导致的后果可不止这些。肝失疏泄，肝气就会像匹野马一样在体内横冲直撞；肝气横逆犯脾，脾失运化，我们就会感到腹胀；横逆犯胃，就会出现呃逆、吃不下东西，严重时甚至还会导致吐血。看过三国的人肯定会对"诸葛亮三气周瑜"记忆犹新。周瑜大喊"既生瑜，何生亮"后便气得吐血而亡，就是因为怒伤肝而致气血损伤。所以，想要保护肝脏，一定要做到少生气。

但人非圣贤，哪有不生气的道理？做不到不生气，但至少要做到生气后把火气发泄出来，把"火"窝在心里，会比发脾气更伤肝。所以，当别人冲你发脾气，吼两声时你千万别往心里去。他把心里的"火气"发泄掉了，肝脏也就安全了。如果这股火憋在体内，反而会很危险。因为我们的身体是有一定的调理机能

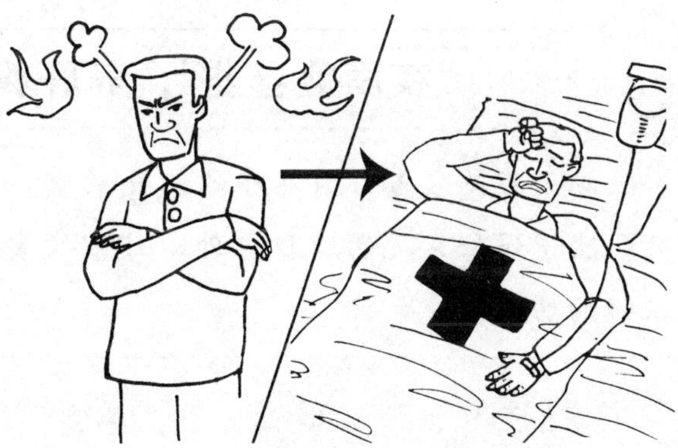

肝主疏泄，在志为怒。一个人如果总爱发脾气，说明他的肝功能失调了。过度的怒就成了邪气，对肝脏会有一定程度的损害。

的，你不帮它排泄，它自己就会想办法排解，只是排解的方式有些恐怖，有一个耳熟能详的名字——肝硬化。所以，我们要“该发火时就发火”。尽管这在别人眼里看来有伤大雅，但总比跟自己的身体作对要好得多。

而有些女性朋友生气时则喜欢憋在心里，自己一个人生闷气，这样肝气也得不到宣泄。肝经走两胁，乳房为肝经的必经之处，肝气郁结，时间久了就会导致乳腺增生。肝无补法，只有破法。想要破解肝气郁结有一个很好的办法，那就是哭。按照中医五行说，肝为木，有生发的特征，在志为怒；肺为金，在志为悲。金可以克木，所以悲克怒。一个人生了很大的气，要想让她把气给泄了，哭也是不错的选择。女人生气了喜欢哭鼻子，这时你可千万别阻止她，这其实是在“排毒”呢。哭完之后，心中的郁闷也就化解了，这时也就不会对我们的身体造成伤害了。当然，哭得太过也不好，像林妹妹一样整天哭哭啼啼的，就会伤到肺了！

当然，能做到不生气是最好的。何必跟自己过不去呢！《老老恒言·燕居》说：“虽事值可怒，当思事与身孰重，一转念间，可以涣然冰释”。所以不妨学得豁达一些，大度一些。这就需要我们博览群书，增加内心的智慧和力量，胸怀坦荡，可以正确处理那些令自己不愉快的事情。先要修心，才可以养性。当你战胜自我时，疾病也自然就不敢再找上门来了！

“夜雨剪春韭”，养肝莫忘吃春韭

春天万物复苏，自然界的阳气最重，此时正好可以借天时以养肝。除了保证充足的睡眠之外，日常饮食中多吃些韭菜，对养肝有很好的功效。

暖暖的春风，醉人的杨柳，让人感到春天的脚步越来越近了。

我们说过，春天养肝的效果是最好的。因为此时万物复苏，自然界的阳气也最为旺盛，此时养肝，便是借天之时。如何养呢？最好的办法自然是睡眠，这个我们在前面也都已经讲过，此处不再多说。除此之外，我们还可以借助食物来养肝。而众多的食物当中，效果最好的当数春天的韭菜。

韭菜在生活中比较常见，想必大家肯定不会陌生了，但对它的功效你却不见得完全了解。为什么韭菜可以养肝呢？韭菜在中医中又有“起阳草”、“长生草”的美誉，最宜人体阳气的生发。韭菜可分为春韭、夏韭和秋韭。其中以**春韭品质最佳，晚秋的次之，夏季的最差**。杜甫曾写过一句有名的诗句：“夜雨剪春韭，新炊间黄粱”，说得就是春天的韭菜香。春天的韭菜顺应春天的生发之机，吸收天地精华，养肝阳的效果是最好的。《本草纲目》认为韭菜春香、夏辣、秋苦、冬甜，所以春韭不仅养肝阳效果最好，味道也是最好的。韭菜的药用功效历来也一直备受医家的推崇。《本草拾遗》认为韭菜可温中下气，补虚、调和脏腑。李时珍也认为其“叶热根温，功用相同，生则辛而散血，熟则甘而补中，乃肝之菜也”，是说韭菜是补肝的最佳菜蔬。春寒料峭，韭菜不仅能壮阳补虚，还能驱阴散寒，增强人体的脾胃之气。脾胃为后天之本，气血生化之源。张仲景在《金匮要略》中提到：“夫治未病者，见肝之病，知肝传脾，当先实脾，……中工不晓相传，见肝之病，不解实脾，唯治肝也。”意思是说，医术高明的医者，见到肝病，知道它会影响到脾胃，所以治疗时往往会以调理脾胃为先；而医术差的医者见肝病却只知治肝，不知从调理脾胃入手。所以，脾胃健壮对肝功能的正常发挥也是大有裨益的。

李时珍曾称赞韭菜“叶热根温，功用相同，生则辛而散血，熟则甘而补中，乃肝之菜也”。

韭菜炒羊肝

取韭菜150克，羊肝120克，植物油、姜丝、精盐、黄酒各适量。将韭菜洗净后，切成3厘米长的段，羊肝切成薄片。锅内加入植物油，烧至八成熟后用姜丝爆锅，然后下羊肝片和黄酒炒匀，最后放入韭菜，炒熟后即可食用。

韭菜的做法很多，比如韭菜炒鸡蛋、韭菜炒虾米等。西北有道名菜，叫“黄马卧草滩”，就是将韭菜炒熟之后，再在上面盖上一大块炒得黄焦焦的鸡蛋，色、香、味俱佳。这里，我们再给大家介绍一款韭菜炒羊肝。

中医认为，羊肝性凉，味甘，入肝经，《千金·食治》谓之有“补肝明目”之功效，再与韭菜相搭配食用，补肝效果更好。这道菜既可单食也可佐餐，每天吃上一顿，对养肝明目有很好的效果。

古人养生讲究“天人合一”，只有从大自然中借力，才能获得无穷无尽的力量。春日多食些韭菜，再于闲暇之时漫步于芳草小径，或者去郊外踏青问柳，登高望远，使身心完全与自然相融，达到物我两忘的境界，健康长寿，自然也就不期而至了。

附　丑时经络锻炼：肝经之上生灵药，太冲行间章门找

足厥阴肝经与足少阳胆经表里相合，从下往上走，起点在大脚趾趾甲后面的大敦穴，沿着脚背内侧（行间、太冲）向上，经过内踝前一寸处（中封），沿小腿内侧往上，在内踝上方交足太阴脾经，向上经过膝关节内侧，沿着大腿内侧中线进入阴毛中，环绕过生殖器，上至小腹，挟胃两旁，属于肝，与胆联络，再往上通过横膈，分布在胁肋部，沿喉咙之后，进入咽喉部，连接目系，上行出于额部，到头顶与督脉交会。

肝经有两条分支，一条从眼部走向面颊，往下环绕在口唇的里面；另一条从肝分出，穿过横膈，向上注于肺，交手太阴肺经。

按照中医的子午流注理论，气血流注肝经的时间是在凌晨的1～3点，也就是丑时，但这时候同样也是我们睡眠的黄金时间，所以肝经的调养同胆经一样，也应该放到其他时间来做。足厥阴肝经是上下走向的一条经络，从脚趾经腹部到头顶，这么长的一条经络，我们不可能面面俱到，

只能抓重点，而且是重中之重。这个“重中之重”就在于太冲、行间和章门三个穴位。行间穴是肝经上的第二个穴位，在脚背侧，足大趾和第二趾的趾缝处靠大趾一方。太冲在行间后面一点，第一趾骨与第二趾骨间隙后方的凹陷里即是。这两个穴位可以连起来刺激，每天晚上泡脚之后睡觉之前（因为通过热水泡脚已经激活了脚部的气血，这时候刺激效果更好）用两手的大拇指（或者食指、中指）从太冲往前一次一次缓慢而有力（适当用力）地推揉到行间；可以两手同时按摩两脚，也可以一边一边地来，每只脚推揉 5 分钟。

肝经上还有一个非常重要的宝贝就是章门穴。章门，章同“障”，有屏障之意；门即门户，简单理解，章门就是内脏之门户——一个极具战略性的位置，可见其重要性非同一般。章门位于腹部的两侧，与肚脐相平。教大家一个最简单的寻找方法，两胳膊紧贴两侧裤缝自然下垂，然后抬手屈肘，肘尖下即是章门穴。

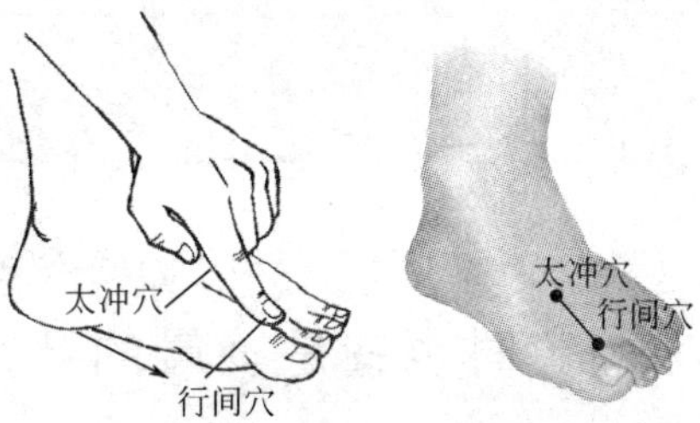

推揉行间穴、太冲穴

此穴有一个很好的刺激方法，两手作叉腰式，大拇指向内扣，指尖按揉穴位。但因其处于内脏要害部位，动作不要太重，每天 1 次，每次轻揉 3 分钟即可；还要注意，很饿的时候、很累的时候和饭后一小时内不要揉，以免伤及内脏。

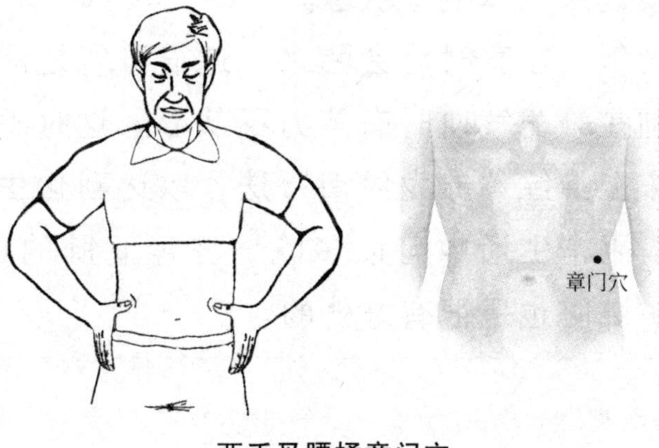

两手叉腰揉章门穴

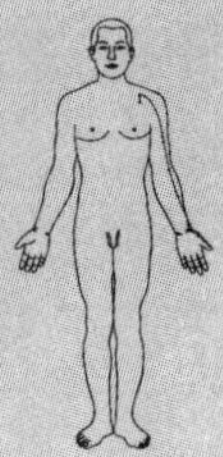

第三章

寅时：

日夜交替之时就是气血整装待发的时刻

寅时——3：00～5：00——肺经最旺

寅时也就是凌晨的3点至5点，此时肺经当令。肺为“相傅之官”，能朝百脉。寅时全身气血都流注肺经，我们身体的这位“相傅”此刻就担负起“均衡天下”的责任，对全身的气血重新进行分配，此刻肺是最忌打扰的。如果有器官在此刻特别活跃的话，肺就不得不多分配给它一些气血，这样就极易导致气血分布不均。对人体而言，这种现象是十分危险的。因此，为了能使肺正常工作，寅时各器官都必须进入“休眠”状态。

有些老年人在寅时总会醒来，这很可能是因为体内气血太虚，肺在分配气血时有些力不从心。这时不要忙着起床，可在床上练练“赤龙绞海”法，以达到化生气血的功效。另外，平常生活中可以多吃一些能润肺的白色食物，这样对养护肺脏也是很有好处的。

阴转阳时，肺开始对全身的气血进行大分配

我国一些传统的养生学家提倡寅时起床，认为这样有利于人体的健康，其实这种观点是错误的。寅时肺经当令，对全身的气血重新进行分配，此时人体各器官只有进入“休眠”状态才能保证肺不受打扰地工作。所以，此时不仅要睡，而且要睡熟、睡好。

寅时也就是凌晨 3 点至 5 点，此时肝经也该“下班”了，轮到肺经“值日”了。肺经都做些什么呢？

《素问·灵兰秘典论》认为：“肺者，相傅之官，治节出焉。”什么是“相傅之官”呢？“相傅”这个官职在古代就相当于宰相，在现在相当于总理。“治节出焉”就是“节制、调理”的意思。肺的职能就是协助“君主”——心的工作。可见，肺在五脏中的地位是十分重要的。

凌晨 3 点至 5 点钟，正是人们熟睡之际。但我们身体里的这位“相傅”却没有闲着，它在忙着调兵遣将。我们知道，肺能“朝百脉”。全身的气血在此时都要流注于肺经。肺作为“相傅之官”，就要均衡天下。它的作用就是宣发和肃降。宣发是指在肺气的推动下，使气血津液输布于全身，内养脏腑外润皮毛。肺宣发功能正常，则百脉通顺。肃降是指肺气宣清宜降，使气和津液下行，以保证水液的运行并下达于膀胱而使小便通利。通过肺的“宣发”和“肃降”，人体气血得到了重新分配，人体各器官的机能才能正常。**寅时是阳气的开端，人体气血由静变动，**这时全身器官都要休息，只有这样，肺才能合理地分配气血。所以，此时人体不仅要睡，而且要熟睡。只有处于深度睡眠当中，才能使全身的各个器官都进入“休眠”状态，我们的“宰相大人”才能够不受打扰地工作。

如果此刻不入睡又会怎样呢？那就会干扰肺对全身气血的输布。因为人体处于深度睡眠状态时，身体各个器官相对是平衡的。如果此刻某个器官过于活跃的话，为了维持它的正常功能，肺就不得不多分配给它一些气

血。这样就会导致气血分布不均，这对人体是很危险的。比如一些老年人，凌晨四五点钟总会早早醒来，就是因为体内气血过于虚弱，肺进行气血分配时有些力不从心，于是出现了早早醒来的现象。所以，寅时应该是人体睡得“最死”的时候，只有这样才能保证肺的输布功能恢复正常。

或许你会产生疑问了，如何判断自己是深睡眠还是浅睡眠，又如何使自己进入深睡眠状态呢？一般而言，判断是否深睡眠有以下几个标准：(1) 入睡较快；(2) 夜间很少会醒，就算醒后也可以很快入睡；(3) 做梦少，醒后很少会清晰地记得梦的内容；(4) 清晨起床后感觉全身轻松，精神状态较好；(5) 白天头脑清醒，工作起来效率很高。如果你的睡眠具备以上几点，就说明你的睡眠状态较好。否则，你的睡眠就一直处在浅睡眠状态。

对于睡眠不好的人而言，想要使自己在寅时进入深睡眠状态，**就一定要做到每晚 22 点到 22：30 间上床睡觉。**按照人体的规律，人在入睡 40 分钟后会进入睡眠的最佳状态。过了 23 点再入睡，由于体内阳气开始生发，此时头脑就会过于兴奋，从而很难入睡。就算睡着了，也会一直维持在浅睡眠状态，表现为容易被惊醒、感觉一直在做梦。由于各脏腑没有得到好好休息，肺的“治节”功能就会受到影响，气血得不到合理的分配，人在次日清晨醒来之后就会感觉浑身倦怠、头脑不清楚，工作效率也会大大下降。

我们看武侠小说或是电视剧时，都知道人在练功的最紧要关头是最忌被人打扰的。其实，这个道理对于我们的身体同样适用。寅时肺要“宣发肃降”，也是受不得打扰的，此时若能酣然大睡，反倒成了对人体最好的保护了。

人体如一架运行精确的仪器，每个时辰都有对应的工作来做。我们所要做的，就是顺应天时，只有这样才能达到“天人合一”的养生境界，让自己活到天年！

寅时醒来睡不着，大多是气血不足，不妨试试“赤龙绞海”法

寅时肺经当令，此时人体都会进入熟睡状态。如果你在此刻醒来，

就说明你的肺气不足或是气血虚了。中医有“津血同源”的说法，所以此时可练练“赤龙绞海”法，即可化生气血，又可益肺，对肾脏也很有好处，可谓一举多得。

我们前面说过，寅时一定要睡熟，因为肺经宣发、肃降的功能通过深度的睡眠能更好地完成。肺主一身之气，寅时肺经当令，对全身的气血重新进行分配，其特点是“多气少血”，所以人在此时一般会睡得很“死”。如果你在此刻总会醒来，那就是身体在向你发出预警信号了。

因为肺的工作是不能受到任何打扰的，否则就会出现偏差。人体处于睡眠状态时，所有的器官都处于一个相对平静的状态，肺的功能才能正常发挥。如果此时醒来，多是肺气不足的表现。“气为血之帅”，气行血亦行，气虚血亦虚，气滞血亦滞。肺气不足，血也就失去了前进的动力，难以到达周身各处。气血养神，欠缺气血滋养，心神难安，就会造成失眠或过早醒来。还有一种情况，就是本身气和血都比较虚，比如老人、体质虚弱的人，在进行气血分配时，就有些力不从心，也就是气血不够用了。心神得不到滋养，也会出现失眠。

有些人晚上一睡不着就爱着急，可越急越睡不着。此时睡不着也没关系，我们可以在这个时间段来练练气。“天开于子，地辟于丑，人生于寅”。寅时肺经当令，而“肺朝百脉”，所以此时练气效果是最好的了。

赤龙绞海

练习时，可披衣面南盘腿而坐，然后双手握拳置于弯曲的膝盖上，双目微闭。用舌头在口腔中上下搅动并舔揉牙齿牙床内外，以刺激唾液的产生。

这个方法有一个很好听的名字——赤龙绞海。在我们舌下有一条纵行的白色薄膜，由一束纤维组织组成，前面与牙龈相连，后面与舌腹相连，我们称之为舌系带。舌系带的两边有“金津”、“玉液”两大穴位，从名字上就知道这两个穴位有分泌唾液的功效。当这两个穴位受到刺激后，口中便会分泌出大量的唾液。当津液满口时，再分数次吞咽而下。依法吞咽七次。可别小看这个办法，《太上黄庭经》有载：“口为玉池太

中医认为，“津血同源”，津液和气血皆为饮食精气所化，彼此可互相滋生影响。

和宫，漱咽灵液灾不干。”《太元气经》则认为唾液如甘露一样可以“溉五脏、蒙五彩”。一些著名的养生家，如孙思邈、少林祖师达摩及大文学家苏轼等都对此法推崇备至，认为其可以祛病去灾、延年益寿。

唾液为什么会有这样神奇的功效呢？在中医中，唾液又称为“津”。中医有“津血同源”的说法。因为津液和血都是饮食的精气所化，彼此可以相互滋生、相互影响。气血亏，津液就会不足；同样，津液损耗过多，气血也会出现亏损。我们这里就是用“赤龙绞海”法来刺激唾液的分泌，从而达到化生气血的功效。气血足了，阴阳平衡，不仅睡眠好，疾病也会无影无踪了。对于气血虚弱的老年人来讲，经常按此方法进行练习会收到很好的养生效果。

为什么会选择寅时来练呢？因为唾液为肾之液，肾五行属水，肺属金。根据五行相生的原则，金生水，所以此时练习“赤龙绞海”补肾的效果是最好的。肾又为先天之本，五脏六腑之根。另外，肾还有一个功效，就是纳气。纳即“收纳、纳藏”，也就是说肺吸入的气，先要纳藏于肾，然后再进入人体。肾收纳正常，呼吸才能正常，肾纳藏功能弱，纳气失常，则肺呼多吸少，动则气喘，这样对肺功能的正常发挥也是不利的。可见，“赤龙绞海”既可补肺气，又可化生气血，对肾脏也很有好处，可谓一举多得。难怪《太元气经》中有“天地有泉源，非雷霆功则气不能润荡万物。人身有津液，非咽漱则无从溉五脏、蒙五彩……”的论述了。

古人把唾液称为“金浆”、“玉液”、“人参果”，曾经有僧人坐禅，几天几夜不吃不喝，其奥秘就是吞津液以养生。就连我国著名的思想家及炼丹家老子都认为，最好的灵丹妙药就是自己的津液（唾液）。其实，最好的养生方就在我们身边，就看你是否有一双慧眼去识别了。

老年人不要早起，静静躺着让气血活动，阳气就会慢慢生发起来

清晨正好是人体阳气生发的时候，静静地休息可以避免人体潜伏的阳气受到干扰。如果清晨过早起床锻炼，反而会使阳气过早消耗，相当于“竭泽而渔”，对人体健康极为不利。

前些日子看到一则报道：一个晨练的老人突然猝死在路边。这位老人尽管有心脏病，但平常身体却没有什么异样，很健康。他有早起的习惯，无论刮风下雨，几乎每天 5 点钟都会起床锻炼身体。老人的猝然离开，让其家人有些措手不及。

看到这里，不禁为那位逝去的老人感到惋惜。如果他坚持科学的生活方式，或许就不会这么突然地离开了。在此也提醒其他老人，早上一定不可以起太早，这样对身体不但无利反而有害。

或许你有些不大相信，“早睡早起身体好”早已是尽人皆知的养生之道了，这里又怎么不让早起了呢？正所谓“过犹不及”，早睡早起只是相对而言，如果你四五点钟就起来了，就会影响到肺脏功能的正常发挥，于身体反而无益了。肺经有一个功效，就是“肃降”，此时气血津液是要下行的。我们这时只有熟睡，才能使肺的肃降功能正常。而有些老年人早上 5 点钟就醒了，就是因为他体内的气血太虚弱了，以致无法安心养神。如果你此刻再起床进行运动，气血本来就不足，还要硬生生地调上一些来供养各个器官，会使心脏的负担大大加重。心脏不好的老人很可能会因此而导致猝死。

而且，寅时温度很低，寒气袭人，为了抵御寒气，我们体内刚刚生发起来的阳气也会受到消耗。同时，太阳还没有升起来，漳气、浊气往上走，人在锻炼时若是呼进了这些空气，对身体同样也是不利的。

那么老年人应该什么时候起床呢？**一般认为7点后起床比较合适。**但老年人大多醒得比较早，这时可以闭着眼睛躺在床上。清晨正好是阳气生发的时候，静静地休息可以使人的神志安定，人体潜伏的阳气也不易受到干扰。阳气是生命之本，可以推动五脏六腑的动作，阳气足，人体就可以免受疾病的侵袭。所以，哪怕每天醒得很早，最好也不要起床，静卧以养阳。如果实在闲得无聊的话，也可以在床上做些小运动，其健身功效绝不次于户外运动。

床上小动作

干梳头：张开手指做梳状，由前向后梳理头发，既可以促进头部气血的循环，又可以达到护发防脱的目的。

轻揉耳轮：用双手轻揉左右耳轮，至发热时为止，也可用拍打的方法，双手距耳郭10～15厘米，每次拍100次，力度要轻柔，不可过猛。耳朵上布满全身的穴位，这样可以起到促进耳部气血循环的效果，还可活跃肾气，使听力正常。

转眼睛：眼睛做顺时针、逆时针运动大约一分钟，可锻炼眼肌，使双目明亮有神。

叩齿：凝神静心、口唇紧闭、全身放松，上下齿有节律地互相轻叩，大约做100下，可以起到固齿生津的效果。

按摩肚脐：将双手手掌重叠在一起，按顺时针方向轻轻按摩肚脐三分钟。肚脐是神厥穴的位置，周围还有关元、气海、丹田、中脘等各穴位，此方法可起到提神补气之功效。

收腹提肛：反复收缩，使肛门上提，可起到防治痔疮的效果。

左右翻身：躺在床上向左、向右翻身一分钟，可锻炼脊柱大关节和腰部肌肉。

摩搓脚心：脚心为肾经涌泉穴的位置，手心为劳宫穴的位置，以手心按摩脚心100次，可使阴阳合抱，从而起到补肾强心的效果。

伸屈四肢：四肢做伸屈运动，可促使气血迅速回流到全身，对预防心脑血管疾病，增强关节的灵活性有很好的效果。

做完这些运动后，天基本上就已经大亮了，这时可以起床了。**起床时动作一定要缓慢，从被窝里坐起来，呈半卧位，双目直视前方，头颈做旋转运动2～3分钟，然后再将双脚移到床边，**这时睡意全消、头脑清醒，然后再起床稍微做些锻炼就可以了。

古人提出“早睡早起”的概念，是要我们遵循自然界的规律，而若“过早”起床就是对自然规律的一种破坏。所以，不妨在床上多躺上几分钟，既可避开早寒，又可静养阳气。想要长寿，就从建立科学的养生观开始吧！

寒气最易袭击肺，凌晨三点要关掉空调，盖好被子

肺为娇脏，又为五脏六腑之盖。当外邪自口鼻皮毛而入时，肺首当其冲。寅时肺经值班，此时也是最易受伤之时，睡觉时一定要关好窗，盖好被子，以免风邪侵肺。

炎炎的夏季里，酷热难耐，连晚上安心睡觉都成为一种奢侈。有些人为了图凉快，干脆把门窗都打开，或者将空调或风扇开到最大。这下倒是凉快了，可我们的身体却吃不消了。第二天醒来，总会感到浑身乏力、骨节酸痛，这是因为你的肺受寒了。

寅时肺经当令，中医认为人体气血此刻由静变动，重新得到分配。此时也是人体阳气潜发的开端。我们说过，阳气为生命之本。万物之生由乎阳，万物之死亦由乎阳。人之生长壮老、津液的生成，皆赖于阳气，所以“阳强则寿，阳衰则夭”，**养生定要养阳**。人体处于睡眠状态时，气血流通相对缓慢，体温也会慢慢降下来，此时阳气会在体表形成一种保护层。中医管这层保护层叫“鬼魅不侵”，因为它可以阻止六淫之邪的侵犯。

打个比方来说，有些人晚上无缘无故总爱做噩梦，就是因为它的阳气不足，邪气来侵所致。这种人最需要养阳，只要阳气充足，邪气就不敢来犯了。一般而言，当人体静止不动时这层阳气层是不会受到破坏的。但如果晚上开窗通风或是打开空调，人体为了抵御寒气，不得不消耗体内的阳气，就会将这层保护层破坏。身体失去了屏障，寒气也会随之而

侵入肌肤。我们知道，肺脏比较娇贵，主皮毛，又为五脏六腑之盖。当外邪自口鼻皮毛而入时，肺首当其冲。肺叶娇嫩，它是受不得任何伤害的，否则功能就会出现异常。肺失肃降的话，肺气上逆就易导致咳嗽。咳嗽日久，痰饮内蕴，就会导致肺气虚。肺气虚就无法抵御外邪的侵袭，肺病便缠绕反复难以治愈。肺出了故障，也会连带脾、肾及心等器官，从而使疾病丛生。

因此，对于这位“娇小姐”，我们一定要保护好，不要使它受到任何伤害。寅时肺经出来值班，此时是最需要照顾的。我们首先要做的就是防止风寒入侵。除了要做到睡觉前把门窗关紧外，最好也不要开空调。特别是开空调吹冷气时，对肺脏的伤害是很大的。皮肤是肺的对应部位，开冷气时，皮肤会最先受到感应，体表气血的运行和汗液的排泄也会受到影响，不利于肺的气化功能。但如果天气太热，让人无法入睡怎么办呢？这时可以先将空调打开，然后在入睡前先冲个澡。冲完澡后立即上床，并将空调关掉。此时温度较低，人也会很快入睡，等到温度回升时，基本上就已经睡熟了。另外，洗澡也可以起到养肺的功效。因为皮毛为肺的屏障，洗浴可促进气血的循环，使肺与皮肤的气血流畅，从而达到润肺、养肺的目的。如果是在冬天，还要记得一定要盖好被子。

除了晚上要注意防止寒气入侵之外，再教大家一个方法，经常练习可以起到养肺的功效。在以呼吸吐纳为主要手段的“健身·六字诀”中，有一个字诀与肺相对应，就是“呬”（音“嘶”）。**发这个音时，上下齿对齐，中间略微留一狭缝，然后将舌尖抵在齿缝中间。当然，仅口型正确是不够的，还要注意呼吸方式，需采用逆腹式呼吸法。其要领就是鼻吸口呼。鼻吸气时，胸腔扩张，腹部内收，吸气直达小腹（即丹田），同时舌抵上腭。呼气时正好与此相反，胸腔内收，腹腔扩张，舌头随之放平。**经常练习此方法可泄出肺之浊气、调理肺脏的功能。

《素问·宣明五气篇》载：“五脏所恶，……肺恶寒。”所以，对于肺一定要做好保暖工作。当然，我们上面提到的那些只是外寒，内寒也是会伤肺的。所以，平时少吃一些冷饮及西瓜、苦瓜、西红柿等寒凉食物，这样才能让我们的肺“高枕无忧”！

抵抗“秋老虎”，白色食品来助阵

秋高气爽，正是“秋老虎”猖獗之际，一不留神，我们的肺就要遭殃了。燥邪最易伤肺，所以护肺、养肺就成为秋日养生的重中之重。中医认为，白色入心，平常多吃百合、秋梨等有滋阴润燥功效的食物，对预防秋燥伤肺是有很好效果的。

看过《红楼梦》的人肯定会对那个“娴静时如娇花照水，行动处似弱柳拂风”的林妹妹记忆犹新。她有一个毛病，每逢秋日必犯咳嗽宿疾，寻遍名医也无法根治。《红楼梦》这本书可谓遍地珠玑，仅仅这一个细节，便暗示了一个很深的养生哲理：秋燥易伤肺，秋天一定要护好肺。

为什么说“秋燥伤肺”呢？大家都知道，二十四节气中有一个节气名叫“白露”，是秋季的典型气候。我们的古人起这个名时可不是随便起的，里面包含了很深的学问。“白露”期间白天气候较为干燥，而夜晚露水却一天比一天重，凝在叶子上便成为“露”，“斗指癸为白露，阴气渐重，露凝而白，故名白露也”。天气干燥，人体便易失水，体内津液受到损耗，表现在皮肤上便是爱干燥、脱皮。肺主皮毛，皮毛相当于肺与外界相通的通道，皮毛失养，肺自然也会受到影响。

按照中医五行学说，“肺”属金，而四季中的“秋”也属金，所以秋天之气与肺脏是相通的。肺喜润而恶燥，燥是“六淫”之一。秋高气爽，天气干燥，燥邪很容易通过口鼻皮毛进入肺。肺为娇脏，受到燥邪的侵袭，宣发肃降的功能就会出现失常，全身的气机和水液代谢就会紊乱，干咳、气喘、咽喉疼痛等成为常发症状也就不足为怪了。

不过凡事有弊亦有利，秋天虽然容易伤肺，但同时养肺的效果也是最好的。中医认为人的五脏跟四季是顺应的，**春天养肝，夏天养心，长夏养脾，秋天养肺，冬天养肾。**秋天正是肺气最旺、功能最强之时。此时养肺便是借天之时，可以起到事半功倍的效果。《黄帝内经》有“燥者濡之”之说，对于秋燥，我们最重要的就是通过各种富含水分的食物来濡养。除此之外，白色食物是首选，因为白色食物大多性平味甘，按照中医五色入五脏的原理，白色食物有很好的滋阴润肺效果。《红楼梦》中薛宝钗吃的“冷香丸”这味药材用料讲究，分别为白牡丹花、白荷花、白芙蓉花、白梅花，宝钗用后喘嗽等症状居然消失了，就是根据这个原理。当然，我们不可能再做出冷香丸，却可将生活中的其他白色食物巧加利用，同样可以达到润肺除燥的效果。其中银耳的滋补效果相当好，以前只有王公贵族才能享用的到，而现在却已走入寻常百姓家。中医对银耳的功效也是推崇备至的，认为其有麦冬之润而无其寒，有玉竹之甘而无其腻，可谓滋阴润肺的上等佳品。这里为你介绍一款润肺四物汤。

润肺四物汤

银耳5克泡发，摘去蒂头后撕成片状，大枣10枚，雪梨一个去皮切块，莲子50克，冰糖适量。将三者一起放入锅中，加适量水武火煮开，然后改为文火煨至熟透，加入适量冰糖，待其熔化后即可食用。

银耳、雪梨、莲子均可润肺，大枣可以养胃和脾、益气生津、润心肺、补五脏。几味食材结合起来，便为润肺佳品。此汤味美，可经常服食。

除了饮食上的调养外，也要注意心性的修养。俗话说“秋风秋雨愁煞人”，树木的凋零，花草的枯萎，往往会触动人内心深处那根最敏感的神经，从而产生凄凉、忧伤的情绪。五志之中，肺在志为忧，忧的情绪很容易伤肺。所以秋季养肺，一定要学会调控内心的情绪，保持内心宁静，乐观地对待生活。闲暇之时与朋友一同登山，看漫山层林尽染，既可饱览奇景，又有心旷神怡之感，使忧郁、惆怅之感顿失。心情舒畅则心火不旺，心脏始终处于一种柔和的状态，对肺肯定是有好处的。调理情志所取得的养肺功效，可是任何补品药材都取代不了的。

患有咳嗽、气喘的人要多按摩太渊穴

寅时肺经当令。此刻肺经最为活跃，也最易受伤。若遇内外邪侵袭，就会导致宣肃失常。肺失宣肃易引起咳嗽、气喘等症状。此刻可刺激太渊穴，太渊为肺经原穴，有补肺气、强壮肺脏的效果，从而起到很好的理肺舒气效果。

北京的气候比较干燥，咳嗽的人也越来越多。有些人认为咳嗽不算什么大病，也就不往心上放。可提醒您一句，“久咳伤肺”，肺已经在向您拉响警报了，你若再不理它，它可就向你亮起红牌了。

前些日子接诊时就遇到两位患者，60岁左右的年纪，是一对夫妇。“大夫，你能帮他看看吗？他夜里咳嗽地特别厉害，而且总会咳醒，白天倒是轻了些。甘草片也吃了不少，可却不怎么见效，还是照样咳”。说话的是位头发花白的女士。

“我说我没事，她非让我来！”那位老先生嗔怪地看了妻子一眼。

“没事才怪呢！久咳伤肺，你若再不就诊，肺就受伤了。”我给他切了下脉说。

“咳了多久了？”

“大概一个多月了！”妻子急着回答。

“今年春天是不是春装换得太早了？”我问老人。

“那倒不是。春捂秋冻，每年春天我都会注意些，宁肯热一些也不肯冻一些。不过有一天降温，我一直待在屋子里没出门，也就没换衣服，谁知还感冒了。从那阵儿起，就开始咳嗽起来了！”

“病根就在这儿呢！”我望了两位老人一眼，“是肺受寒了！”

“严重吗？”妻子在一旁关切地问。

“如果再不治疗的话，可能就会严重了！以后一定要注意穿衣，随着天气变化及时增减衣物。睡觉时盖好被子。”

“好，以后一定会注意的。”老人说着又开始咳起来。我见状抓起他的手腕在他的太渊穴上按揉起来，结果他的咳很快就止住了。

老人感到很奇怪，问我怎么回事。我告诉他我在刺激他的太渊穴。他的症状主要是因风邪犯肺而引起的寒邪郁闭肺气，肺气的宣发和肃降功能失调，肺气上逆自然就会咳嗽。

对于这种咳嗽，最好的办法就是让肺经自己来调理。但肺经本身是不会进行治疗的，你得指导它。其实方法很简单，那就是按摩太渊穴，以将其能量激发出来。为什么太渊穴会有此功效呢？因为太渊为肺经的原穴。原穴就是脏腑的元气经过和留止的腧穴。《灵枢·九针十二原》认为："五脏有疾，当取十二原。"意思是说五脏有病，最早会在原穴上反映出来。而刺激这些穴位，也可以起到调治内脏阴阳，治愈五脏疾病、强壮内脏的功效。太渊穴是肺经中元气聚集最多的地方。打个比方来说，此处相当于肺经的源头，肺气便是由此处源源不断地运达全身各处的。所谓"肺朝百脉，脉会太渊"，刺激此穴便相当于深挖井，使肺气源源不断地涌出。本穴开于寅，得气最先，因此这个穴位补肺气的效果是最好的。肺气足则卫气强，卫气强则腠理密。这就相当于给我们的肺筑起一道坚固的屏障，邪不能侵肺，我们体内的这位"宰相"大人便可安心工作，肺的宣发和肃降正常，自然就不会再咳嗽、气喘了。

听我说了这么多，两位老人显然来了兴趣，老先生还学着我的样子在手腕上摸来摸去。我告诉他们，**找这个穴位时要将手放平，手腕横纹上拇指根部侧可以感到有脉搏在跳动，即是此穴。**医者一般采用针灸的办法来治疗咳嗽、气喘等病症，但这需要很高的专业技巧，对于一般患者来说，只要学会按摩就行了。每次按摩2～3分钟，只要感到有酸胀感就说明得气了。不过有些人往往嫌按摩费时费力，不能坚持。这时可采用敷贴法，敷贴法不仅方便，而且不会占用你很多时间。**只要去药店买根人参，然后将其一半切碎后捣烂，临睡前敷于太渊穴上，以医用胶带固定好，第二天起床后揭下就可以了。**人参有强有力的补气效果，而且最善补肺气和脾胃之气，采用敷贴法便可使人参的药效直达肺脏，不知不觉中就将肺调理好了。如果家里没有人参也没有关系，可以用枸杞取代，效果也相当不错。

听完我的话后，两位老人连连点头。我告诉他们，护肺其实除了要防寒保暖外，在饮食上也要注意少吃冷饮或西瓜、苦瓜、西红柿等寒凉食物。中医认为"形寒寒饮则伤肺"，外寒是"形寒"，而"寒饮"即指生冷的饮食。肺是起于中焦脾胃的，如果你吃的食物过于寒凉，寒气便

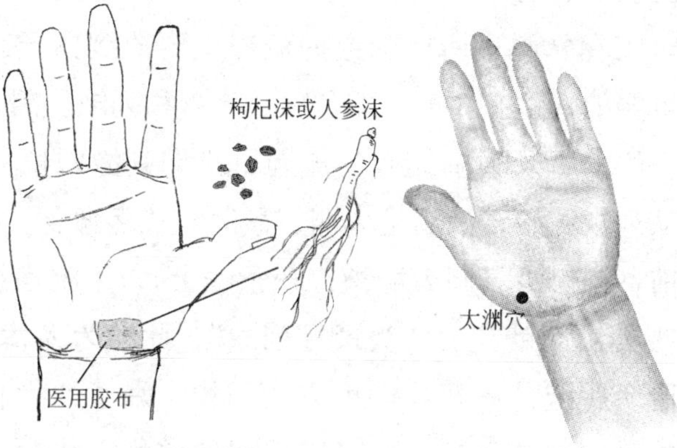

太渊穴位于手腕部位，手腕横纹上，拇指根部侧即是，
对咳嗽、气喘有很好的治疗效果。

会循经脉使肺气受寒凝滞，从而无形中对肺形成伤害。只是这种伤害是润物细无声的，往往被人们忽略。寅时肺产生宗气，走息道行呼吸，贯心脉以行气血。肺本身就受伤了，此时再工作就会有点力不从心，宣肃功能失常，也会引起咳嗽、气喘。

我们的身体是很聪明的，快出“故障”了，它便会及时向你发出警报。此时如果你可以及时发现并进行调理，就可以防患于未然，远离疾病的侵袭。你若置之不理的话，到最后吃亏的还是你自己。所以，我们要时时留意身体给我们传达的信息，及时将疾病消失于萌芽之中，只有这样，你才可以“百毒不侵”！

附　寅时经络锻炼：列缺鱼际和太渊，肺经效果最灵验

手太阴肺经从胸部走手，起于中脘部，往下联络大肠，返回后向上沿着胃的上口，穿过横膈膜，属于肺脏，向上走气管、咽喉，顺着锁骨横行到胸部外侧上方，出腋下（中府、云门），沿着手臂内侧前缘往下走，经过肘关节，顺着前臂内侧桡骨边缘进入寸口，经过大鱼际，到达大拇指桡侧指甲角处（少商）。

肺经有一条分支，从手腕的后方（列缺）分出，沿着手背走向食指桡侧端（商阳），交手阳明大肠经。

肺经的气血在早晨的3～5点（寅时）最旺，而这是我们感觉最困的时候，一般此时正在熟睡，所以肺经的调养也要放到白天来进行。肺经上最常用也最重要的穴位有3个，即鱼际、太渊和列缺。因为肺经的气血是从胸部走向手的，所以顺应气血的流向，我们刺激穴位的时候也要按照这个顺序，从列缺开始，然后是太渊，最后的“落脚点”为鱼际。

列缺穴在前臂桡侧缘（同大拇指在一条线上），手腕横纹往后1寸半处，凸起的骨头尖后面就是。“头颈寻列缺”，此穴为人体四总穴之一，善治头颈部的诸多病症，只要我们把它“伺候”好了，我们头上和脖子上的很多问题就可以避免了！我们可以采用按揉的方法对列缺穴进行刺激，即先把两手大拇指的指甲剪平，一手从小指方向抓住另一手的手腕，其他四指扣住手腕背部，然后用大拇指尖去按揉列缺穴，两手交换着来，每侧3分钟即可。需要提醒大家的是，此处血脉聚集，按揉时不可太用力。

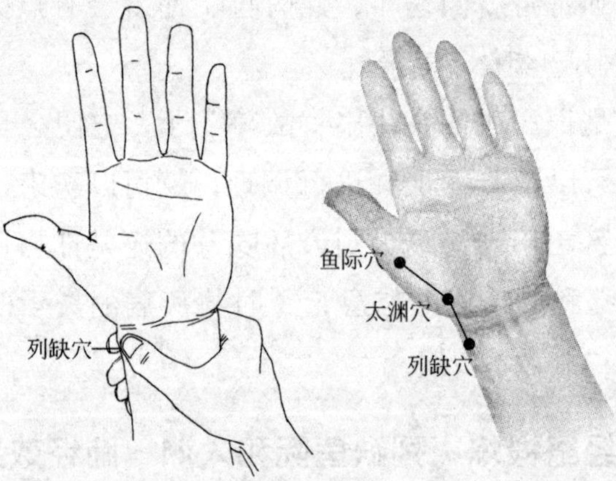

按揉列缺穴

接下来是太渊穴，其在手腕的掌面一侧靠大拇指一方，桡动脉搏动处即是。这个穴位的位置比较深，要把食指的指甲剪平，用指尖去点揉它，但因为此处也为血脉之关键，不可太用力，时间也不宜太长，每只手点揉两三分钟即可。太渊为八会穴中的脉会，又是手太阴肺经的俞穴、原穴，是一个非常好用的宝贝！它有两个最重要的功能，就是理气补气和调心率。你看有些人老爱咳嗽；有的人喘气很费劲，好像到了氧气稀薄的高原一样，感觉吸入的氧气不够用；有些人走几步路，爬会儿山，甚至稍微一动就满头大汗；还有的人觉得憋气、烦闷、胸部胀满，都可以用这个穴位来补气理气。太渊为八会穴中的脉会，是全身血脉的交会之地。而心主血脉，所以此穴还善治“心病”，比如什么心痛、心悸、心律失常、早搏、房颤都在它的职责之内。当然，你如果能把它与心包经的内关穴合起来用，那效果会更为神奇！

肺经上最常用的要穴那就莫过于鱼际了。这个穴位就在大拇指后面有一块像鱼肚子的地方，你找到最敏感（点按时会有痛感）的那一点就是了。此处肌肉较厚，所以刺激穴位的时候得用点力，最好的方法就是手握空拳，用食指的第二关节去揉（又有力，手指又不累，效果还非常好），两只手换着来，每只手上的穴位揉3分钟！此穴是对付感冒的一个“杀手锏”，未病之前揉它可以预防，生病之后揉它可以治病，什么咳嗽、咽喉痛、嗓子哑、发烧、头痛等，都可以找它，还能防治乳腺炎、呼吸时胸背痛以及手指肿、胳膊痛等，使用电脑办公一族不妨在工作的间隙多揉一揉！

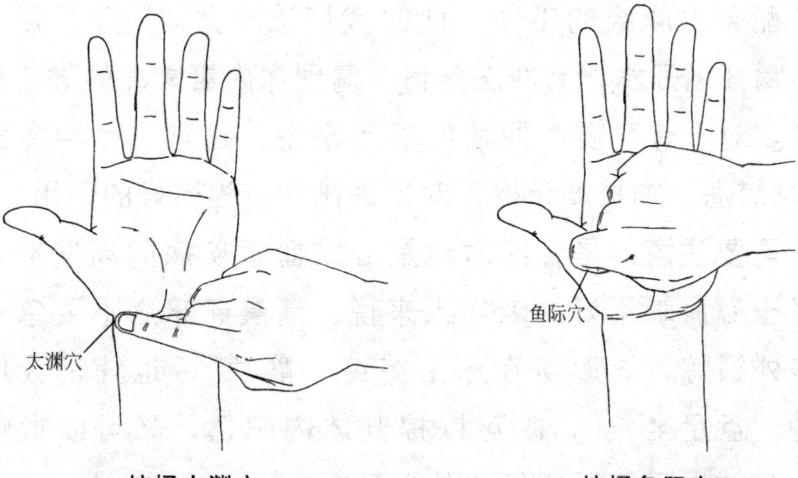

按揉太渊穴　　按揉鱼际穴

肺经和大肠经表里相合，因为肺经当令的时候我们正在睡觉，所以这三个穴位我们可以放在气血流注大肠经的时候，也就是卯时，早上的5～7点来刺激，这样会比一般时间效果好！你可以在每天早上醒来之后、起床之前的这段“缓冲期”内，在被窝里花10分钟先揉揉这两个重点穴位。

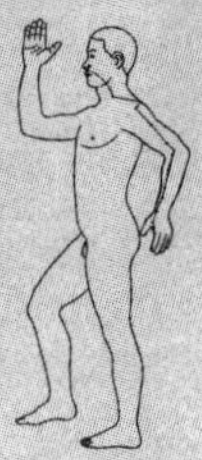

第四章

卯时：

太阳升起之时，大肠经也会跟着兴奋起来

卯时——5：00～7：00——大肠经最旺

卯时（5：00～7：00）轮到大肠经“上岗”了。《素问·灵兰秘典》认为，“大肠者，传导之官，变化出焉”。为了配合大肠经的工作，此时我们该“方便”了。每天起床后喝杯温开水，有冲洗肠胃、清理体内毒素、促进排便的效果。对于有习惯性便秘的患者来说，日常生活中多练习“赤龙绞海”加按摩天枢，对促进排便有相当好的作用。

需要注意的是，卯时也是心脑血管疾病的高发期，所以对于心血管不好的老年人来说，清晨起床后不要急于进行户外锻炼，这时可在床上练练“静功”，也就是我们所说的“盘足坐法”，既可以提升体内阳气，又可以锻炼身体，其效果不亚于任何户外运动。

一觉醒来，排便是对大肠经最好的照顾

卯时大肠经当令，它的功能便是传化糟粕，及时将人体内的垃圾清理出体外。每天按时排便，就可以减轻大肠经的负担，达到润肠排毒的养生效果。

古人划分时间是很有意思的，因为那时没有钟表，他们便用十二生肖中动物的出没时间来命名各个时辰。到了汉代，人们又将十二时辰命名为“夜半、鸡鸣、平旦、日出、食时、隅中、日中、日昳、晡时、日入、黄昏、人定”，每个时辰都有特定的经脉值班。这里的“日出”就是指太阳刚刚露脸，冉冉初升的那段时间，相当于现在的清晨5点到7点，用地支来表示就是卯时。卯时轮到谁值班呢？这时大肠经该上场了。

《素问·灵兰秘典论》认为，“大肠者，传导之官，变化出焉。”“传导之官”就是“运输大队长”，这个“大队长”专门运输我们体内的糟粕，也就是将人体内的垃圾清理出去。食物进入人体之后，在小肠进行消化并升清降浊，水谷精微等营养物质经过脾的运化而布散全身，供养脏腑；食物残渣则下降到大肠。大肠再进行最后一道程序的加工，将残渣中的部分水液吸收。这样经过燥化后的糟粕便成为大便，通过“魄门”，也就是肛门，将其排出体外。所以古代大肠又有“监仓之官”和“传导之府”之称。

可别小看我们体内的这位“运输大队长”，你可得小心伺候它，否则身体就会出毛病了。因为大便里的毒素占人体里所有毒素的50%左右。家里的垃圾不清理，就会滋生苍蝇、蚊子。体内的“垃圾”不能及时排出，就会给细菌提供了繁衍的温床，时间久了，人体就会生病。汉代大医学家张仲景曾将长时间停留在人体内的大便称为“宿食”，并指出其会诱发多种疾病。更重要的是，“大肠与肺相表里”，大肠经

出了毛病，肺自然也会受到连累。肺主皮毛，若大肠经出问题我们的脸上就会冒出许多小痘痘，面色也会变得黯淡无光。这可让爱美的女士们大伤脑筋了。所以，为了我们自身的健康，也为了我们的“颜面问题”，一定要照顾好大肠经。大肠经可不像肺脏那样娇气，照顾它很简单，只要做到按时排便就好了。卯时是大肠经最活跃的时候，此时最宜排便。

想要做到定时排便，首先要避免其“随意性”。清晨起床后第一件事便是进洗手间，即使没有“便感”，也不妨在马桶上坐坐，久而久之，就会形成一种条件反射，每天到这一时间便有排便的欲望。如果排不出便、大便干燥，排便不畅时可以在早上空腹吃个梨。中医认为梨有生津止咳、润燥化痰、润肠通便的功效。早上因为肠道已经排空，空腹吃梨可以更大限度地促进肠道的蠕动，从而起到通便的效果。但此方也并非人人适宜。因为梨性寒，脾胃虚寒的人若空腹食用更会伤脾胃、助阴湿，于身体反而无益了。倒不如每天清晨喝杯白开水来得安全。起床后喝杯白开水，既可以滋润肠道，又可以使体内的毒素很好地溶解到水中，从而达到润肠排毒的双重效果。有些人喜欢在白水里加点盐，认为这种方法更有利于人体健康。可事实却恰恰相反。因为人在整夜的睡眠中滴水未进，而呼吸、排汗、泌尿等活动却并未停止，这都需要消耗大量水分。所以清晨人的血压往往是最高的。如果此时饮用淡盐水，很可能会造成血液进一步浓缩。特别是心血管病患者，起床后血液黏稠度最高，此时再喝淡盐水，无异于雪上加霜。如果你实在不喜欢白水寡淡的味道，可以在里面加些蜂蜜。蜂蜜本身就有润肠通便的功效，且营养丰富，可以及时补充晚上消耗的能量，对身体是有益的。当然，糖尿病患者就另当别论了！

汉代王充在《论衡》中有“欲得长生，肠中常清；欲得不死，肠中无渣”的论述。道家养生观中也有种“倒仓法”，讲究每日多排大便以求长寿。古代养生家对排便的重视由此可见一斑了。排便虽是生活细节，养生的功效却不可小觑。就看你，是否愿意做个有心人了！

“赤龙绞海”法加按摩天枢，是每个便秘患者都应该掌握的“排便”良方

由于饮食习惯的改变，便秘困扰着越来越多的人。一般的泻药只是治标之策，而穴位按摩不仅见效快，而且可以标本兼治。按摩天枢再加上“赤龙绞海”法，便秘烦恼很快就可以无影无踪了。

你是否经历过便秘的痛苦呢？有便却排不出的感觉可真叫人难受。也难怪，现代人饮食过于精细，成天山吃海喝，没有酒肉不成席，绿色蔬菜却备受冷落，由此很容易导致体内缺乏纤维素。同时川菜大行其道，辛辣食品也成为人们饮食中不可或缺的调味品，这就很容易导致“上火”。体内有热，肠道津液减少，排便不痛快也就不奇怪了。

大肠为“传导之官”，它除了“传化糟粕”外，还有一个功效是“主津”。何谓“津”呢？金代医学家李东垣认为，饮食经过脾胃消化之后到达小肠，水液等精微物质再经过小肠的吸收而下传至大肠，大肠为最后一道关卡，它接受由小肠下注的食物残渣和剩余水分之后，再将其中的部分水液吸收，最后剩余的残渣糟粕便成为粪便排出体外。在这个过程当中，小肠为吸收津液的主力，所以称之为“液”，言其量大；大肠吸收的津液只为微少部分而已，所以称之为“津”，言其量少。因此说“大肠主津，小肠主液”。津液维持着肠道的水液平衡，相当于肠道的润滑剂。肠道津液正常，人才能正常排便。如果大肠有热，“津”的能力过强，大肠内本应留存的液体也会被吸收，肠道缺少津液的润滑就会干涩，从而造成排便困难。相反，如果“津”的功能过弱，肠道内残留的水液过多，人就会拉肚子。

排便不通畅，大部分人会服用泻药，但这只能治标，时间长了还会让人对药物产生依赖性，实属下下策。治疗便秘，关键在于调理肠胃功能，使肠道自己来解决问题、自己来治病。如何来调理肠胃功能呢？有一个很好的方法，那就是按摩天枢穴。

天枢穴为大肠经的募穴。“募”是聚集、汇合的意思，募穴是脏腑经气的汇集之处，专治本脏腑的疾病。身体仰卧，肚脐（即神阙穴）旁开两寸处即为此穴。天枢为古代星宿名，是北斗七星的第一星，主持天际各星的运行。此穴位借“天枢”名，意指应天枢之星象，沟通胸腑上下之气。正如《素问·至真要大论》所言：“身半以上之分也，天气主之；身半以下之分也，地气主之。半，所谓天枢也。”此穴为水谷之气升清降浊的枢纽，可以升降气机、斡旋上下。此外，天枢穴又为胃经的腧穴，因此有调肠和胃、理气消滞的效果。**仰卧，将食指、中指、无名指并拢，慢慢向下压，力道由轻到重，持续2分钟后将手指慢慢抬起（但不要离开皮肤），再在原处按揉片刻，注意两侧都要按摩。如此坚持一周左右，便可起到很好的治疗效果。**

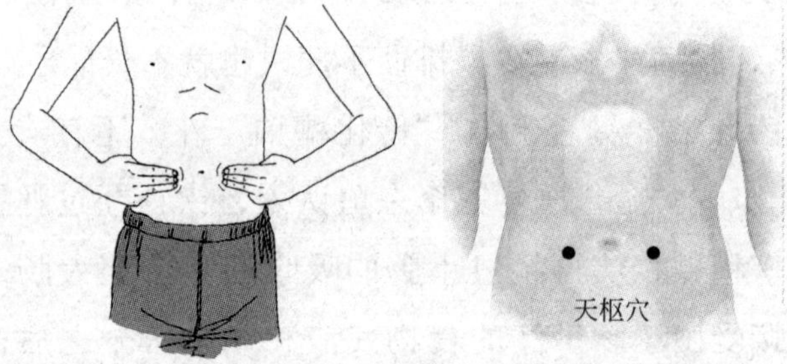

天枢穴位于肚脐（即神阙穴）旁开两寸处，按揉此穴位，对便秘、腹胀、腹泻、消化不良、恶心想吐等有很好的治疗效果。

除此之外，我们前文提到的“赤龙绞海”法也有治疗便秘的效果。俗话说：“气是续命芝，津是添年药。”也就是说按摩天枢可以调理气机，相当于吃了益寿的灵芝，而吞津法则相当于可以让你益寿延年的灵药。我们说过，便秘多因肠道津液代谢失常，以致大肠的传导功能失常所致。而吞津法则可以给大肠补养津液，这就相当于给大肠上了润滑剂，从而起到促进排便的效果。对于便秘患者而言，将穴位按摩与“赤龙绞海”法结合起来，会起到相辅相成的功效，对解除便秘烦恼有很好的效果。

便秘为“百病之源”，解除便秘烦恼，对于各种疾病而言，就相当于釜底抽薪。爱护自己的身体，就从清除体内的垃圾开始吧！

黎明同房，瘫倒一床，清晨性爱是美丽的“罂粟”

有句俗语讲“黎明同房，瘫倒一床”。卯时天门开，此时人体阴阳平衡，若行房事，便会使阴阳失衡，以致危害到健康。清晨性爱是美丽的“罂粟”，只有远离才能永葆身心健康。

曾经看到一则文章，极力推荐大家如果晚上没有时间的话，可以尝试清晨性爱，不但可以让你再次享受性爱的美妙滋味，还可以让你更快达到高潮。文中还极力渲染清晨性爱时间更短、质量更高。

在速食时代，连“性”都变成了快餐，很叫人不可思议。其实变成“快餐”也无所谓，关键是要健康，最起码也要保证不对我们的身体造成伤害。明明是致命的“罂粟”，偏偏要把它捧成救命的“灵芝草”，那就不对了。

古人认为，性爱不仅要追求愉悦、快感，还要注重养生之道。《御女损益篇》曾提出“凡养生，要在于爱情”，并认为“若孤独而思交接者，损人寿，生百病”。从这里可以看出，正常的男欢女爱是有益身心健康的，但关键在于什么时候。夜深人静之时，适逢阴阳交汇，此时你当然可以尽享鱼水之乐。如果是在清晨，你还是远离性爱为好。

我国民谚中有“男人头上三把刀，早酒晚茶黎明色”之说。“黎明色”就是指清晨性爱。为什么这么说呢？卯时天大亮了，这在天地之象代表天门开，此时人体阴阳应该是平衡的。但若选择此时进行房事，就会破坏人体阴阳的平衡，从而使双方心力交瘁。因为男女交欢时要消耗大量肾精，中医认为肾为“作强之官，伎巧出焉”。关于“伎巧出焉”，唐朝医家王冰将其解释为“造化形容”，也就是父精母血运化胎儿，意思是说肾主管的阴阳平衡，人体才能过正常的性生活。若清晨行房事，身体耗费大量的肾精就会导致阴阳失衡、疲惫不堪。肾精亏虚，还会导致卫表不固，这样外邪就很容易乘虚而入。所以，房事过后应该需要一个养息和调整的过程，以使身体得到恢复。如果男女交合之后匆匆爬起来赶去上班，不仅会因精力不济而很难进入工作状态，若再加上外感风邪，还很容易引起健康问题。正如俗话所言：“黎明同房，瘫倒一床。”所以，哪怕黎时前会出现性欲高潮，也一定要节制，不可行房事。

那么何时行房事才不会影响到健康呢？一般是在夜晚入睡前，一旦完成了性交之后便可安然入睡，这样便可以使体力得到充分的恢复。对于房事，我们应该持一种辨证的态度，即不可过于抑制，也不可过于放纵。从养生的观点来说，正常的房事不仅于身体无害，反而对身心健康有利。《合阴阳》认为：“昏者，男之精将；早者，女之精责（积）。吾精以养女精，前脉皆动。皮肤气血皆作，故能发闭通塞，中府受输而盈。”意思是说，男子在夜晚时精气最为旺盛，女子在清晨时精气蓄积。男女同房，便可达到精气互补的功效，从而使筋脉通畅，皮肤平展而气血流畅，达到疏通淤塞，使五脏六腑得到滋养的强身效果。

当然，过于纵欲，沉迷于声色对人体的伤害也是极大的。俗话说“色是刮骨钢刀”就是这个意思。但如果完全禁欲，也于人体不利。中国养生学认为，如果断绝男女之欢，阴阳绝交，就会导致经脉阻塞，百病从生，甚至使寿命缩短。

那么男女究竟如何交合才能达到养生之效呢？孙思邈在《房中补益篇》中专门讲到了这个问题。他认为年轻人不可凭借体力而过度放纵情欲，40 岁以上的男性更要注意节制房事。男女交合之前，夫妇双方应徐徐嬉戏良久，待双方进入状态之后才可交合。此外，还有些时间是不宜男女交合的，比如大寒大热、风雨交加之时，此时阴阳错乱，不宜同房。酒醉后、饭饱之时也不可行房，否则不但会伤身，也会对哺育后代不利。

当然，文中的观点也有某些合理之处。比如经过一夜的休整之后，人体处于最佳状态，性欲最为旺盛，此时的确会比晚上更有激情。如果是周六、周日，不太繁忙的时候，你当然可以尝试一下别样的感觉，或许的确会有惊喜。但是平时上班，还是不要太另类为好，毕竟，寻求刺激是次要的，身体健康才是最重要的。只有懂得房事利弊，遵循科学的方法，才可“避重就轻”，让人在尽享人伦之乐的同时，获得健康。

五更时分拉肚子，大多需要补脾肾以提升大肠经经气

五更泄又称“鸡鸣泄”，多因命门火衰以致大肠经经气不能提升而致，治疗的办法就是补脾肾。每天按摩足三里穴，平时多吃些当归羊肉汤，便可起到温补肾阳的效果，对治疗五更泄效果非常明显。

大肠经可是我们体内最任劳任怨的经脉了。它就像清洁工一样，每天默默无闻地把我们体内的垃圾清理出去，给人体制造一个清洁的环境。毒素及时排出了，我们才能远离疾病。但就是这么好的经络却成天受到我们的“摧残”。你可能觉得有些冤枉，我哪有摧残它啊！先别忙着喊冤，问问你自己最近有没有暴饮暴食、过度饮酒、山吃海喝地大吃鱼肉了。如果答案是肯定的，那你的大肠经可就受苦了。

大肠经出了问题，最常见的症状就是便秘和腹泻。便秘在前文已经讲过，在此我们主要来了解腹泻。腹泻也是一件让人很痛苦的事，如果有一次腹泻却找不到厕所的经历，那滋味估计会让你一辈子都忘不了。

有一种腹泻叫做“五更泄”，也就是不早不晚，每天天一亮就开始拉肚子，就像鸡鸣五更一样“守时”，因此又有“晨泻”、“鸡鸣泻”之称。虽然“一泻千里”之后肚子就会舒服很多，但其往往会积年累月地缠着病人，有时还会伴随手脚冰冷、腰膝酸软、神疲乏力等一系列症状。

为什么拉肚子也会选时间呢？中医认为，出现五更泄的主要原因是肾阳虚。肾为先天之本，脾为后天之本。脾主运化，其功能的正常发挥有赖于命门之火的温养。何为命门呢？命门乃两肾间之动气，这种动气又叫原气。明代医家张景岳曾称命门之火为“灶底之火”，为生命的根源。根据中医五行理论，脾胃属土，而火生土，所以命门之火正常，则可以滋生脾胃的阳气。如果命门火衰，脾失健运，不能很好地完成消化、运送营养的任务，就会出现腹泻。五更时分正是人体阴气最盛、阳气未

复之际，但如果命门火衰阳气发不起来，就会造成虚者愈虚的状况。脾土得不到温煦，就不能帮助脾胃腐熟水谷，运化也会失常。卯时大肠经当令，这种症状就会集中表现出来，那就是拉肚子。

想要治疗五更泄，最好的办法就是提升脾肾的阳气。如何来提升脾肾的阳气呢？有一个很好的办法，那就是按摩足三里穴。这个穴可是我们人体的保健要穴，民谚有“常按足三里，胜吃老母鸡”的说法，此穴的补身效果由此可见一斑。这个穴位为足阳明胃经的一个要穴，《灵枢》认为：“阳气不足，阴气有余，则寒中肠鸣腹痛。阴阳俱有余，若俱不足，则有寒有热。皆调于足三里。”可见，此穴对调节人体阴阳平衡有着很好的效果。经常刺激此穴，可起到固肾益精、温脾助阳、益寿延年的功效。足三里位于外膝眼下四横指、胫骨边缘。找这个穴位时有一个简单的办法，**用掌心盖住膝盖骨，五指朝下，中指指尖处即是此穴。可用拇指用力按揉此穴，时间在 5 分钟左右，刺激强度以有酸胀、发热感为佳。也可采用艾灸法，即将艾条点燃后缓慢地沿足三里穴上下移动，以皮肤微烫但不至灼伤为宜，每周 2～3 次，每次灸 15～20 分钟，**这样坚持 1～2 个月，肠胃功能便可得到改善。

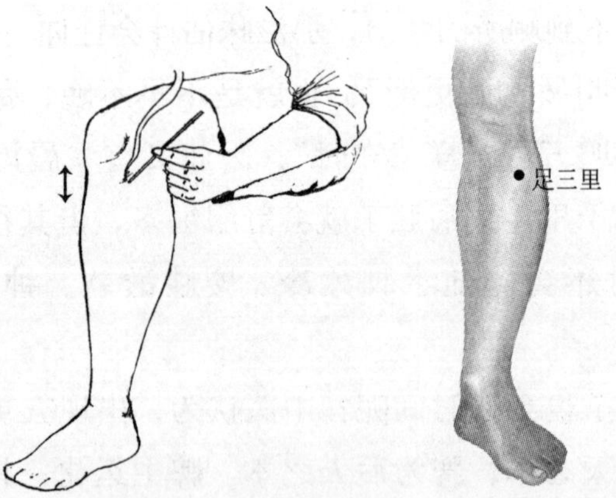

足三里穴位于外膝眼下四横指、胫骨边缘，有固肾益精、温脾助阳的功效，对五更泄有很好的治疗效果。

按摩足三里穴的同时，如果再来一款当归羊肉汤，温补脾肾的效果会更好。

这款药膳出自《金匮要略》，当归有养血补血之效，生姜能温中散寒、发汗解表，羊肉性温，可温中补虚，对气血亏损、阳气不足者有很好的补益效果。每周来上这么一碗当归羊肉汤，在享受美味的同时还可以起到温补脾肾的效果，治病又养身。不过，此方过于温热，如果你平常爱上火，或正在感冒发热、咽喉疼痛，那就不适宜了。

当归羊肉汤

取当归3～5克，生姜30克，羊肉500克。羊肉放入沸水锅内焯去血水后洗净，将筋膜除去后切成小块；生姜切成薄片。将当归、羊肉、姜片一起放入锅中，加入适量清水、料酒及盐，大火煮开后再用小火煨两个小时，然后加放适量味精，撒上葱花，吃肉喝汤。

所谓“博观而约取，后积而薄发”。脾肾是大肠的“后备军”，后备军充足，前方打仗才会有劲。所以，护好大肠经，一定要先从调理脾肾开始。

附　卯时经络锻炼：大肠经要好好敲，合谷更是宝中宝

手阳明大肠经与手太阴肺经表里相合，而它们的经气行走方向正好相反，手阳明大肠经从食指的指甲角（商阳）出发，沿着食指桡侧（二间、三间）上行，经过合谷进入两条筋（拇长伸肌腱和拇短伸肌腱）之间（阳溪），顺着手臂外侧前缘一直向上，到达肩关节前缘（肩髃、巨骨），向后交会于颈部督脉的大椎穴，再往下到达锁骨上窝（缺盆），进入胸腔，联络肺脏，向下通过横膈，属于大肠。

还有一条往上走的分支：从锁骨的上窝往上，经颈部（天鼎、扶突）到面颊，进入下齿槽中，再返出来挟口两旁，左右交叉于人中——左边的向右，右边的向左，上夹鼻孔旁（禾髎、迎香），接足阳明胃经。

手阳明大肠经是位于手臂外侧的一条经络，陈玉琴女士非常推崇敲心包经和胆经，我这里告诉大家一个保养大肠经的秘诀，也是“敲”，更准确地说是拍打。手握空拳（微握拳，不必太用力），从手腕开始，沿着大肠经的行经路线从下往上敲（因为大肠经的气血行走方向是从下往上、从手走头的）。大肠经很好找，你坐在椅子上，右臂弯曲伸向左侧，把手放在左侧大腿上，然后用左手从手腕开始往上去拍打，经肘部，直到肩

膀，拍到的就是大肠经；站着也可以，右臂自然下垂，同样的方法，左手空握拳去拍打右臂。拍打的手法不要太重，一只手拍 6 分钟即可，然后换手，用右拳拍打左臂，一定要把整条经都拍到了。

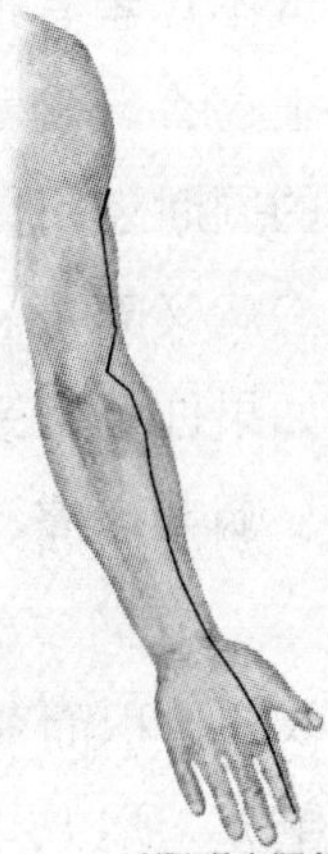

手阳明大肠经

拍打大肠经

每天坚持拍打一次，保持大肠经气血的旺盛通畅，这样你身体内外的很多健康问题在不知不觉中就解决了。首先，大肠经通畅了，大肠的功能好了，排泄正常，垃圾废物就不会堆积，也就不会给身体留下毒素等后患，便秘和腹泻的概率就会大大降低；肺与大肠相表里，同时有关肺的问题，如咳喘、感冒、皮肤病等问题也就少了。对于那些整天操作电脑的办公室白领或整天操作机器（如整天开车的司机师傅）的朋友来说，拍大肠经还有一个最“现实”的好处，那就是舒活了整个手臂的气血，让手臂得到放松，可以预防手臂酸胀疼痛等麻烦。一句话：每天拍拍大肠经，内外舒畅两手轻！

当然，上面我们拍的只是大肠经在手臂上的部分，大肠经在手上还有一个非常重要的穴位，那就是合谷穴。此穴位于手的虎口处，拇指与食指“V”字形的底部，位置也比较深，可以把指甲剪平之后用食指或中指尖去点按；还有一个更好的方法，就是左手虎口展开，用右手的拇指和食指像钳子一样去“夹住”左手的虎口部（两手虎口对虎口）掐揉（捏揉），3 分钟之后两手互换，再用左手的拇指和食指去掐揉右手的虎口，每天一次即可。“面口合谷收”，作为全身四总穴之一的合谷，不仅主治头面部的眼、耳、鼻、口腔、咽喉的所有疾病，如头痛、牙痛、耳鸣、耳聋、眼病、鼻塞流涕、咽喉痛、扁桃体炎、咳喘等，而且还对其他各种因为肺脏功能失常引起的疾病有非常好的疗效，此外还对便秘、腹泻、腹痛、呕吐、黄疸、水肿、难产等诸多疾病有良好的疗效，此穴也是临床上常用的针麻穴。总之一句话，合谷就是一个宝，健康生活少不了！也难怪它被历代医家称为万能之穴了！但要注意，此穴有滑胎之嫌，孕妇绝对不可使用！

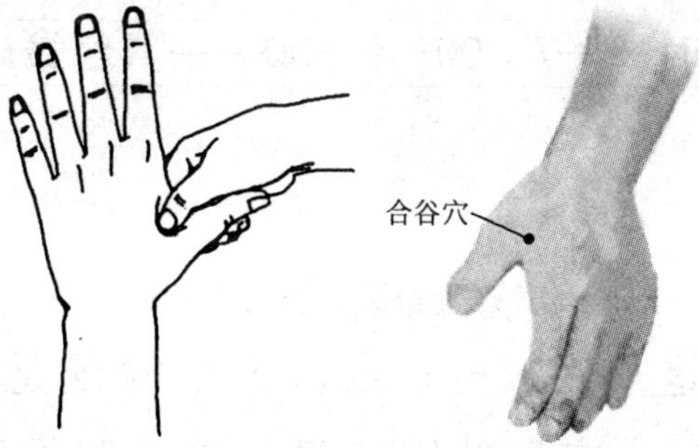

掐揉合谷穴

最后提醒大家一句，对于大肠经的保养，最好是放在早上起床之后，把它当做早晨的锻炼内容，揉合谷甚至可以放到起床之前，在被窝里进行。因为大肠经气血最旺的时候是在早上的 5～7 点，在这段时间内刺激效果是最好的！

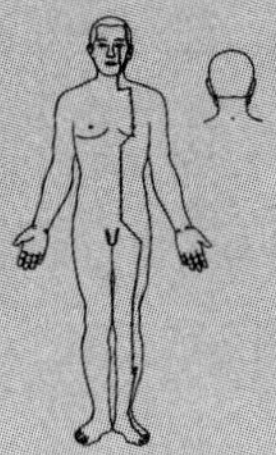

第五章

辰时：

赐点食物吧，胃经在“嗷嗷待哺”

辰时——7：00～9：00——胃经最旺

辰时也就是早上 7～9 点，这个时候是胃经在值班。经过一夜的消耗，它早就饿坏了，这个时候我们就该及时给它补充营养。

卯时人体内的阳气就已经完全生发起来了，辰时太阳出来后，天地间一片阳的气象。此时人体就需要补充一些阴，以调节阴阳平衡。而食物就是属阴的，此时吃早餐，就像春雨滋润万物一样。又因此时阳气最盛，脾胃的运化功能最强，就算摄入的热量再多，我们的身体也能把它们“消灭干净”，所以也不用担心自己会长胖。如果你不吃早餐，到了胃经值班时无事可做，就会过多地分泌胃酸，长此以往，胃病就会找上门来了。再者，没有食物，脾胃气血生化乏源，对各脏腑也会造成不利的影响。因此，按时吃早餐对于保持身体健康是很重要的。

早餐吸收好还不易长胖，原因就是这时候阳气最旺

许多人往往有不吃早餐的习惯，美其名曰“减肥”。其实，清晨是人体阳气最旺之时，脾胃运化能力也最强。此时吃下去的食物可以得到很好的消化吸收，完全不会有“增肥”的困扰。而不吃早餐，却有可能让你“百病丛生”，失去美丽。

记得有一次半夜两三点钟，一位女性朋友给我打电话，说是胃病犯了，疼得实在受不了了，电话那头气息微弱，好像很严重。尽管仍然睡意朦胧，但朋友的病却不敢怠慢，赶紧开车赶了过去。进门时看她正蜷缩在地上，面色苍白，大汗淋漓，还真把我吓得不轻。赶紧给她做了做穴位按摩，然后服了些止痛药，这才慢慢好起来。早知她有胃病，可没想到这次居然会这么严重，幸亏来得及时，不然生命都危险。她自己也心有余悸，一个劲点头保证以后一定注意身体。我也奇怪，每次给她开完药后都会好很多，可过不多久又会犯。仔细追问才知道，原来这么多年，她一直都有不吃早餐的习惯。她是那种典型的女强人，每天早上爬起来就会急急忙忙地赶去上班，吃早餐对她而言简直就成了一种奢望。我严肃地警告她，以后一定要按时吃早餐，否则她的胃病只会越来越严重。

后来我跟另一位女性朋友说起这件事，从她嘴里才知道，原来相当多的女性都有不吃早餐的习惯，还美其名曰“减肥”。这可真让我哭笑不得。爱美重要，但健康更重要。避开健康而枉谈美丽，只能是镜中花，再鲜艳也会让人感觉毫无生气。何况吃早餐非但不会让你发胖，还会让你更加健康美丽。

中医一向强调未病先防。如何防呢？就是顺应天时和人体的自然规律，在特定的时间里做特定的事。如果你违背这一原则，疾病就会找上门来。辰时，也就是现在的上午7点到9点钟，是气血流注胃经的时候。按照人体的自然规律，这时就应该吃早餐，以让胃经“有活干”。所以，

辰时又被称为“食时”。古人这样命名就是想提醒我们，一到这个点，你就该吃早饭了。因为经过一晚的消耗，胃已经排空了。辰时气血正好流经此处，它必须“工作”，因此迫切地需要食物。所以此时进食，就是配合胃的工作，有很好的养胃效果。

至于那种认为吃早饭会使身体发胖的顾虑纯属多余。因为卯时我们体内的阳气就已经完全生发起来了，辰时人体阳气更加旺盛。阳气健旺，脾胃的运化能力就越强，所以此时吃下去的食物是最容易消化吸收的。到了9点钟就是脾经值班了，它会把吸收的食物变成精血输送到全身，以供养脏腑。所以此时就算摄入的热量再多也不怕，我们的脾胃完全有力气把它们统统消灭干净。如果你不吃早餐，不给胃填东西，胃“无事可做”就会一直分泌胃酸，时间久了我们就有患胃溃疡、胃炎、十二指肠炎的危险。另外胃经不消化还容易导致胃经气血不足。到了9点钟，由于胃里没有食物传来，脾没有东西运化，人就会感到头晕乏力。脾胃为气血生化之源，脾胃功能不正常了，人体的气血就会不足，各脏腑也会因缺少气血的供养而使你百病缠身。可见，不吃早餐的“牺牲”可是很大的。

另外，**不吃早餐还有一个危害，那就是容易导致糖尿病。**目前糖尿病患者年轻化的趋势越来越明显，其中女性发病率也呈上升的趋势，这与某些女性为追求减肥而不吃早餐是有很大联系的。我以前就遇到过这样一位女性患者，为了减肥吃了大量的减肥药，连早餐也“省略”掉了。结果身材是瘦下来了，却经常会出现头晕、口干等症状，去医院一检查，原来是血糖偏高。她在一位朋友的介绍下找到了我，我告诉她想要控制病情，最好的办法就是科学饮食，而早餐则是重中之重。她根据我的建议自己设计了一份早餐食谱，如左。

早餐食谱

早上起床后先喝1杯温开水；然后再吃1个杂面窝头、1碗小米粥加上一杯牛奶；过一个小时后再加餐，吃点黄瓜或西红柿。

结果一年下来，血糖居然得到了很好的控制，并没有出现其他并发症，体重也没再出现太大的波动。早餐为什么会跟糖尿病扯上关系呢？中医认为糖尿病与五脏虚弱有关，而吃早餐则可以使脏腑得到很好的供养，从而起到预防并减轻病情的效果。

想必大家都对日本的相扑选手有所印象，他们的体重真可以称得上是“重量级”了。知道他们是怎么训练出来的吗？就是不吃早餐，然后在空腹状态下做大量的锻炼，之后摄取大量的食物后大睡，这样就可以使自己变成超重的肥胖体型了。由此可见，早餐与肥胖间的关系可没有大家想象的那样简单。生活毕竟不是想当然，凡事只有以科学理论做指导，才能避免盲目，收获健康。

清粥小菜，“中国式”早餐最合中国人脾胃

胃有自己的喜好，所以吃早餐时，一定要投其所好。胃喜欢温热的食物，于是粥品便成了最佳选择。清晨来碗稀粥，再加上一盘青菜，一个水果，尽管简单，营养却尽在其中了！

辰时一定要吃早餐，但关键是吃什么、怎么吃。吃得好对身体有益，吃得不好却会让你疾病缠身。因为按照中医五行学说，脾胃属土，土可化生万物。《素问·五脏别论篇》也指出：“胃者，水谷之海，六腑之大源也。”脾胃好，脏腑便可得到滋养，你的身体就会硬朗；脾胃不好，小病小灾的也就不离身了。所以，我们一定得好好呵护自己的胃。

想要关心胃，首先就得了解它。就像追女朋友一样，你得知道她喜欢什么、讨厌什么。只有“投其所好”，才能成功。对待身体也是如此。上海人有句俗话叫“乐胃”，十分形象。只有吃下去的食物让胃感到舒服，它才会专心致志地去消化、吸收。胃喜欢什么呢？胃喜欢温热的食物。有些人贪图凉爽，尤其是在夏天，早餐时常以蔬果汁、冰红茶、冰牛奶等代替热乎乎的豆浆、稀粥。这样的做法于身体是十分不利的。尽管在短期内对身体的影响并不明显，但若长此以往，对脾胃的伤害就会很大。我们知道胃经为阳明经，多气多血，气血遇冷则会凝滞。如果清晨醒来脾胃的功能还没恢复正常就进食寒凉食物，极易导致气血凝滞，

这势必会削弱脾胃的运化功能。营养跟不上，时间一久你就会发现皮肤越来越差，不仅脸上没有光泽，体态也会变得越来越消瘦，就像林妹妹一样，好像随时来一阵风就能把自己刮跑。这里教您一个判断胃是否有寒的小方法：**伸出手掌，大拇指下方本节骨肌肉明显突起的部位叫鱼际，若鱼际处血管青筋很多，表示此人胃有寒，你在饮食上就得多加注意了。**

为了脾胃的健康，早上的第一口食物应该是温热的。但温热的食物有多种，究竟应该吃些什么好呢？按照中国人的饮食习惯，清晨喝碗清淡的粥品是个不错的选择。喝粥不单单是为了填饱肚子，还可治病强身。清代有位医家就曾称“粥为天下之第一补物”，中国已形成了自己独特的“粥文化”。粥品之所会以如此受到国人的追捧，其养生功效是功不可没的。关于这一点，我们的先人早就意识到了。《医学入门》中就有“盖晨起食粥，推陈致新，利膈养胃，生津液，令人一日清爽，所补不小”的记载。可见，清晨来一碗稀粥，可以让人一整天都焕发神采。

我们知道，胃有“主腐熟水谷”的功能。食物进入胃后，经过胃的蠕动和初步消化后，将原先大的颗粒变成小颗粒食物，然后再分解成小分子随气血循环到全身。如果吃进去的食物本身就呈糊状，自然会减轻胃的负担，使其快速消化吸收。而粥品正好符合这一点，而且胃经过一夜的蠕动，存食基本上排空，此时正亟须补充水分和吸收营养。一碗温润的粥品正好可以满足胃的需求。

其实喝粥最大的好处还在于“养胃”，因为它不但不会消耗胃气，而且能补益胃气。什么是胃气呢？中医泛指胃肠为主的消化功能。胃气是人赖以生存的根本，《黄帝内经》就有“有胃气则生，无胃气则死”的论述。曾有人将胃气比喻为“国家的饷道”，这个比喻十分贴切。若饷道断绝，就会人心涣散，军队溃败。而胃气一败，也会百药难施。我们就诊时，经常会被问到食欲状况，就是因为医生想通过胃气的盛衰来辨别一个人的病情。**胃气壮则五脏六腑皆壮；胃气衰则五脏六腑皆衰。**粥品虽是百家之食，十分常见，但养胃强身的效果却是最好的。

当然，如果你不喜欢清粥味道的单调，也可以在其中加入适当的原料，有病治病，无病健身。正如《健康粥歌》中所说：若要不失眠，煮粥加白莲；要想皮肤好，米粥煮红枣；夏令防中暑，荷叶同粥煮。只要加上简简单单的几味食材，就可起到补身防病的双重功效了。但是想要使粥品的养生功效得到充分发挥，一定要煮到“水米交融”的程度。这除了要求水和米的比例合适外，煮的时间也要恰到好处。开锅后改为小火煨，中间不可再加冷水。对于花生、豆类等难以煮熟的谷类，要先泡软之后再下锅。

喝粥自然离不开小菜了，但是最好不要选择豆腐乳或是酱菜，因为这两者营养价值较低、太咸，有的还可能添加了防腐剂，常吃会对身体不利。而一盘青菜却是很好的选择，制作上也不会太麻烦。如果你喜欢的话，也可以搭配一个荷包蛋或是一份瘦肉，出门时再带个水果，尽管简单，营养却尽在其中了。

如皋是我国有名的长寿之乡，那里的百岁老人特别多。而他们养生的秘籍就是早晚食粥。想不到一碗小小的粥品还有这样的功效吧！养生的智慧，往往就存在于生活点滴之中，只要你懂得开源节流，生命之泉自会永不枯竭。

早起没精神没食欲，可按摩阳陵泉穴泻肝火

暖暖的春天里，早上醒来总感觉精神疲惫，胃口似乎也没有以前那么好了。这是肝火太旺，以致影响脾胃的正常功能所致。对此我们除了要加强饮食上的调理，少酸多甘外，还可以通过穴位按摩来调理。其中，阳陵泉穴泻肝火的效果就相当不错。

暖暖的春风，依依的杨柳，让人感到春天的气息越来越浓了。万物复苏的春天里，人体也极易产生倦怠的感觉。早上老感觉睡不醒，起床后也总觉得特没精神，胃口似乎也没有以前好了，总是吃不下东西。

我们说过，辰时胃经当令，此时就应该进餐。早餐可谓一天营养的基础，如果“基础”打不好，那么一天下来都会没精神。为什么人在春

天清晨食欲会降低呢？这完全是正常现象。我们在前面说过，春天五行属木，对应于肝，肝气此时最为旺盛。肝为木，脾胃为土。根据五行相克的原理，肝木克脾土。肝气过旺，脾胃的功能就会受到抑制，这时人自然而然就会产生厌食的情绪，吃不下去饭也就不足为怪了。

如何来解决这个问题呢？关键就在于疏理肝气。胃主纳食，而运化在脾，但脾运胃纳之功能全在肝脏的正常疏泻。只要将肝气调理好，脾胃自然就可以相安无事。药王孙思邈在《千金要方》中曾指出：**“春七十二日，省酸增甘，以养脾气。”**中医认为甘入脾，酸入肝，多甜少酸便可避免肝气过旺而克脾胃，从而起到健脾开胃的效果。如果你胃口不好，可以试着用糯米、黑米煮粥作为早餐，两者都性温味甘，有很好的养肝健脾效果。当然，如果你希望效果更好些的话，还可以在里面加些大枣，不仅健脾，还可滋补气血。气血足了，脾胃运转起来自然就更有动力了，你的食欲自然也就会大增了。如果你时间紧，没有时间煮粥，可以泡上一小包燕麦片，然后快速在微波炉里转一下，既可当成早餐食用，又可以健脾开胃，效果同样不错。

除了饮食上的调理外，再配合穴位按摩，效果会更好。其中胆经上的阳陵泉穴就有泻肝火的效果。或许你觉得奇怪，胆经上的穴位怎么可以泻肝火呢？因为肝胆互为表里，肝气是通过胆经来排泄的，所以刺激胆经上的阳陵泉穴，便可以起到疏肝利胆的效果。且阳陵泉穴为胆经的合穴，因此对整个胆经都有很好的调节效果。胆经作为排泄通道的功能正常，肝火便可顺利排出，脾胃也就安全了。

寻找阳陵泉穴可能要稍微费些力气，**屈膝90°，在膝盖外侧有两个突起，前上方为胫骨小头，后方偏下的为腓骨小头，将两点连线做一个直角三角形，第三点便为阳陵泉穴的位置。用拇指用力按住它，其余四指并拢托住腿肚，用力按揉3分钟。也可用艾条灸10分钟，以皮肤微热发红为止。**当然，如果可以配合吴忠清先生推荐的“敲胆经”方法，敲完胆经后再加上阳陵泉泻肝火，效果会更好。

脾胃为后天之本，气血生化之源。脾胃健壮，营养才会被吸收，气血才会充足，人体才能远离疾病。正像广告词中说的那样，“胃口好，身

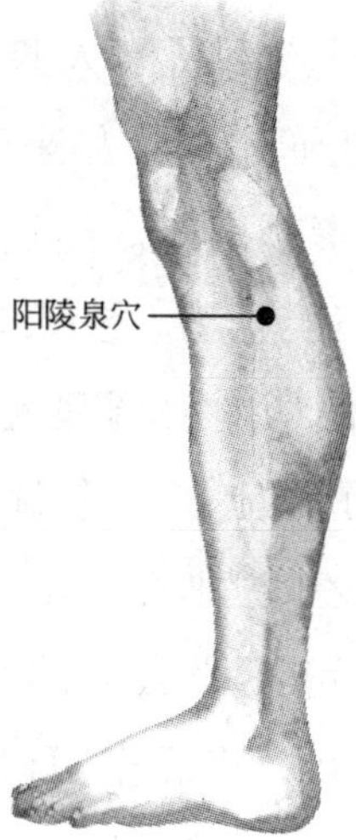

屈膝90°，在膝盖外侧有两个突起，前上方为胫骨小头，后方偏下的为腓骨小头，将两点连线做一个直角三角形，第三点便为阳陵泉穴的位置。

体倍棒，吃嘛嘛香”。关爱身体，就先从关爱我们的脾胃开始吧！

想美容，不想面色憔悴，就要时时拍打阳明经

爱美之心人皆有之，这一点在女人身上几乎成了黄金定律。其实，想要变漂亮，内在调理比外在保养更重要。女子只有气血足了，才会面色红润、光彩照人。想要养好气血有一个很简单的办法，那就是敲打胃经，工作间隙敲上一敲，既可解乏又可美容。

前天回家，爱人做了一桌很丰盛的饭菜，而且特别殷勤。看看日历，并不是什么特殊的日子，心里不免有些发毛。说实话，她只要一献殷勤，我肯定就得中招。要么大放血，送人家一套精美的时装或首饰，要么就得天南海北陪她转一圈，还美其名曰“心灵度假”。原委是这样，“今天居然有人夸我不化妆也好美，这绝对是赞美的最高境界啊！这些全都是你的功劳，犒赏一下也就理所当然了”！我爱人说。一句话说的我差点把

刚喝下去的茶水喷出来。

爱美之心人皆有之。这一点到了女人身上，就更成为亘古不变的黄金定律。一般的女性朋友往往通过化妆品来美化自己。据一项资料显示，有高达65%的女人没有勇气素颜出门。但这样的美丽如同摆在桌上的塑料花，尽管动人却也少了生气。再者，女人也不可能依赖化妆品一辈子。所以，想要使美丽持久，就得从内部调理入手。尽管有些慢，却能从根本上解决问题。或许正是由于碰上了一个颇懂养生经验的老公，妻子的气色才保养的一直很好，这没少让她在众位女士面前出风头。

或许你会抱怨，我老公可没那么多的养生经验，弄得我成天跟个“黄脸婆”似的。他不会没关系，您完全可以自己学。这里给您介绍一个简单、实用的方法，不但可以让你轻轻松松变漂亮，而且不用你花一分钱，或是浪费许多宝贵的时间，只在工作间隙就可以轻松搞定了。办法很简单，那就是每天抽出时间多拍打足阳明胃经。

一提到胃经，大家脑子里闪现的往往就是治疗胃部疾病。其实，胃经的功效何止治胃病这么简单，别的不说，**它的美容功效就是十二条正经中最明显的了**。我们知道，女子以血为本，气血不仅关系到女性的健康，也关系到女性的美丽。气血充盈，上可以滋养肌肤，让女性的面色红润有光泽；下可以润泽秀发，让女性的头发乌黑亮丽。年轻的女孩子口唇总会鲜艳红润，眼睛也清澈明亮、有神采，就是因为她们气血足的缘故。如果气血一旦虚下来，则会“面始焦，发始堕”，鱼尾纹、抬头纹等就会慢慢爬上面颊，离“人老珠黄”的日子也就不远了。所以，对于爱美的女士来说，如果希望自己能够青春永驻，永远健康漂亮，首先就得养好自己的气血。

气血又与胃经有什么关系呢？中医认为，脾胃为“后天之本”，“气血生化之源”。《黄帝内经》曾有“中焦受气，取汁变化而赤，是为血”的论述。意思是说，阳明经脉接受了食物之后，再经元气的温煦将其变成水谷精微疏布全身，这种精微物质也就是我们所说的“气血”了。脾胃健壮，人体气血就会充足；脾胃虚弱，吃进去的食物不能消化，气血就会生化无源。你可能会说，我的脾胃很好，可为什么皮肤还是那么粗糙呢？其实，光有气血还不够，还得有人运输它们，四通八达的经脉就肩负起了这个责任。如果经脉堵了，气血运不出去，照样不会有效。胃经起于鼻侧，然后过内眼角，向下沿鼻外侧进入上齿槽中，绕过唇及下颚，并向下走至胃，与胃相接。在体外，胃经走颈，胸及腹，然后过腹股沟，再沿着大腿及小腿的前部循行下来，直至脚面，及至足二趾尖的侧部。另一支脉从脚面分出，走足大趾，与脾经相连。胃经走面部颈部、胸腹部、下肢的前面外侧，左右共 45 穴。从胃经的循行路线可以看出，“面子”上的问题大多都属它管。而阳明经又是多气多血的，所以你只要保持它一路畅通无阻就可以了。气血充盈、经脉通畅，肌肤及毛发等得到足够的滋养自然就会光洁有致，你不想光彩照人都困难。

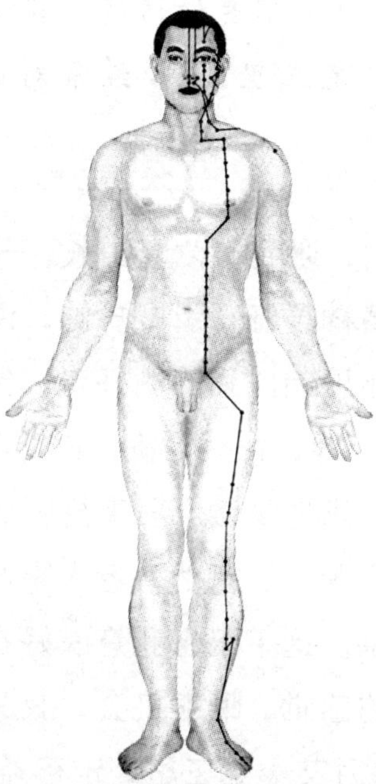

胃经多气多血，是人体的能量源头。胃经循于面部，只要保持胃经通畅，困扰我们的“面子问题”也就解决了。

胃经如何养护呢？有一个很好的办法，那就是顺着它的循行路线一路敲打下来。至于面部部分，可将双手微张，然后十个指肚用力，轻轻向下叩击。到颈部时可改用手掌轻轻拍打，到大腿时因为肌肉较多，可改为捶打。总之，具体问题具体分析，你只要让经脉通畅就好。一般清晨拍打效果最好，因为辰时正好是胃经气血最活跃之时。当然，如果你愿意，也可在工作间隙拍打。这个办法既简单又实用，更不需要你浪费脑细胞去记一些难记的穴位，一路敲下来，既可解乏又可美容，岂不是件美事！

想不到美容的方法这么简单吧！还不赶紧试一下。但愿这个小法子也可以为您的家庭带去一些和谐和欢乐吧！

每月艾灸足三里，胜服“长生不老丹”

追求长寿，是一个亘古不变的话题。其实，人体内还真有这么一味长生药，那就是“足三里穴”。经常对此穴施行温和的灸法，保证您益寿又延年！

记得有一次去武当山，遇到一位老道长，一副道骨仙风的样子。尽管已八十有七，却依然精神矍铄、步履矫健，说起话来声音洪亮，身体看上去比年轻的小伙子还硬朗。我感到好奇，便问他有何养生秘籍。老人家神秘地一笑：“淡然无为，神气自满，以此将为不死药。”这么简单？谁信！可老人牙关紧闭，我也没辙。后来打听到老道长饮茶成癖，于是想尽办法弄了一些极品铁观音。果然，老人家高兴得不得了，携着我的手非要让我陪他一起品茶。这下正合我意。好在多少懂些茶道，烹茶煮茗间，真有种飘飘欲仙的感觉。瞅准机会，我又拐弯抹角地问人家，老道长这才道出真言：“每月艾灸足三里，定可益寿又延年！”一句话如醍醐灌顶，怎么就把这个宝贝给忘了呢！

你可能觉得听着有些耳熟吧！的确，关于足三里这个穴位，咱们在如何预防五更泄时已经讲到过了。其实，如果你认为这个穴位只有那点本事，那可真是冤枉它了，人家的本事大着呢！《黄帝内经》认为，足三里穴可以增进食欲，促进机体的生长。药王孙思邈也认为，“若要安，三里常不干”。经常按摩足三里穴，有益寿延年的效果。其实，关于足三里的保健功效，不仅在我国的医学家中得到公认，就连邻国日本也曾刮起过一股灸足三里的健康运动。《帝国文库》中曾记载了一个一家三口都长寿的故事，见下。

为什么足三里会有这么好的养生功效呢？我们知道，肾为“先天之本”，脾胃为“后天之本”。从出生那天起，脾胃就对人的生死健壮起着重要作用。中医认为，脾胃为“水谷之海，六腑之大源”。吃下去的食物只有通过胃的消化和脾的健运，才能输布全身，供养五脏。若“内伤脾胃，则百病由生”。所以护好我们的脾胃，脏腑便可得到充分的能源供养，自然就会身强体健。足三里为胃经的合穴，有统治一切脾胃消化系统疾病的功效。中医有“肚腹三里留”之说（也就是说一切消化系统疾病它都能治）。脾胃好了，运化水谷精微的功能才能旺盛，人体化生精、气、血、津液才有足够的原料，身体自然就好。此外，刺激足三里还有扶正祛邪、补肾益精、消除疲劳之功效，从而使人身强体健、精神焕发、青春永驻。

灸足三里的故事

日本江户（即现在的东京）有一个风俗，就是每次建成一座桥之后，都要邀请一位年龄最高的长者渡河。有一次，他们居然邀请到一位174岁的老人进行“初渡”。大家都对这位老人的养生之术感到惊奇，后来一问才知道，原来这位老人有每月灸足三里的习惯。不单单是他，家里的所有成员在采取这个办法后都身体健壮。他的妻子173岁，儿子143岁，就连孙子都105岁了。大家听后甚是惊异，于是足三里的保健功效也就传扬开了。

关于足三里的具体位置及刺激方法，我们在前面已经介绍过。其中刺激方法以灸法最好，针灸要求较高，并不适于民间保健。民间经常用艾来辟邪，并有“清明插柳，端午挂艾”的谚语。而用艾代替针来行灸法效果也是很好的，不仅没有任何痛苦，而且可以直达深处，有非常美妙的传导作用。就连日本和韩国对此方法也是推崇备至，日本的北海道一直有“不灸足三里勿做旅人”的说法；韩剧《大长今》里也对艾灸有深刻的描绘，可见艾灸的功效早已深入人心。

艾灸时可先用酒精棉球消毒，然后用紫药水或圆珠笔等在穴位上打

个点作为标记，最后将艾条点燃施行灸法。曾经还流行过一种瘢痕灸的方法，即将施灸部位的皮肤灼伤，使其化脓，最后留有疤痕。“三里常不干”中的“不干”即指此种灸法。这种灸法效果最好，但需在有经验的医师指导下方可进行。一般人只要悬灸就好，**即使艾条离皮肤一段距离，温和施灸。如果还是怕烫的话，还可以采用隔物灸，也就是在艾炷与皮肤之间垫上姜片等物，**这种灸法相对于直接灸来说更为温和，也更易为人们所接受。艾灸的时间宜选在辰时气血流经胃经之时，此时施灸有事半功倍的功效。但如果上班没时间，可以用我们前面介绍过的按摩法，这样在坐公车时便可对穴位进行刺激了。时间也可稍作调整，只要自己方便就好。

陆游有首诗中写道：“纸上得来终觉浅，绝知此事要躬行。”无论足三里的功效有多么神奇，您只有亲自试过才知道。就算是“还魂丹”，您只把它放在那里它还是不会发挥功效。所以，您想要健康想要长寿，就不要再犹豫，立刻行动起来吧！

附　辰时经络锻炼：上下齐抓共管，胃经保养最为关键

胃经是足阳明经，从上往下走，起点在鼻旁的迎香穴，挟鼻两旁上行，左右两侧交会于鼻根中，往旁边进入眼内角，会足太阳膀胱经（睛明），向下沿着鼻外侧（承泣、四白），进入上齿槽中（巨髎），返出来夹口旁（地仓），环绕口唇，向下交会于颏唇沟（承浆）；退回来沿下颌出面动脉部（大迎），再顺着下颌角（颊车），上耳前（下关），经颧弓上，沿发际（头维），至额颅中部。

颈部的支脉：从大迎前面向下，经颈动脉部（人迎），沿喉咙向下后行至大椎，再折向前行，进入缺盆（锁骨上窝），往下穿过横膈，属于胃，联络脾。

外行的主干线：从锁骨上窝（缺盆）向下，经乳中线往下，夹肚脐两旁，往下进入腹股沟动脉部气衔穴。

内行的一条支脉：从胃下口幽门处分出，沿腹腔内下行到气衔穴，与直行的支脉会合，而后往下走大腿外侧前缘，经过膝盖，沿胫骨外侧

（足三里、上巨虚、条口、下巨虚），下行到脚背（解溪、冲阳），进入中趾内侧趾缝（陷谷、内庭），出第二趾末端（厉兑）。

小腿部支脉：从膝下三寸处（足三里）分出（丰隆），向下进入中趾外侧趾缝，出中趾末端。

脚背上的一条支脉：从足背部（冲阳）分出，进大趾趾缝，出大趾尖（隐白），接足太阴脾经。

足阳明胃经是一条非常复杂的经络，我们必须化繁为简。对于胃经的锻炼方法，可以总结为一句话——搓脸抓乳推肚子揉三里，虽只一句话，却包含了四个动作。

搓脸

先来说搓脸。搓脸就是“干洗脸”——用双手搓揉脸上的皮肤。其实不必专门为之，因为早上洗完脸，往脸上擦完护肤膏以后，差不多正好是胃经气血最旺的辰时（7～9 点），借此机会把脸多搓一搓，揉一揉就行了。比如你平时擦完护肤膏以后只搓两下，那么你以后就揉 12 下，举手之劳的事情，但收效却非同寻常！目的就在于疏通途经脸上的这一段胃经。其实不只是胃经，我们的脸上是一个经脉汇聚之地，分布着多条经络，这一招能起到“牵一发而动全身”的作用，把分布在脸上的所有经络穴位都刺激到了，作用也就会更为广泛，何乐而不为呢！

接下来是抓乳。胃经是十二正经中唯一一条贯通乳房的经脉，它从膺窗穴开始，经乳中，过乳根。此法主要针对女性朋友而言，男性直接用手揉这块儿就可以。这个方法白天操作起来不太方便，可以放在晚上临睡前进行。即每天晚上睡觉之前先给自己的乳房“松绑”——脱掉内衣，然后用右手一下一下，轻轻地抓一抓、揉一揉自己的左乳房 5 分钟，之后换手，再用自己的左手抓揉右乳房。现在得乳腺疾病的女性越来越多而且年轻化，如果你能每天坚持花上 10 分钟这么关爱一下自己的乳房，那它就安全多了！

然后是推肚子。胃经从乳房下来之后就拐向腹部正中，距离中线任脉仅两寸，直下到腹股沟，再又拐向大腿内侧前缘。方法很简单，用手掌或手握空拳，从两乳往下推揉，基本顾及整个腹部，这样就能保证推到胃经。如此每天 1 次，每次 100 下，长期坚持，不仅能保证你的脾胃健康，内脏的其他毛病也不再会轻易来犯。因为我们推到的何止是胃经，包括任脉在内所有经过腹部的经脉都将被打通，效果能不好吗！

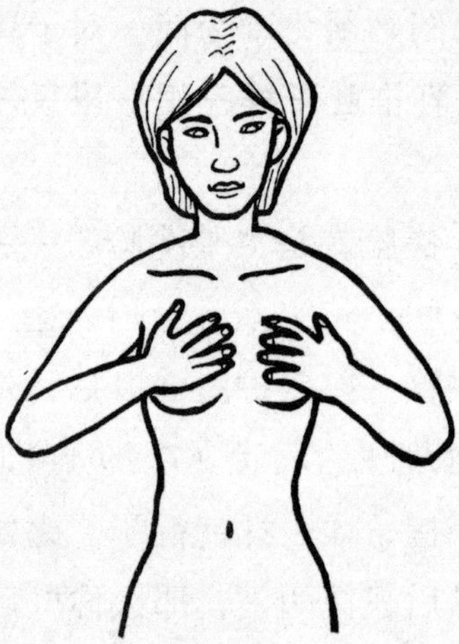

抓揉乳房

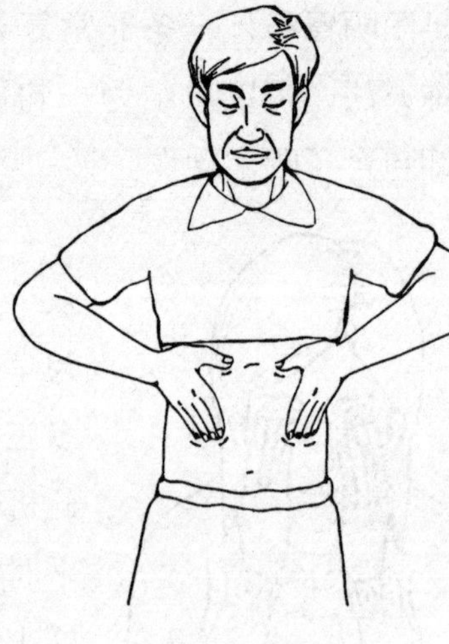

推肚子

胃经的最后一个调养要点就是足三里了，它也是四总穴之一。“拍打足三里，胜吃老母鸡；要想身体安，三里常不干”，关于赞美足三里功效的内容大家可能都知道的不少，我这里就不多说了，重点说一下刺激的方法。此穴位于小腿前外侧的上部，膝眼下 3 寸（约 4 横指）。按揉的时候，可以先用右手在膝盖下方“抓住”右小腿，以拇指按住穴位，其他四指抓住小腿后侧肌肉，以方便拇指使劲。每次按揉 5 分钟，然后再用左手按左腿上的穴位，方法完全一样。当然，如果你去药店买几根艾条来灸足三里那是最好不过了。把艾条点燃，拿在距离穴位 2 厘米左右的位置灸烤，每天一次，每个穴位 5 分钟，那真是比天天吃老母鸡还好！

另外，胃经上还有一个善于救急的宝贝，那就是梁丘穴，在大腿最下端前缘，膝盖往上约 2 寸处就是。当发生急性胃肠疾病的时候，如胃痛、肠胃炎、肚子痛，可以立即在该穴位寻找痛点，一按就灵。此外，

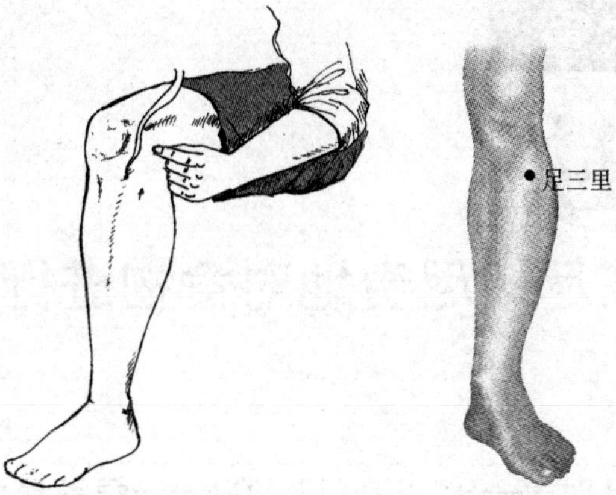

按揉足三里

遇到急性乳痛、腰痛、膝关节痛时，用它也可以一招制敌！

每天的辰时，也就是早上的 7～9 点气血流注胃经，所以有关胃经的保养措施，在这个时候做效果是最好的，可以事半而功倍！

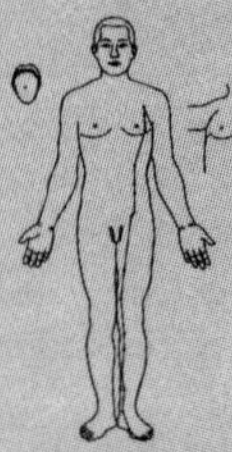

第六章

巳时：脾经在尽职尽责地对食物进行大分解

巳时——9：00～11：00——脾经最旺

巳时，也就是上午 9 点到 11 点钟，这时轮到脾经值班了。我们说过辰时应该吃早饭，而食物在经过胃的消化之后，还要运输到全身各处，以供养身体，这时脾就担负起“运输大队长”的工作了。

中医认为，脾胃不分家，脾与胃，一阴一阳，互为表里。《素问·灵兰秘典论》认为：“脾胃者，仓廪之官，五味出焉。”这里将脾胃的功能比作仓廪，即可以摄入食物，并输出精微等物质以供养全身。脾胃因此又有“后天之本”之称。“内伤脾胃，则百病丛生”，所以想要健康，首先要做的就是养好脾胃。想要养脾，锻炼是必不可少的，因为脾主肌肉，通过锻炼肌肉，便可达到强壮脾胃的效果。锻炼时间不宜过早，也不宜过晚，只有上午 9 点到 11 点之间脾经当令时进行锻炼，效果才是最好的。

巳时是老年人进行户外活动的最佳时间段

巳时脾经当令。脾主肌肉，此时锻炼便可借天时以养脾，健身效果是最好的。平常做做“脚趾抓地”动作，或用脚趾“抓”东西。别看这些动作小，健脾养胃的效果却是很明显的。

每天清晨我都会见到不少老年人在公园里打太极、舞剑，或拎个鸟笼溜达，神情悠闲，甚是让人羡慕。或许越是到了这个年纪才越加体会到健康的重要性，晨练也因此成为许多老年人生活中必不可少的一部分。

为什么锻炼都选在清晨呢？其实这是很契合人体养生规律的。按照中医理论，巳时正逢脾经当令。《素问》认为“脾主全身之肌肉”，这与它的运化功能是分不开的。水谷精微和津液等物质在脾的运化作用下被输送到全身各处，并化生成气血以滋养肌肉，为身体的活动提供充分的能量。脾的功能正常，则肌肉发达丰满，壮实有力。如果运化无力，带不走水谷精微，就会造成脾虚或脾湿太重，甚至慢慢感到连吃饭都不香了。人上了年纪后之所以会出现肌肉松弛、四肢无力、食欲下降等症状，就是因为脾脏衰弱、运化无力的缘故。巳时气血正好流注脾经，此时脾经是最旺盛的。它吸收了胃传来的食物，并将其输送到全身各处。肌肉得到足够的营养就会“蠢蠢欲动”，这时我们就会产生“活动筋骨”的意愿。运动的过程中肌肉的能量得到了消耗，就会迫使脾输送更多的营养过来。脾一直“有活干”，功能就会正常。脾为中土，灌溉四方，生养万物。五脏六腑也会因得到足够的滋养而强壮，疾病自然也就无立足之地了。可见，晨练具有“开关效应”，是打开人体能量的阀门。每天清晨锻炼身体不仅令你筋骨强健，而且一天下来都会特别有精神。

此外，关于晨练还有一个小典故。巳时为什么属蛇呢？据说这时候的蛇是不会伤人的，也不会在路上游荡，而是隐蔽在草丛之中。古人认为蛇就是大蚯蚓，有钻土的能力。脾五行属土，土只有得到疏松，植物才能旺盛地生长。巳时适合运动由此也可略见一斑！

中国哲学讲究“借力使力”，也就是说只有顺应事物的自然规律，才能取得更大的成就。养生也是如此。巳时锻炼便是借天时以养脾。锻炼的方式很多，那么哪种锻炼方式最有利于脾的健康呢？大家不妨试试“脚趾抓地”运动。你可别小看我们的脚趾，它们可是许多经络的必经之地。脾经走脚的大趾，胃经过脚的第二趾和第三趾。胃与脾相表里，它们就像一对“铁哥们”，一损俱损，一荣俱荣。脾胃健壮的人站立时脚趾抓地也很牢固。而我们通过对脚趾的锻炼，也可以起到健脾养胃的效果。做“脚趾抓地”这个动作时，**先小腿用力，然后慢慢把力量传到10个脚趾，让脚趾向脚心靠拢，像要抠住地面一样。坚持5秒钟然后放松，重复此动作60～90次。**这样便可对脚上的经络形成松紧交替的刺激，从而使气血通畅。当然，如果你觉得穿鞋子不方便的话，也可以脱下鞋子，在屋子里的地板上进行练习。但切记铺上棉垫，以免脚部受寒。做完这个动作后，最好再用双掌从上至下拍打小腿部的肌肉。因为脾经、胃经等出了脚趾后都要走小腿，此外足三阴、足三里等有强壮功效的穴位也都位于腿部，刺激这些穴位也可以起到强健脾胃的效果。

现在还流行一种床上健身法，即足不出户，在床上锻炼身体。如果你比较推崇这种运动的话，我再给您介绍一种方法：利用脚趾抓东西。在床上放一些小物件，如硬币、圆珠笔等，然后试着用脚趾将其“抓”起来。之后用手反复将脚趾往上扳或往下扳，同时对脚趾配以揉搓动作。可别小看这些“小动作”，它们可以使我们脚部的经络得到充分锻炼，强健脾胃的效果相当显著。

生命在于运动，运动在于得法。生活中处处都有一些“妙法”，就看你是否懂得采撷了！

“4”字腿是上班族保养脾经的简便大法

“久坐伤肉”，对于办公族而言，整天不运动对脾的伤害是很大的。但是由于忙着上班，年轻人很少有锻炼的机会。其实，健身无处不在。上班时可利用工作间隙，将腿盘成“4”字形，然后沿着脾经的循行路线一路敲打下来，照样可以起到健脾的效果。

晨练的人群有一个特点，那就是清一色的“银发一族”。成都市曾做过一项调查发现：成都市晨练的人群当中90%以上都是中老年人，很少会见到年轻人的身影。其实这也是社会上较为普遍的一种现象。这也难怪，大多数年轻人，平时虽然起得也不晚，但时间大多都花在挤公交车或乘地铁中。难得到了周末还得补补觉，哪有时间锻炼呢！再者，年轻人仗着自己体力好，精力充沛，认为就算缺少锻炼对身体也没有什么大碍。

有句话叫做“坐吃山空，立吃地陷”。再多的财富如果你只知挥霍不知补充的话，也会有山穷水尽的一天。健康也是如此。现在关注身体就是为自己的“健康银行”存储资本。白领一族平常较少运动，因此更需要锻炼。中医认为，“久坐伤肉”，“伤肉”也就是伤脾。生活中我们常见到这样一种人，能坐着他绝不站着；能躺着他绝不坐着。其实并非他懒，而是脾虚，脾的运化功能弱，以致肌肉无力，总是感觉累。对于“久坐族”而言，由于肌肉得不到锻炼引起的脾虚的状况比较常见，此外元气也更容易受到伤害。你可能觉得奇怪，不运动怎么还会消耗元气呢？天天坐那儿不锻炼也会使元气得到耗损，这叫暗耗元气。元气伤了，身体就会慢慢弱下来，白天上班也会经常感到没精神，四肢无力。

如何才能判断自己是否脾虚呢？这里教你几个自检的小办法，**第一就是看眼皮。如果平常眼睛很大，明亮有神，而现在眼皮却搭拉下来了，双眼看上去没精神，就说明你的脾虚了。**因为中医认为眼皮也是为脾所主的，如果眼皮松了下来，说明脾主肌肉的功能出现问题了。不过这种情况在老年人中比较常见。**第二就是观察自己的舌头。如果舌头颜色较淡，舌边出现齿痕，说明你的脾也很有可能出了问题，**最好赶紧去医院检查一下，或抓紧时间调理。

你可能会说，以上症状我感觉自己都有，大概是脾虚了吧！可我早起就得上班，哪有时间做锻炼呢？其实锻炼是无时不在的，只是你不得法罢了。这里就教你一个办公室养脾的办法，那就是“4”字腿按摩法。

什么是“4”字腿呢？中国人传统的坐法是“坐如钟”，就是上身与大腿，大腿与小腿之间成直角，腰杆挺直，膝盖收紧，也就是所谓的“正襟危坐”。因为中国的传统坐具是太师椅，如果在这种椅子上仰坐就会滑到地上去了。而英美人却并不习惯“正襟危坐”，他们喜欢将一只脚的脚踝压在另一条大腿上，也就是架腿法。尽管在我们眼中这种坐法有失大雅，但却可以让身体得到放松。另外，我们采用这种坐法也较利于对脾经的按摩。因为脾经起于足大趾内侧端的隐白穴，然后沿小腿内侧正中线上行，再进入大腿内侧前缘，进入腹部。“4”字腿坐姿正好可以将脾经暴露出来，从而便于按摩。如果想进行针对性的治疗，可以针对脾经上的单个穴位进行刺激。比如隐白穴有很好的止血功效，想要治胃痛可按太白穴，而公孙穴则对于减轻体重有效。当然，如果你不想浪费脑细胞记这么多的穴位，或只想达到保健的效果，那就顺着脾经的循行路线一路拍打下来。**拍打时要握空拳，用掌指关节端由上至下一路拍打下来，用力适中，对于大腿部位的脾经拍打时可稍用力。两只腿都要敲，每侧以敲打10分钟为好，敲打的时间自然是上午9～11点之间，气血流注脾经之时。敲打的次数视自己的时间多少而定。**这样，就算早上没有时间进行锻炼，也可以起到养脾的效果了。如果拍打的过程中发现痛点，表明脾经上有堵塞的地方，这时可以用点按的方法对其进行按揉，将瘀堵的穴位打通，从而将整条脾经的气血通畅。

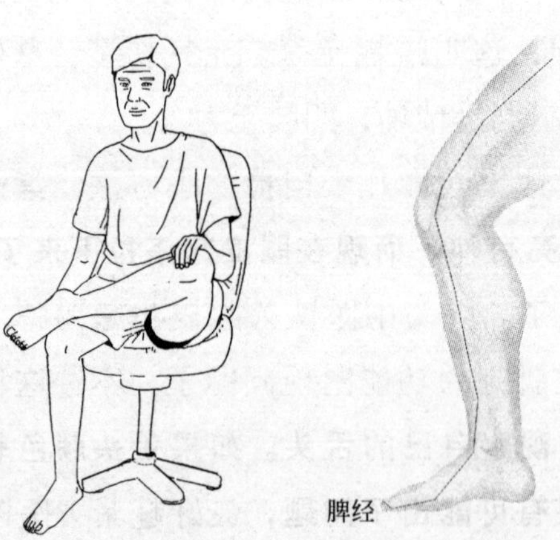

“4”字腿就是将一只脚的脚踝压在另一条大腿上，这种坐姿可以使脾经暴露在外面，从而易于按摩。

此法尽管对于“久坐族”而言有很好的健脾效果，但如果你因此便放任自己久坐桌前那就错了。这毕竟是一种万不得已的办法，是对缺少运动的一种补偿。就像不能将补品当成一日三餐是同样的道理。

另外，为了坐立时尽可能少的减轻对肌肉的伤害，对座具也是有一定要求的。坐椅以硬木的为最好，坐姿应采取“正襟危坐”，只坐在坐椅前三分之一处就好了，坐满椅子时很可能会因此而压迫到肌肉。对于身材较瘦的人士而言，可在座位加上薄海绵垫，以减少对血管的压迫，对保护肌肉也有很好的效果。健身不是一种口号，更是一种意识。只要你真正关注起自己的身体，健康便无处不在了。

思虑过多不仅心会痛，脾也会“痛”

中医认为“思伤脾”，过度思虑会导致脾气郁结，运化失调，从而引发一系列疾病。对于思虑过度的人而言，可采取情致疗法。按照中医五行学说，肝木克脾土，所以想要缓和思虑对脾脏的伤害，只要想一些可以令自己愤怒的事就可以了。

记得前一阵，各大电视台都在热播《梁山伯与祝英台》。这个故事应该是妇孺皆知了，梁山伯因思念祝英台过度而命归黄泉。英台也不负山伯，最后跳入墓中，与他化蝶而舞。这个凄美的爱情故事不知感动了多少中国人。有些人看过之后也就过去了，一些有心人却看出些门道来：一个大男人怎么会因思念某个人就死掉呢，现实生活中可从来没有遇到过这种事。是不是有些太夸张了呢！如果这样想，您还真就错了。过度的思念真的可能会导致一个人命归黄泉。

大家都知道，心主神明，一切思虑都是与心有关的，因此才有了“呕心沥血”这个词语。怎么“思”会跟脾扯上关系呢？《黄帝内经》认为，人有喜、怒、悲、思、恐五志，并与五脏相对应。其中脾之志为思，故有“思出于心，而脾应之”的说法。正常的思虑对人体并无不良影响，但如果思虑过度，就会伤了脾。脾气郁结，运化失健，就容易导致饮食不香、消化不良，久而久之整个人就会消瘦下去。脾伤了气血便失去了生化的根源。气血虚弱，其他各脏腑也会受到连累，从而让人百病缠身，天长日久，甚至会威胁到生命。这也就是古人所说的“相思病”。被情所困的青年男女多会消瘦就是因为这个原因。所以，该影视作品并非夸大其实。

其实，“思伤脾”中的“思”并不单单指“相思”，思考过多也会对脾造成伤害，这主要见于用脑过多的人群。看过《三国演义》的人肯定对诸葛亮的神机妙算记忆犹新。诸葛军师一生足智多谋，运筹于帷幄之中，决胜于千里之外，但却因思考过度而病死于五丈原，享年只有54岁，也给后人留下了“出师未捷身先死，长使英雄泪满襟”的感慨。现实生活中“思伤脾”的例子也不在少数，比如每年高考前都会有很多学生患上神经衰弱，也就是所谓的“高考竞技综合征”，主要表现为注意力难以集中，记忆力下降，易疲惫等，就是因大强度地用脑以致思虑过多而伤脾。再有就是上班族，一些上班族习惯不吃早餐，再加上用脑较多，从而产生头晕、易倦怠等症状，也是脾脏受损所致。民间至今还流传着“愁一愁，白了头”的谚语，说的也是同样的意思。

既然思伤脾，是不是要我们做到不思考呢？当然不是。思虑作为人体的一种情志活动，是正常的而且也是必需的活动。一个人如果不勤思考的话，就无法在社会上立足，也无法生存下去。从中医上讲，不思虑还会有黏滞、懒惰之象，人也会越来越胖，湿气特别重。所以思考不可少，关键是要做到“适度”。如果百思不解那就不要去解，顺其自然反而更好。特别是一些年轻女士，一定要改掉爱钻“死牛角尖”的毛病，遇事常开导自己，将心放宽，这样才能避免伤脾。

对于思虑过度的人来说，首先要做的当然就是健脾了。这里给你推荐一味药食俱佳的食材——茯苓。对于这个名字，你肯定不会陌生了，北京有名的小吃茯苓夹饼，就是用的这个茯苓。

茯苓可谓是健脾益寿第一药。中医认为，茯苓归心、肺、脾、肾经，且药性平和，既能健脾渗湿，又可扶正祛邪，对身体没有明显的毒副作用，因此可以长期服用。茯苓中所含营养物质也甚为丰富，常服还可强壮体质。《神农本草经》就有茯苓“久服安魂养神，不饥延年”的记载，古人甚至将其尊称为“仙家食品”，茯苓的功效由此也可见一斑了。至于茯苓的吃法，《红楼梦》中有很好的记载：“第一用人乳和着，每日早起吃一盅，最补人的；第二用牛奶子；万不得，滚白水也好。”当然，用人乳和着吃现在看来有些不太实际，那我们就退而求其次，以牛奶代替。先去药店买些茯苓粉，每次取5克冲进牛奶，“每日早起”食用。之所以选择早餐时间吃，也是有讲究的。我们说过，已时气血正好流注脾经，脾经此时最旺盛，也最易受补，这样便可以借天时使茯苓的健脾功效发挥到最大。另外，如果你喜欢喝粥的话，也可以将茯苓粉做成粥来吃：取茯苓粉15克、薏米60克、大枣10枚一起煮粥，每日当成早餐，不仅可以健脾，还可养颜美容。如果实在没有时间或者闲麻烦，也可以直接去超市买些现成的茯苓饼，上班的时间就可以尽情享用了。

除此之外，我们还可以借鉴一下中医里的情致相克法，以毒攻毒，化解思虑对脾的伤害。思最怕什么呢？它最怕怒。按照中医五行学说，思为脾志，怒为肝志。脾五行属土，肝五行属木，因为木可克土，所以怒能克思。对于思虑过度而导致的疾病，只要激怒他就可以了。至于如何激怒，就得看具体情况了。但需要说明的是，这种办法最好在脾为思所伤较重的情况下使用。如果脾并没有受到太大的伤害，这样做就完全没有必要了。因为怒伤肝，你若没事找气生，脾可能没事，但肝脏却得向你告急了，得不偿失。

无论什么样的灵丹妙药，都只是“亡羊补牢”，只有加强内心的修炼才是至关重要的。生活中要做到平静淡然，不为外物所惊动，不为身边的小事所困扰。当内心真正清静之时，正气自存，邪气自然也以后不敢来犯了，您想健康长寿也就不再只是一个梦想了！

口水是脾经向你发出来的“求救信号”

你是否有经常流口水的尴尬呢？可别小瞧这个现象，这很可能是脾向你发出“求救信号”了。中医认为，涎为脾之液，脾气虚了，口唇就易松弛，口水也就不自觉地流出来了。所以当务之急就是补脾，多吃一些生于土中的食物，对补益脾脏有很好的效果。

大家可能都有这样的经历，就是小时候经常流口水。现在仍有许多父母为小宝宝戴上特制的小围巾，以免口水弄脏了衣服。小儿流口水是种正常现象，特别是1～2岁的婴儿，此时由于唾液腺还没有发育完全，吞咽能力又弱，再加上口腔较浅，遇到唾液过多的情况，经常会不由自主地流出。随着年龄的增长，这种状况多会得到改善，所以父母大可不必担心。但是，如果成年人也流口水，这就很令人烦恼了。有些人在第二天醒来后经常发现枕头上被口水弄湿了一大片，还有一些体弱的老年人，睡醒后或是说话时也经常会有口水流出，这很可能是脾向你发出“求救信号”了。

人为什么会流口水呢？想要弄清楚这个问题，我们先来了解一下什么是“口水”。你可能觉得这个问题有些多余，口水不就是唾液吗，三岁小孩子都知道！我不得不纠正您，你的观点是错误的。科学地讲，唾液包括两种物质，一种是唾，一种是液。唾就是我们平常所说的“唾沫”，有个词叫做“唾弃”，就是往地上吐唾沫以示不满。可见，唾是人为吐出来的。液又叫做涎，也就是我们平常所说的“哈喇子”。与唾沫不同，它是身体自主地分泌出来的，这才是我们平常所说的“口水”。

按照中医“五脏化液”的理论，**“心为汗，肺为涕，肝为泪，脾为涎，肾为唾”**。唾和液是两种不同的液体，分别出自肾和脾。我们前面所说的“吞津法”指的是唾。如果一个人经常流口水的话，你不能说他老是“吐唾沫”，因为它的病根不在肾，而在脾，脾之液为涎，这才是口水。正常情况下，涎液是上行于口中的，但又不溢出于口外，因为口唇这扇“大门”把它挡住了。脾主肌肉，开窍于口，如果脾经出了毛病，最先会表现在口唇上。脾气若虚弱，肌肉就会失去弹性、易松弛，睡着后就会不自觉地张口，这时口水自然就会外流了。所以如果你总爱流口水的话，那就先检查一下自己的脾脏是否正常。脾脏不正常不仅反应在爱流口水上，还会反应在嘴唇上。《素问·五脏生成篇》认为，“脾之合，肉也；其荣，唇也”。唇为脾之华，是脾胃健康的晴雨表。如果一个人的唇红润有光泽，则说明脾胃健壮。如果嘴唇经常干燥脱皮且没有光泽，口中常有异味，则表明脾脏有问题了。

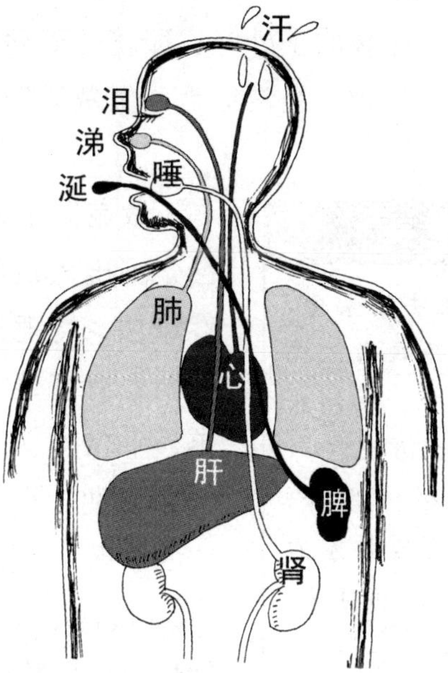

汗为心之液，涕为肺之液，涎为脾之液，泪为肝之液，唾为肾之液。

既然找到了流口水的病根，那么如何来治疗呢？对于偶尔的流口水而言，很可能是由饮食不当所致。比如一段时间内吃大量的辛辣食物，就会导致脾热，从而使口水分泌过多，不自觉的就会流出。对于这种情况，只要调整饮食，少吃辛辣食物，很快就会调整过来。对于经常流口水的人而言，就需要特殊关照一下我们的脾了。你可能会说，那好，我多吃些补品就是了。且慢，您先别忙着吃补品，不分状况乱吃一气，很可能会导致“虚不受补”，让你白花冤枉钱。中医认为药补不如食补，药王孙思邈在《千金方》中就曾说过：**“凡欲治疗，先以食疗，既食疗不愈，后乃用药尔”**，又说“安身之本，必资于食；救疾之速，必凭于药”。可见，药品只建议在救急时使用，对于一般保健或治疗而言，食疗才为上上策。那么脾虚应该吃什么呢？补脾气的食物虽多，但你只要记住一个原则就可以了，那就是**多吃长在土里的食物。**因为脾五行属土，而长期生长在土中的食物，如土豆、山药、红薯等正可以应脾土之气，因此对脾胃有很好的补益效果。你可以根据自己的口味适当烹食，煮粥做菜均可。大家也可以试一下中里巴人推荐的“山药薏米芡实粥”，此粥补益脾胃的功效相当显著，且食材都很常见，真可谓物美价廉的保健佳品。

此外，再教你一个补脾的小妙方，那就是动动我们的舌头。中医认为，舌为心之苗，脾之外候。经常给舌头做做运动，也可起到固齿健脾的效果。方法如下。

动动我们的舌头

伸缩运动：静坐去除杂念，眼睛半闭。微微张开双唇，将舌头伸到最长，保持5秒钟然后缩回。如此反复做36次。

蛇吐芯：双唇微微张开，将舌头伸到最长，然后向左右来回摆动，就像蛇吐芯的样子。如此反复做36次。

做完以上两个动作之后，舌下会分泌出大量的津液，这时可再用吞津法，将唾液分次咽下，对补肾强精也有好处。这套舌头操非常简单，平常空闲的时候便可以操作，十分方便。当然，如果想要达到最佳的效果，我推荐您还是上午9点到11点做。此时为气血流注脾经之时，锻炼效果是最好的。

我们的身体是很聪明的，一出危险状况它就会及时向我们发出求救信号。而我们首先要做的就是读懂它的语言，并根据它的指示做出快速反应。养生，就先从读懂自己的身体开始吧！

减肥和治疗糖尿病的第一要务就是养好脾脏

肥胖和糖尿病应该是困扰现代人的两大难题，其实两者都与脾的运化功能失常有关。所以，深受肥胖及糖尿病困扰的患者，首先要做的就是养好自己的脾脏。

随着生活水平的日益提高，人们的饮食习惯也发生了重大变化，“没有酒肉不成席”似乎已成为中国人约定俗成的饮食习惯。随之而来，肥胖人群也在急剧增长。更为严重的是，肥胖不仅困扰着许多中年人，连一些小孩子也深受其苦。现在的“小胖墩”越来越多，这也成为一个让教育者及家长担心的问题。

肥胖不仅为我们的健康埋下了隐患，也让我们的形象有障观瞻，而减肥产品便在这种情况下应运而生了。尽管广告商吹嘘的天花乱坠，但真正的减肥效果却微乎其微，就算偶尔减下去了，也会很快反弹。那顽固的赘肉简直就像“野火烧不尽，春风吹又生”的小草一样让人恨得咬牙切齿，却又无计可施。其实，指望通过减肥产品来达到瘦身的目的是很荒唐的，我们应该让身体自己行动起来去消灭赘肉。如何才能激发起身体的斗志呢？在解决这个问题之前，我们先来了解一下引发肥胖的原因。

祖国医学认为，肥胖与脾脏有关。我们知道脾主运化，一是运化水谷精微，二是运化水液。当脾的运化功能正常时，精微水液便可输布四方；如果脾处于虚弱状态时，运化水液的能力就会下降，人体经络中的体液流动不畅，心包便容易产生积液，使得心脏的能力不足。心主血脉，心脏相当于一个泵，当泵的扬程不足时，气血便会虚弱，体内的废物便不能及时排出。水湿等废物停留在皮下脂肪等处，人体就会臃肿肥胖。所以，想要减肥，关键在于健脾利湿，只有这样才能彻底清除身上的赘肉。

脾虚又是怎样形成的呢？这种体质多半形成于幼年时期。小孩子刚生下来时，身体是非常干净的，抵抗能力也较强。如果有细菌来犯，身体就会迅速做出反应，表现为拉肚子或肠胃炎等症状。一般的家长见到这种情况往往会担心，其实这是身体健康的表现。但是婴儿的体质毕竟虚弱，如果遭遇持续的感染，气血消耗严重，脾脏的功能就会下降，从而形成脾虚的体质。我们经常会看到一些父母经常将食物嚼烂之后再喂给孩子，其实在这个过程当中，很容易使孩子受到持续的感染，久而久之，就会导致其脾虚。脾虚了，就会出现“脾不束肌”的症状，肌肉变松弛，身材看上去就会臃肿肥胖。如果脾虚较重，有些人可能小时候就变成了胖子，轻些的有些人甚至成年以后才会变胖。还有些妇女在怀孕生产之后身体会发胖变形，就是因为本来就是脾虚体质，再加上分娩时耗费大量的气血，使得脾气更为虚弱。可见，归根结底，肥胖的根源都在于脾。在这里提醒那些准妈妈或是已身为人母的年轻女士们，不要再用嘴给孩子喂食，以免使孩子受到感染。

其实脾虚不只会导致肥胖，它还会使身体走向另一个极端，就是身材过于消瘦。我们知道肥胖主要是水液代谢失常所致。如果脾脏运化水谷的功能出现异常，人体就会消瘦。生活中你或许会遇到一些人，饭也不少吃，可就是想胖胖不起来，其实这是脾脏不好，身体吸收营养的功能降低所致。你可能有些羡慕他们。先别忙着羡慕，因为这也是一种不健康的状态，而且很有可能会导致糖尿病。

这并非夸大其词，中医上早就有关消渴（即糖尿病）的记载。《素问·奇病论》谓：“此肥美之所发也。此人必素食甘美而多肥也。肥者令人内热，甘者令人中满，故其气上溢，转为消渴。”意思是说，平常经常吃鱼肉等肥腻的食物，就会导致脾运失畅，湿热内盛，从而导致消渴。历代医学都认为消渴与脾脏功能的衰弱有着密切关系。脾气不足，津液生成受到影响，人就感到口渴，老想喝水。脾主升清，正常情况下脾气是上升的，水谷精微等物质借上升之气才能输于心、肺等器官，并化生成气血，营养脏腑。如果脾气不升反降的话，水谷精微等物质就会随小便排出体外，从而使尿多味甘。脾又主肌肉，脾虚则肌肉乏力、浑身倦怠。糖尿病人经常感到浑身乏力就是这个原因。所以，养好脾脏，对于预防及控制糖尿病者的病情是很有好处的。

关于健脾的方法，我们前面已经说得很多，这里都可以拿来一用。需要注意的一点是，要学会借天时以养脾。我们知道一天当中巳时养脾效果最好，但一年当中，长夏养脾最适宜。中医有**“春应于肝、夏应于心、长夏应于脾、秋应于肺、冬应于肾”**的说法，也就是说五脏都有适合自己的时令。什么是长夏呢？中医上将立夏到小暑这个阶段称为夏，对应于心；而小暑至立秋这一阶段称为长夏，也就是暑热刚刚过去，开始下雨的那一段时间。这个时段的特点是暑湿，暑湿与脾土的关系最为密切。土要生养万物离不开水，但如果水太多，又会导致涝。脾的特性便是“喜燥恶湿”。长夏阴雨连绵、空气潮湿，脾此时是最脆弱的，同时也是最宜养的。对于肥胖及糖尿病患者来说，此时更要注意保护好脾脏，避免穿太过潮湿的衣服，更不要生活在过于潮湿的环境当中，以免湿邪困脾。另外要多吃一些有健脾利湿功效的豆类食品，如四季豆、荷兰豆及黑豆等。如果有条件的话，可以每天备上一壶热腾腾的绿豆汤，既可防暑又可健脾，一举两得。

治病不治本，相当于除草不除根，只需一点阳光雨露，它会变本加厉，疯狂滋长。只有找到根源，连根拔除，才能将危害我们健康的毒瘤彻底消灭。明白了这点，我们才能在长寿的道路上越活越健康！

脾经是人体的“定海神针”，养好了，小病也就没有了

脾为后天之本，气血生化之源。它就像我们体内的“定海神针”，只要养好了，小病小灾的也就不敢上身了。“4”字腿法按摩脾经的效果不错，另外我们也可以根据某些疾病对脾经上的穴位进行针对性的调理。三阴交、太白、隐白等都是较常用到的穴位。

看过《西游记》的人肯定会对“齐天大圣”手中的那根金箍棒记忆犹新。这件宝器据说是当时大禹治水时留下的“定海神针”，正是有了它，孙猴子才敢闯地府、闹天宫，搅得天地人三界不得安宁。后来又凭着它降魔伏怪，保着唐僧西天取经。可见这根“定海神针”的威力着实不小。其实，在咱们人体内也有这么一根“定海神针”，只要有了它，那些小病小灾的也就不敢上身了，它就是脾经。

中医认为脾为后天之本，气血生化之源，其功能是相当强大的。只要养好了脾经，许多难缠的疾病就可以根除或预防了。为什么脾的本领这么大呢？因为**大多数疾病都是在人体内有淤血的情况下产生的，**就像苍蝇总会生活在肮脏的环境中一样。为了防止蚊蝇的滋生，我们总会把家里打扫得干干净净，同样的道理，将体内的淤血清除，细菌病毒等也就失去了生存的空间，身体自然也就高枕无忧了。我们知道脾正好具备两大功效，即化生气血和统血。“统”就是统摄的意思，气血生成之后，再经过脾的运化作用输布全身。只要把脾养好了，气血的生化及运行正常，那么病菌便无可盛之机，就算生病了也会很快痊愈的。

想要养护脾经，我们前面说过的“4”字腿法效果就很好。这里我们

再讲几个脾经上的重点穴位，以便点面结合，有的放矢，有针对性地对身体进行调理了。

■ 妇科良药：三阴交穴

脾经上一共有21个穴位，其中有一个穴位不得不提，那就是三阴交穴。这个穴位可是上天赐给我们的巨额财产，特别是对于女性而言，它可称得上是人体自带的“乌鸡白凤丸”，对许多疾病都有很好的治疗效果。

中医认为，“女子以血为本”，即女子的月经、怀孕、生产、哺乳每一样都要有气血的支持。同时白带也属于阴液，过多地分泌白带，也会伤及女性的气血。而脾脏为气血生化之源，养好脾经，对预防各种妇科疾病是有非常好的效果的。

单拿女性最常见的痛经来说，按摩三阴交就有很好的止痛效果。因为导致痛经的原因无非两种，一种是气血虚弱或肝肾亏损所致，我们称之为虚症；另一种是肝气不畅，以致气滞血淤，或过于吃寒凉食物，以致经血凝滞而致，我们称之为实证。无论哪种情况导致的痛经，三阴交都有很好的调理效果。这个穴位为什么叫三阴交呢？就是因为它是足太阴脾经、足厥阴肝经及足少阴肾经三条阴经的交会处。肝主藏血，脾主统血，肾主藏精，刺激三阴交穴，对三条经络都有调节效果。三经气血调和，则先天之精旺盛，后天气血充足，经脉运行顺畅，疼痛自然就消失了。

找三阴交时，先找到脚踝骨的最高点，然后向上四指宽处，胫骨内侧缘后方便是此穴。**有妇科病的女性可用拇指按住此处用力向下按压，每侧按压3分钟。也可用艾灸的方法，将燃着的艾条悬于穴位上，以局部皮肤温热而不烫伤为度，每侧灸10分钟。**需要注意的是，此穴最好在经期前几天就进行刺激，如月经来潮时强刺激此穴，很可能会引起经血过多。此外，这个穴位对于祛斑、祛皱及紧致脸部肌肤也有效，用来美容也相当不错。

需要注意的是，有文献记载三阴交与合谷穴合用有导致堕胎的危险，出于安全方面的考虑，怀孕妇女最好避免刺激此穴。

■ 缓解肌肉酸疼，太白穴是良药

生活中大家可能都有这样的经历，当锻炼强度过大或是提拎重物时，经常会导致肌肉酸疼。虽然休息上两三天也会缓解，便毕竟会给生活带来不便，这里就教你一个快速消除肌肉酸疼的办法，即按摩太白穴。

我们知道脾主肌肉，当人体做大量运动时，很容易致脾气亏损，肌肉失养就会导致酸疼。太白穴为脾经的原穴，脾经气血就是从这里源源不断输往全身各处的，因此刺激此穴的补脾效果是其他穴位都无法比拟的。

找太白穴时要先将鞋袜脱去，在足部内侧边缘，足大趾后面有一个凹陷，太白穴就躲在此处。这个穴位不太好按摩，所以最好用艾灸。**将艾条点燃后，置于离皮肤 3 厘米高的地方，灸大药 15 分钟，直至皮肤微红发热为止，每天一次。**

对于一般人群来说，此穴可作为保健要穴使用，因为它补脾的效果是最好的。“太白”又为古代星宿名，据说此星可平定战乱、利国安邦，而此穴名便取此意。对于脾虚引起的任何不适，如夜里睡觉流口水、舌边有齿痕、腹胀及消化不良等，刺激此穴都有效果。所以空闲时多揉揉太白穴，补脾的效果是很好的。

■ 崩漏不用忙，隐白止血来帮忙

对于女性来说，月经病除了痛经外，还有一种叫崩漏，表现为经期延长，周期缩短，经量时多时少，反复发作，久而久之易导致贫血。中医认为此病多由冲任失调，不能固摄经血所致。治疗崩漏，首先要做的事就是止血，而隐白穴的止血功效是很好的。

中医认为，脾气有统摄气血在经脉中运行，防止血液外逸的功能。若脾气虚弱，不能统血，就会导致便血、尿血、崩漏等各种出血症状。隐白为脾经的井穴，脾经脉气多从此出，刺激此穴有补脾固本、益气摄血之功。脾气渐旺，统摄有度，崩漏自然就会止住了。隐白位于足拇指内侧端，跟甲角旁约 0.1 寸处。由于此穴位置较为特殊，所以最好艾灸。**每次艾灸的时间为 15～20 分钟，至隐白穴周围的皮肤转红，并感到体内**

有一股热流沿着经络上蹿为好。如果病情较重的话，每日可灸 3～5 次，待病情稳定后可改为每日一次，直至痊愈。记得两侧太白穴都要灸。另有一种简单的方法是敷贴法，即将三七切片，贴于两侧穴位上，然后用医用胶带固定，12 小时后取下，这样的刺激效果也是很好的。

我们生病了，总习惯于往医院跑，医药费花了一大笔不说，还要浪费许多精力和时间。其实，人的体内就生满了各种名贵的草药，只要你懂得识别，小病小灾的随手采摘一些就可以医治了。人体真的是一本很奇妙的书，还是让我们慢慢地去品读吧！

附　巳时经络锻炼：突出重点，疏导全面，脾经是人体的能量线

脾经与胃经表里相合，脾经为足太阴经，从下往上走，其起点在脚大趾末端的隐白穴，沿大趾内侧赤白肉际（大都），经核骨（第一跖骨小头）后（太白、公孙），向上过内踝前缘（商丘），顺着小腿内侧的正中线往上（三阴交），在内踝尖上方 8 寸处，交出足厥阴肝经之前（地机、阴陵泉），上行沿着大腿内侧前缘（血海、箕门），进入腹部（冲门、府舍、腹结、大横），属于脾，联络胃，再往上穿过横膈，沿食道两旁，连舌根，散布于舌下。

腹部的分支：从胃部分出，向上通过横膈，注入心中，接手少阴心经。

关于脾经的锻炼方法，这里有一首口诀：脾经保养有诀窍，抓住 4 个重点穴，其他地方一把捞，巳时操作效最好！4 个重点穴就是隐白、三阴交、血海和食窦；“一把捞”就是推揉；巳时（早上的 9～11 点）气血流注脾经，所以此时刺激它效果最明显。

隐白穴是足太阴脾经的起始穴，在两脚的大脚趾内侧指甲角处，你可以把三四根牙签（头和头、尖与尖在一起）用橡皮筋或其他东西捆在一起，然后用牙签头去点按，每侧的穴位按 60 下。此穴是脾经的井穴，能有效调动整条脾经的功能，对食欲不佳、腹胀、呕吐、腹泻、月经不止、带下、流鼻血等症状治疗效果非常之好。

除了隐白穴之外，三阴交、血海和食窦 3 个穴位都可以用手指按揉的方式来刺激。三阴交穴是脾经上的名穴，在小腿内侧，内踝尖上 3 寸，胫

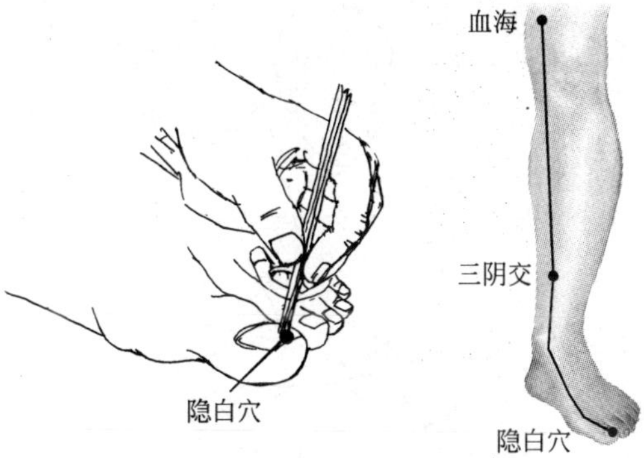

点按隐白穴

骨内侧缘后方的凹陷处即是，可用拇指或食指按揉，每次 3 分钟，每天 1 次。此穴是治疗消化系统疾病和泌尿生殖系统（尤其是女性）疾病的要穴，对于脾胃虚弱、消化不好、食欲不佳、腹胀肠鸣、腹痛腹泻、便秘、头晕头痛、四肢无力、身体沉重等以及女性的月经不调、痛经、闭经，男性的遗精、阳痿、阴茎痛等症疗效奇佳！此穴也是针麻手术的常用穴之一。不过，此穴有堕胎之效，可助难产，孕妇禁用！

血海穴在大腿内侧，膝盖上 2 寸处。坐在椅子上，膝关节弯曲，手掌伸开，先将大拇指按在穴位上，其他四指向后抓住腿部，然后拇指用力按揉，可以两手同时按揉两条腿上的穴位，每天 1 次，每次 5 分钟。上有气海，下有血海！其中气海代表气，代表先天之本的肾脏，血海代表血，代表后天之本的脾胃，乃人体两大要穴。血海，顾名思义，统管人体一切有关血的问题，不管是贫血还是女性的月经问题（如月经不调、痛经、崩漏、闭经等），以及荨麻疹、湿疹、脚气、逆气等此穴都能够帮助解决。

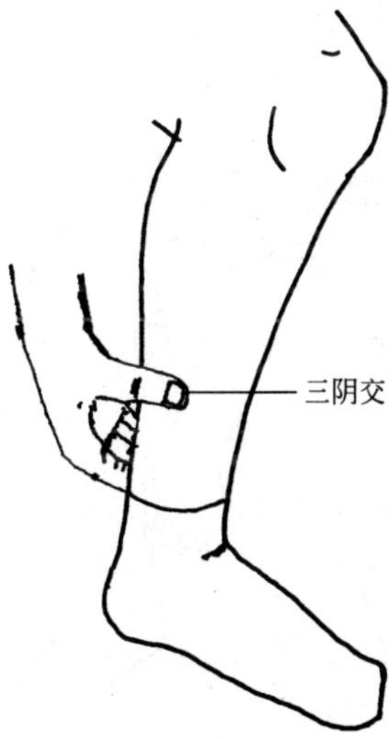

点揉三阴交

第 4 个重点穴食窦穴，其在乳头外下方，距离正中线的任脉 6 寸（两个 4 横指）远，可用食指或中指按揉，左手按右侧穴，右手按左侧穴，每穴 3 分钟每天 1 次。此穴对胸胁胀满疼痛、胸膈有水声、胸膜炎、痰多咳不出、反胃、消化不

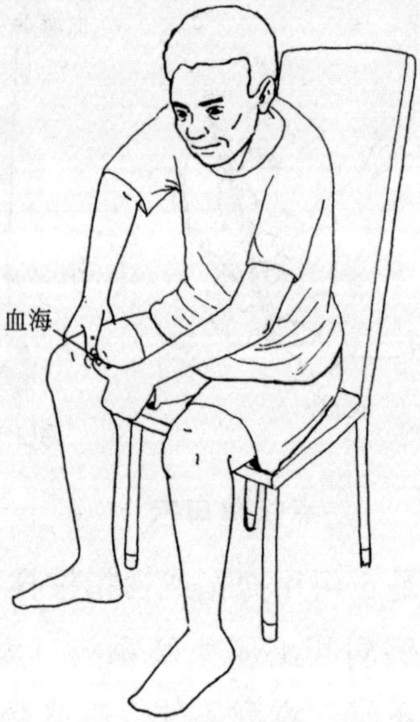

按揉血海

良等症具有非常好的疗效，长按可保胸腹健康无忧！

脾胃是后天之本，气血生化之源，所以要想活得轻松健康，就要保持整条脾经的上下通畅。而打通脾经的最好方法是推揉，即顺着脾经的行走路线，从小腿内侧到大腿内侧，再往上到腹部，一路推揉。实际操作时可分步骤进行，手握空拳，用掌面一侧大鱼际部，顺着气血的走向，先推小腿，再推大腿，最后是腹部。左手推右侧的脾经，右手推左侧的脾经，每侧 10 分钟，每天 1 次，长期坚持！

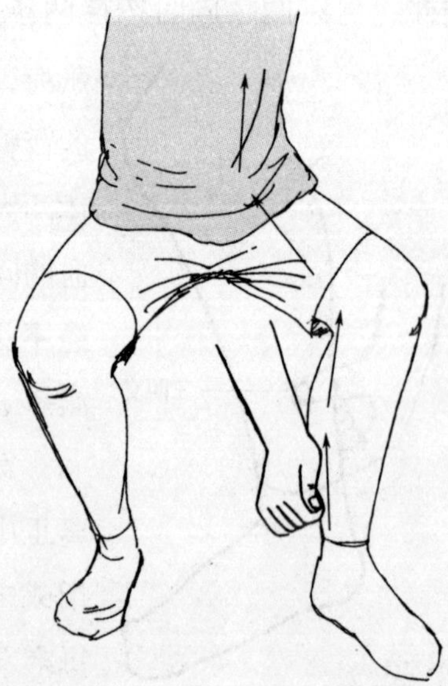

推揉脾经小腿部、大腿部和腹部

第七章

午时：短暂的休息让身体气血充足，神清气爽

午时——11：00～13：00——心经最旺

在古代的计时方法当中，我们最熟悉的莫过于子时和午时，如古代的练子午功、睡子午觉，但因为子时正当半夜，我们一般都处于梦乡之中，所以相对来说，我们对“如日中天”的午时会更为熟悉。午时，就是正午太阳走到天空正中的时候，又叫日中、日正、中午等。

午时可以说是一天当中最重要的一个时辰，因为这一时段我们要进行两项最重要的生命活动，那就是吃午饭和睡午觉。饮食以养形（形体），睡眠以养神（心神），形神皆安，则体康身健，百病不侵。同时，午饭和午睡也是在为我们下午的工作和学习储备能量，养精蓄锐。因而如何才能更好地把这两件事情都做好，是关乎我们生老病死、生存发展的大事。

午时，阴长阳消，午睡让过旺的心火顺利地消减下去

《黄帝内经》有言：“阳气尽则卧，阴气尽则寤。”阴阳交替之时是养生的关键时期，此时最好的养生方法就是安静地休息一会儿，让身体进行自我调整，协调脏腑关系，恢复元气！

西方科学家研究发现，人的一天有两个最佳的睡眠高峰时段，一个是晚上的1点左右，一个是白天的13点左右。只有顺应人体的这种“生物钟”睡眠，人才会觉得精力充沛，神清气爽。但午睡的时间不宜过长，一般在15分钟到1小时为佳。专家们还发现，如果坚持每天午睡30分钟，则可以使冠心病的发病率下降30%，这种现象在中老年人身上表现得尤为明显。

了解一些中医知识的朋友都知道，西方科学家们的这个结论与中医的观点不谋而合。西方科学家们所说的“生物钟”其实就是中医经络的气血循行主时规律，两个最佳的睡眠高峰时段就是我们通常说的睡“子午觉”的时间——半夜子时（23点到1点）和中午的午时（11点到13点）。

当然，这两个时间段睡觉也有大讲究。夜晚属阴，而半夜子时阴气最盛，阳气就像春天的树叶一样，才刚刚开始发芽儿（生发），要“大睡”；而白天属阳，午时阳气最盛，阴气初生，阴长阳消，“小憩”即可。这就是中医讲的“子时大睡，午时小憩”。《黄帝内经》也讲“阳气尽则卧，阴气尽则寤”，其中“卧”就是连续地大睡，“寤”就是小憩，短则15分钟，长则1小时，都行。

那么为什么睡午觉能预防冠心病的发生呢？这还得从气血上来说。我们身体里的经络气血就像是北京三环上的公交车一样，是循环运行的，绕着三环路一圈一圈地跑，不同的时间经过不同的站点。午时最大的气血流到达心所属的经络——心经，此时正是心经“当班”，它的气血最为旺盛。而心经是调理和改善心脏功能最佳的“长臂触手”。冠心病不正是

心脏、心血管的问题吗？如果我们的心脏和心血管系统功能良好，非常健康，那这些乱七八糟的毛病自然就不会发生了。

中医讲“天人相应、天人合一、法于阴阳、道法自然”，意思是说人要顺应天地的变化而调整自己的生活起居，以“顺其自然”。而晚上的子时和中午的午时正是天地阴阳的一个转换点，是“合阴”“合阳”，阴阳大会、水火交泰之时，人体也必须注重这个转接点进行休息调养，让身体顺应天地的气机变化。所以古人把睡“子午觉”叫做“盗天地之生机”，这是最高明、最科学的养生智慧。

午时解决有关心的问题那绝对是事半功倍，机不可失。心属火，为阳中之阳，所以最常见的毛病如口腔溃疡、心情烦躁、某些失眠症等都和心火过旺有关系。对于这些朋友来说，最简单也最有效调理办法就是午睡。每天中午坚持睡上半个小时左右，心火就会慢慢地降下去。同时“动生阳，静生阴”，午时又是阴气初生之时，就像刚出生不久的婴幼儿一样，非常需要呵护，所以此时睡会儿觉也特别有利于培养阴气。因此，午睡既可养阴又能养血，阴血养好了，心火血热就会不战而败。

我们现在很多人由于工作忙或是其他原因，并没有养成良好的午睡习惯。磨刀不误砍柴工，希望大家中午尽可能地挤点时间睡会儿，特别是夏天，哪怕睡或安静地坐上那么十几分钟，对身体及接下来的工作和学习都是大有裨益的。因为心属火，夏季也属火，暑气一旦进到人体，两个火烧到一块儿，很容易就烧过头，以致出现心火旺的症状。

同时，汗为心之液，来自于血（我们平时不是经常说“血汗”吗）。夏天的时候，由于天气很热，身体为了散热就要大量地出汗。但要是出汗太多的话，就会伤阴，伤血，引起血燥火旺之症。所以我们适当午睡让身体静养一会儿，减少活动，防止汗液的过度排泄，有利于敛汗养血，以达到养阴平心降火之目的。《摄生消息论》上说得很好：“夏季更宜调息净心，常如冰雪在心，炎热亦于吾心少减，不可以热为热，更生热矣。”**所以中医养生强调“顺四时”，夏季养生的重点就是养心、养神、防暑、防“火”。**

其实身体是非常聪明的，到夏天的时候，很多没有午睡习惯的人，它也会“提醒”、甚至“强迫”他们睡会儿。你去看看夏天的中午，再忙的人都扛不住，多少都得“眯乎”一会儿。

心病还须心药医，心静自然凉，你的心静下来了，火也就降下来了，外界的暑气便奈何不得你。正所谓：“若人欲了知，三世一切佛，应观法界性，一切唯心造。”境由心生，我们的一切想法、意念和行动都源自于心，但和佛菩萨一样，心是不受补的，只能供养着。而午睡就是最佳的养心方式，心养好了，人世间还有什么样的禅理参悟不透呢？

子时大睡，午时小憩，午睡也有大讲究

子午觉虽然都是睡觉，但“子觉”和“午觉”却大不相同，子时应该大睡，进入我们通常所说的“深度睡眠”，而午时只需小憩即可。千万别小看这小憩，作用可一点也不小，它同子时的大睡一样重要，要不然怎么会有“子午觉”这一说。

今年春节的时候，陪老婆孩子出去游玩，看到街边一家小店的门上挂着一个大牌子，上书“××午睡吧”。近几年层出不穷的各种“吧”有些让人眼花缭乱，“午睡吧”？这又是什么新创意。看着我一脸的疑惑，儿子在一旁道：“爸爸，落伍了吧？‘午睡吧’就是给这旁边写字楼里上班的人提供午睡的地方呗！”

我不禁哑然失笑，现在这些生意人可真够精明的，服务真是“无微不至”呀！倒也是，在紧张工作一上午之后，中午能有个温馨舒适的地方听点儿舒缓的音乐，喝杯茶，小睡会儿，对职场人来说何尝不是一种很好的休息和放松呢？但大多数人未必有这样的机会和条件，最多能在家里或办公室里小憩会儿已经很不错了。

其实，午睡的形式并不重要，重要的是能不能达到休养身心的目的。不管是躺在床上、沙发上，还是靠在椅子上，只要能安安静静地“眯瞪”一会儿，养养心神，就很好了。当然了，正所谓细节决定健康，有些小

问题还是得注意一下，否则“千里江堤，毁于蚁穴”。下面我就给大家说说午睡需要注意的一些小问题：

首先，也是最重要的问题，即时机，也就是午睡的时间问题。这里的时间有两层意思，一是午觉该什么时候睡；二是睡多长时间合适。什么时间睡的问题很简单，当然得在午时睡，也就是中午的11～13点之间，但最好是睡完午觉后再吃饭，这个问题我们下一节里再细说。

至于睡多长时间，这得根据个人的实际情况和自身的感觉体会来定，一般在15分钟到1小时之间为好。如果是退休在家的老年人，那就可以多睡会儿，睡个1小时左右，但也不要睡得时间过长，以免颠倒了阴阳；如果是工作时间比较紧张的朋友，则小睡上15分钟到半小时也很管用，哪怕好好“眯瞪”10分钟也比不睡好得多。在时间允许的情况下，睡长睡短就要看个人的实际体会，如果你感觉稍微多睡一会儿下午状态会更好，那就稍微多睡一会儿；但有的人正好相反，睡的时间一长反倒把自己搞得迷迷糊糊的不清醒了，好半天缓不过来，那睡之前就把闹钟调好，过犹不及，防止睡过头了，搞乱了生物钟。

在不同的季节，午睡也有不同的讲究，尤其是在时间长短上应该有所不同。中医养生讲究“顺四时”，其实睡午觉也应该“顺四时”。俗话说“春困秋乏夏打盹”，春天有“春困”，夏天要养心，秋初有“秋乏”，而且这个时期内天气比较热，白天时间长，晚上相对睡得会少一些，所以白天应该好好睡午觉，尤其是夏天，睡得时间可以稍微长一点。而深秋和冬季白天比较短，夜晚睡眠的时间相对要长一些，午觉就可以少睡点，或是好好地“闭目养神”一会儿就可以。

其次，对于午觉如何睡才能休息得更好的问题，这也得根据个人的实际情况而定。如果在家里，或是有条件的话，当然是躺在床上或沙发上睡最好，尤其是老年人，最好是躺着睡。但冬天的时候就不一定了，冬天夜晚时间长，晚上可以早点睡，早上适当起得晚一些，中午就不用上床睡午觉了，靠在椅子或眯发上眯瞪一会儿，养养心神就可以了，要不然脱衣穿衣麻烦不说，还容易着凉。

而对于很多在外面工作的人来说，中午绝大部分都只能在办公室里对付着睡会儿，要么是趴在桌子上，要么是靠在沙发上、椅子上。我建议您最好是靠着睡，有沙发的就靠在沙发上，没沙发的就靠在椅子上，身体尽量摆平摆直，头部靠稳，最好把外套脱下来盖在自己身上，防止着凉。**尤其是夏天，在办公室里一定不要对着空调的风口睡午觉，还要把空调的温度调高一点儿，或是干脆关掉它。**

特别要提醒大家的是夏天睡午觉时要注意保护好肚子，不论是大人还是小孩，天气再热都得用个东西把肚子盖着。因为夏天无病三分虚，人体的阳气都在外面，里面本来就很虚，有点儿“空城计”的感觉，如果保护不当，外寒再乘虚而入，那肚子就很容易出问题。

另一种“睡”午觉方式，即要是你中午休息的时间短、环境吵、条件差“睡”不了、睡不着怎么办，那就静坐一会儿，也就是“闭目养神”。“养神”其实就是养心，心藏神嘛。但要想真正实现“闭目养神”也不容易，你必须要让自己的身心安静下来，全身放松，停止各种思维活动，意守头顶的百会或脐下的丹田，这样静坐 10 分钟以上，才能收到养心、养神的效果。

最后需要提醒大家的是，如果是午饭后才睡午觉的话，（虽然我们说午饭前睡觉更合理，但实际上大部分工作上班的人都是在吃完午饭后才睡会儿的，这个话题我们下一节会细说）午饭时就不要吃喝刺激性很强的东西，如酒、太过辛辣的食物、冰镇饮料等，也不要喝能提神的茶、咖啡等。因为这些东西就像一根鞭子，把它们吃进去之后只会使身体里面的气血跑得更快、更忙活，这样人就会更加精神，自然是睡不着、静不下来了，更别谈养心、养神了。并且，午饭后最好是先休息 10 多分钟如散散步、走一走，再睡午觉或是静坐（如果是中老年人躺着睡的话，最好是午饭后休息 20 分钟以上再睡）。因为你要是一吃完立马就躺下的话，很多食物刚走到食管的半路上就停下来了，就像汽车中途抛锚了一样，不利消化。还有一点就是睡醒后不要立即活动，同早上起床一样，最好是先缓上个四五分钟，让身体的气血和思维意识先恢复“活动”后再活动。

其实，睡午觉就相当于是给身体补充“能量”的一个过程，因为身体所需的能量不只是饮食营养，还有心神能量。

现在我们经常会说一个词儿叫“充电”，手机没电了我们要给它充电；肚子里“墨水”不够用了我们要去读书学习，给自己“充电”。可我们的身体呢？它每天都在为我们辛勤操劳，你是否想到也该为它“充充电”？健康不是可以无限透支的资源，也是需要及时“充电”补充能量的，而且它很懂的“知足常乐”，只要我们每天给它输入一点点“电流”，它就会无怨无悔地陪伴我们度过风雨人生路，让我们的生命异彩纷呈！

午饭要在午未交替之时的12：30吃最好

午时每个人都要完成两件关乎生命健康的大事儿——吃饭和睡觉。但如何来协调好它俩的关系，谁在前，谁在后，这可是最关键的问题。顺序一变，效果就会截然不同。其实它俩的正确顺序不是我们现在很多人正在坚持的先吃饭后睡觉，而是先睡觉后吃饭。

我们大部分人都是午饭后才睡午觉，其实最好的睡午觉时机是在吃午饭之前，也就是说，我们最好是睡完午觉后再去吃饭。具体什么时间呢？12点半左右最佳。

当然对于大部分上班工作的人来说，这一点比较难做到，但如果有条件的，希望大家都能够这么做。如已经退休在家的老年人，现在的很多自由职业者，中午休息时间比较长或时间安排比较自由的职业人士等，其实都能做到，只要把原先的午睡和吃饭顺序颠倒一下就可以了。**如果12点半去吃饭的话，11点半到12点半之间的这一段时间，你就可以或长或短地睡一觉；而即使在上班的人，到11点半，最晚12点也下班了，你就可以先睡会儿再去吃饭。**

先睡觉后吃饭到底有什么好处呀？当然有好处，并且有很多方面的好处。

首先，人从早上起床之后，体内阳气一直处于旺盛的上升阶段，气血处于相对活跃的状态。到中午11点，也就是午时，阳气到达顶峰转而往下走，而阴气初生，阴阳相交，再加上一上午的活动劳作，人就会有一种困倦之意，这其实是身体在提醒我们，此时应该适当休息，以培养初生的阴气，保证阴阳的正常交替，维护阴阳的相对平衡。“阴平阳秘，精神乃治”，阴气平衡阳气固密了，人的整个身心状态就好了。其实，我们学习各种养生方法，最终目的都是为了协调和保持阴阳气血的相对平衡。

从睡眠和饮食的关系来讲，吃完饭后立马睡觉也是不科学的。不论是白天还是晚上，吃完就睡都会严重影响我们的消化系统，有可能造成消化管道的“交通堵塞”——食物还没到胃里，你就躺下了，它就堵在半道上，很多脾胃病、肥胖病症就会出现，有的甚至可能出现食物倒流现象。相反，如果睡完午觉后再吃，吃完后稍微休息一下开始进行工作学习等活动，这些健康隐患就都避免了。我们很少听说有谁吃早饭吃出脾胃病、肥胖症等问题的吧？道理是一样的。

午睡后吃饭不仅避免了很多毛病的发生，而且非常有利于消化吸收。我们知道，午时是心经“当班”，这个时段心经的气血最旺，到下午 1 点的时候心经就交班给小肠经了，下午的 1～3 点是小肠经值班，这时候小肠经的气血最旺，小肠的功能最好。而小肠是干什么的，不就是管消化吸收、分泌清浊的吗？所以如果你先睡完午觉 12 点半左右吃饭，到 1 点钟的时候，食物经过脾胃的初步处理，开始到达小肠，而此时小肠“精力”最旺，状态最好，工作的效率自然就会更高更好。小肠的“工作”做得好，你的消化吸收就好，该吸收的都能吸收，该丢弃的都能及时丢弃，你就不会得一些消化吸收方面的病，而其他脏腑接下来的工作也会变得非常轻松，五脏六腑就会进入一个良性循环。

有人可能想说了，那我吃完午饭后犯困怎么办，人吃完饭后不是容易犯困吗？的确，人在吃晚饭后气血会分散一部分力量到脾胃去工作，容易犯困。可是为什么我们吃完早餐后不会犯困呢？玄机就在这里了。因为我们经过一个晚上的睡眠，各个脏腑都得到了很好的休息和调养，功能都处于一个非常好的状态，全身的气血非常旺盛，即使分散一些力量到脾胃去，也不会影响到我们的心脏、大脑等其他脏腑的工作，脏腑器官各司其职，工作有条不紊，所以就不会犯困。

而到中午11点以后，人体经过一上午的工作，本来这时候就比较疲乏了，并且阳气开始下降而阴气才刚刚生发，处于一个“青黄不接”的时期，如果你没睡午觉就去吃饭，饭后身体再勉强调集一些气血力量到脾胃去干活，下面的活儿干不好不说，上面的心、脑气血供应也不够了，你能不犯困吗？打个比方，你说电压不足的时候电脑能好好工作吗？灯光能非常明亮吗？也就是说，你犯困并不是因为你吃饭的问题，而是气血不足的表现，如果身体的气血非常充足旺盛的话，它是完全有能力协调处理好各个脏腑的事情的。

午时养生就两招，美食和小憩（当然我们这里的“美食”并不是说要吃得非常好，而是说要“好好吃”，吃得舒服就行）。而能不能真正达到养生的目的，最重要的是对“时机”的把握，时机就是火候。大医家看病为什么好得快？大厨师做菜为什么好吃？大作家写出的东西为什么能让人掩卷深思，因为它“火候”掌握得好。其实，做任何事情又何尝不是如此呢？玄机全都藏在“火候”之中！

心火大，嘴巴苦，试试苦瓜排骨汤

表面上看起来，嘴巴苦，吃苦瓜，似乎有点“以毒攻毒”的味道，其实不是“以毒攻毒”那么简单，而是“治病求本”——因为虽然苦的都是嘴巴，但起因和解决的都是心的问题。

我的老岳父，以前每年夏天都会感觉嘴巴里发苦，口渴爱喝水，但吃饭却没有胃口，还经常喊浑身没劲儿，整个人的精神状态也不大好。这其实就是我们民间说的“苦夏”。我得知这个情况之后，就告诉岳母一个方法，让她夏天的时候经常给老岳父熬一点苦瓜排骨汤喝。

后来据老岳父说，他喝了这个汤很是管用，一般每半个月喝一次，就能保自己这半个月的身心“平安”。现在，苦瓜排骨汤已经成了老两口安度酷暑的护身法宝了。

那为什么夏天的时候会出现“苦夏”呢?

我们一般认为是体质的原因，这当然没错，但更重要的原因在“心里头”。通常来说，觉得嘴巴里发苦有两种原因，一种是胆的问题，《黄帝内经》中讲：“胆液泄，则口苦。”另一种就是心火太重造成的，常常还伴有口渴爱喝水、不想吃饭、舌尖发红、嘴巴里长疮等情况。但这些表现都还只是“序幕”，如果不及时进行调理改善，长期拖着，就可能引发更大的麻烦。

可是，嘴巴和心脏八竿子打不着，心火重怎么嘴巴就苦了呢?

《黄帝内经》里讲：“心主血脉，开窍于舌，心气通于舌下。”可见心与舌头、与嘴巴有经络连着呢！这就好比电脑主机和显示器，中间有数据线连着。所以心有什么状况，就会从舌头上表现出来，舌头就像是心的一个“显示器”，一个窗口。**比如舌头发红，嘴巴发苦，表明心火比较重；而舌头和嘴唇发白发淡，嘴里没味儿，那就是心血不足。**

兵来将挡，水来土掩。心火烧得太旺了，我们就用“灭火器”把冲得太高的“火苗”压一压。还有压心火的“灭火器”？苦瓜排骨汤就是一款性能最好、方便易用、最适合压心火的“灭火器”。

灭火器的做法

买上半斤多的猪排骨，1斤左右的新鲜苦瓜，再准备二两黄豆和三四片生姜。先用清水把这些东西洗干净，把排骨和苦瓜都切成小块，黄豆用水泡10分钟左右。然后把它们一起放到汤煲（最好是非金属的瓦罐或沙锅）里，加水1400毫升左右（约六七碗）。大火烧开之后，用小火慢炖1个小时，炖到剩下汤800～1000毫升（约四五碗）时加点儿盐调味就可以喝了。一次不要喝太多，这些可以分成三四次喝完，喝完之后心火就下去了，嘴巴自然就不苦了。

这个“灭火器”可以自己生产自己用。

苦瓜是南方人经常吃的一种新鲜蔬菜，广东省还把它列为名优蔬菜。南方人之所以非常爱吃它，就是因为它的清心降火作用好。南方属火，一年四季都在生发，而夏季也属火，所以南方一到夏天就特别热，生发得更厉害。我们常说一方水土养一方人，其实一方食物也养一方人，不同的地方有不同的饮食习惯和特点，这与当地的气候特点等有关。苦瓜是清热解毒之佳品，其性味苦、寒，入心经、脾经、胃经，《黄帝内经》中讲“苦入心”，“辛开苦降”，所以南方人在夏天经常吃一些苦瓜，就能清心凉血，调控心火。其实不管是南方人还是北方人，心火重时都可以吃一点苦瓜，喝一些苦瓜煲汤，降降火，养养心，绝对是有求必应。

喝碗苦瓜排骨汤，清心降火又营养。

至于猪肉和黄豆，都是平性的（猪肉微寒），具有良好的平补作用，可以补益气血，适合任何体质的人；而放三四片生姜则可以稍微缓解一下苦瓜的寒性以及猪肉的腻，以免降火太过，过犹不及。在中国人心目中，汤汤水水才是最养人的，它比食物原料本身更有营养，你看广东的靓汤，它都是煲好汤后把其中的食物残渣去掉后才喝的。有些朋友可能不太理解，怎么把好东西都扔掉了？其实留下来的才是精华。所以我们把苦瓜、排骨、黄豆、生姜，这几种很普通的东西组合起来煲成汤，那就很不普通了，它既能温和地调降心火，还非常营养美味，老少皆宜，真是不可多得的好东西。

《黄帝内经》上说：“南方生热，热生火，火生苦，苦生心。”所以中医顺四时的养生理论强调“夏养心”，就是说夏季的养生重点是养心。因为夏天属火，人的心也属火，这样，暑气太重时人就容易出现心火上炎的毛病，而嘴巴里发苦就是心火上炎的一个典型表现，但它却往往不被人重视；包括现在人最爱得的口腔溃疡、舌头上长疮，都与心火过旺有关，而南方人也就比北方人更容易出现心火过旺的毛病。不过由于如今辛辣饮食风气的流行和生活压力、情绪紧张等原因，即使在北方，心火过旺也成了一个很普遍的现象。

因为心本来就属火，是阳中之阳，而我们平时吃的辣味火锅，以及像辣椒、花椒、葱姜蒜这些调料都是温热性的，如果长期大量地吃这些东西（现在我们很多人可不是每餐必用吗?），人的内脏就会生热，热多了则化火，这些火影响到心，就成了“煽风点火”，“火上浇油”。

那思想压力大、情绪紧张与心火旺又有什么关系呢？《黄帝内经》中讲："心藏神，主神志"。你思想压力大、情绪紧张可不就是一种过度的思维神志活动吗？时间一长就容易耗伤阴血，造成心血虚，心血一虚，阴阳失衡，心火也就烧起来了。

但不管是什么原因"点燃"的心火，我们都可以用"苦瓜排骨汤"来调节，使它恢复到一个正常的状态。

说苦瓜排骨汤是"灭火器"，其实并不是用它来"灭火"，而是通过它来把这个烧得太旺的火调小一点，调到最合适的程度。就像我们炒菜一样，得把燃气灶的开关调得恰到好处才行，火太大了不行，容易炒煳烧焦；火太小了也不行，炒不好炒不熟。心是属火的，心火太弱，那就会气血淤滞、手脚冰凉，但如果心火太旺，那人就容易"上火"。

适可而止，恰到好处，身亦然，心亦然，事事莫不亦然，这其实是我们中国文化的最高智慧，是阴阳平衡、中庸之道、和谐为美思想的融通点。我们要建设"和谐社会"，首先要让自己的身体先"和谐"起来，不要一会儿"闹火灾"，一会儿"闹冰灾"，只有每个人的身体先和谐了，社会才会更加和谐！

心主神明，心经是安心定神的"第一要道"

《养性延命录》上说："静以养神，动以练形，能动能静，可以长生。"用饮食和锻炼来养形，通过睡眠和静坐来养心调神，这就是中医的养生智慧。只要我们形体强健、心神恬淡，任何疾病都没有机会对我们下手。

一年大四季，一天小四季，不论是大四季还是小四季，中医都强调"夏季"（在一天当中当然就是午时了）要养心，这可以说是对心脏的特别关照，因为心是内脏之君主，皇帝的待遇当然和别人不一样，得伺候好了。

那养心的重点又是什么呢？养神也！你要是觉得说养神有点悬乎，

那么有一点最明显——如果我们中午睡会儿午觉，那么下午就不会像没睡觉那么哈欠连天的。

为什么会这样呢？因为心藏神，主神志活动，我们工作学习时都要用心用脑，要费神，而睡觉以及静坐等本身就是最好的养心养神方式，午时又是心经主时，是最好的养心养神时机，能起到一般时间睡觉所起不到的作用。这样，我们中午睡一个午觉把心神养好了，下午自然就不会那么困了。睡午觉是一种非常好的养神方法，但还有一种同样好的安心定神的方法，那就是调理心经。

手少阴心经是心的“直属单位”，是由心自己所主的一条经络。它从心脏出发，往上走，通过肩膀顺着胳膊一直到达手小指的指甲旁。心经是调理心脏气血，改善心脏功能的“第一要道”、最佳捷径。不管是心脏的功能变化，还是病理改变，可以说，有关心脏的一切问题，都可以从这条“道”上找到解决途径。当然，对于我们一般人来说，不可能把这条“道”的全程都走得那么熟，但我们应该掌握几个关键点，然后即可融会贯通，“以一当十”来用。这里我们要说的是心经的安心定神功能，也就是要通过心经来达到养心安神的目的，所以就要在心经上寻找这样的“关键点”。

那么心经上有没有这样的一个“关键点”呢？有！它就是心经的神门穴，相当于一个调节心神的“按钮”。神门穴在我们两手的手腕部，腕部内侧横纹下方的小窝里——手臂弯曲，掌面向上，手掌小鱼际靠手腕侧的角上有一个凸起的小圆骨，圆骨的后面稍下可以摸到一根筋，这根筋与腕横纹交点靠内的小窝就是。**我们可以把指甲剪平，用另一手的手指（食指、中指或无名指都行）来点揉，也可以用筷子头或笔帽点压它。每个穴位每次揉3～5分钟，每天两次，两侧的穴位都要按揉。**

如果可能的话，最好是在午时——每天中午睡午觉之前花上10来分钟，把两手的神门穴揉一揉，先把你的心神安定下来再睡觉。因为心神安定了，就能更快地入睡，睡得更好更香，把心神养得更好。

为什么按揉神门穴有促进午睡，提高午睡质量的效果呢？我们有些人可能有过这种感受，就是身心都很累的时候睡觉反倒睡不着，或是老

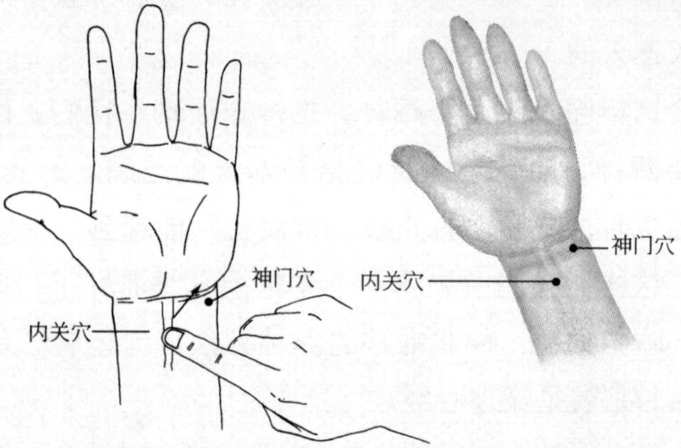

守好神门，养好心神，做“身心和谐”的健康人。

做梦，睡不好。这是因为你心神过度劳累，伤神了，心主神志的功能不正常了，所以该安定的时候安定不下来，睡觉也会睡不着、睡不好。心主神志的功能不正常除了可能引起失眠多梦外，还可能引起其他方面的“不良反应”，如健忘、烦躁不安、反应迟钝等。这些心神失常的症状其实就相当于西医的神经衰弱症（因为中国文化和中医把西医认为是大脑的功能归为心的功能范围，认为人的神志思维活动是在心的主导下，由心、脑共同完成的）。

俗话说，找对人，办对事。心经的神门穴是专管心神的。神门，就是心神出入之门，气血输注之处。既然是门，该开的时候就得打开，该关的时候就要关上，如果你心神失常了，心没有能力管好神志活动了，这个心神出入之门该开的时候开不了，该关的时候没关上，精神不能内守，就会出麻烦。那我们应该怎么办呢？就得修理它。“门”修好了，心神能正常出入了，相应的一些麻烦自然也就解决了，而刺激神门穴就是最好最简便的修理方法。

心经是阴经，而阴经的腧穴和原穴是同一个穴位，所以神门既是心经的腧穴，也是原穴。所谓腧穴，就是经络气血输注之地，一般位于关节附近，是疏经活络的特效穴，而原穴是脏腑元气经过和会聚之处，是调理脏腑气血的最佳途径。因此我们刺激神门就能达到一箭双雕的目的——既可以疏通心经，又能够调理心脏的气血，帮助心脏恢复正常的功能。心脏的功能恢复正常了，心神就能良好地工作，张弛有度，该活跃的时候活跃，该安静的时候安静。

当然，你如果能给“神门”配上一个“门闩”——心包经的内关穴（在两手腕内侧横纹上方 2 寸处，约两横指多一点，按准穴位的时候会比其他地方感觉敏感），那就更趋完美了。内关是心包经上的要穴，而心包就是心脏外边的一层“围墙”，相当于心脏的“贴身保镖”，这保镖强大了，主人自然就会更加安全和省心。同时，内关也是心包经的络穴，所谓“络”就是联络沟通的意思，它是八脉交会穴之一，与全身的多条经脉有直接联系，也是一个强心养神之宝穴。把它与神门合起来用，先按神门，再压内关（此穴可直接用手指点压，也可以用小按摩棒点揉，每次每穴刺激 3 分钟即可），强心调神无处其右。

心乃脏之君，神是人之本，而神又由心主导，所以养心即是养神，养神亦为养心。《黄帝内经》在谈到养生之总则时说了三句话：“虚邪贼风，避之有时；恬淡虚无，真气从之；精神内守，病安从来。”后面两句话其实都在强调养心养神的重要性，这就是中医养生所主张的神形兼顾，重在养神。它与现在媒体上报道的很多绝症病人在面临死亡的时候非常坦然平静，反而比健康的时候精神更加放松，最后绝症不治而愈的事例非常吻合，这其实就是精神的力量帮助身体战胜了病魔。

养神不难，重在心宽。生活其实本没有烦恼，烦恼都是人自找的，放下一分烦恼，心灵便轻松两分，心底无私则天地皆宽！学会放下，明白舍得，才会有所得！

附　午时经络锻炼：两“少”一极泉，守好神门是重点

手少阴心经，从胸走手，起始于心中，走出来属于心脏的系带（心脏与它脏器相连的脉络），向下穿过横膈，联络小肠。

上行的分支：从心脏的系带部分出，向上挟咽喉，经颈、面部，而与眼脑的脉络（目系）相联系。

直行的主干线：从心系（心脏的系带）上行至肺，往下出于腋下（极泉），沿上臂内侧后缘，走手太阴、手厥阴经之后（青灵），往下经肘

内（少海），沿前臂内侧后缘（灵道、通里、阴郄、神门），到掌后豌豆骨部进入手掌内侧（少府），出于小指桡侧的指甲角（少冲），接手太阳小肠经。

心脏作为人体的内脏之主，有心经和心包经两条经络保卫它。其中，心经的保养重点在于打通几个重点“关节”，也就是穴位。心经上穴位非常少，（一侧）总共只有 9 个穴位，这里重点关注 4 个，首穴极泉、肘部少海、腕部神门以及掌中少府。

极泉在腋窝的顶点，腋动脉搏动处。左手抓住右手胳膊上端——大拇指伸向腋窝，其它四指扣住胳膊，然后大拇指尖用力按揉穴位（注意事先要将指甲剪平，包括其它所有用手指点按穴位的方法都应注意这一点）3 分钟，然后换手，用右手大拇指按揉左侧穴位。平时多揉揉它，可以缓解情绪紧张、嘴巴发干、心烦口渴等心火过旺之症。此外，当发生胃痛、干呕、胳膊疼痛不能伸举，尤其是得上脑血栓后遗症，胳膊活动不自如的时候，这个穴位就更显灵了。

接下来是肘关节的少海穴。胳膊弯曲，少海穴在肘横纹内侧一头，肘尖里面一点，你一按感觉很特别的地方就是。此穴用大拇指尖按效果最好，左手大拇指按右胳膊上的穴位，右手大拇指按左胳膊上的穴位，每侧按 3 分钟即可。心经属火，而此穴是合穴，属水，所以此穴的最大功用就是水火相济，促心肾相交，心痛、健忘、失眠、狂躁、过分爱笑、手发颤、胳膊挛痛、牙龈肿痛（与大肠经的合谷穴同用），刺激此穴都能有效缓解，如果再配上三焦经的天井穴，则效果会更妙！

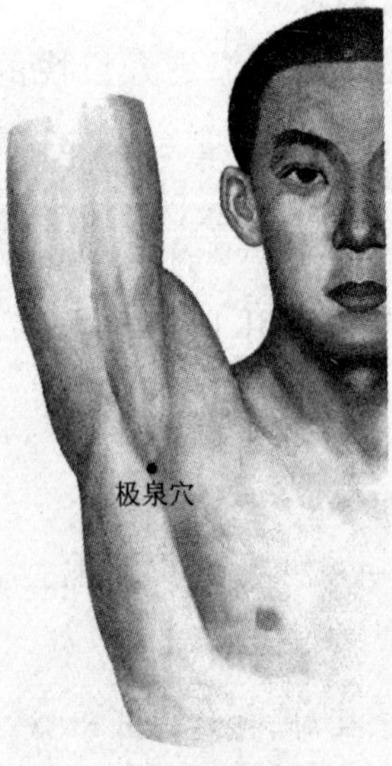

点揉极泉穴

心主神志，手腕上的神门穴是心神出入之门户，是心经的俞穴也是原穴，所以如果出现神经衰弱、失眠、健忘、受惊了、烦躁不安、怔忡等症，此穴为首选。当然，它的功能并非如此简单，心血管的问题，如高血压、心绞痛、冠心病患者平时也可以找它帮忙。此外，它还能帮忙解

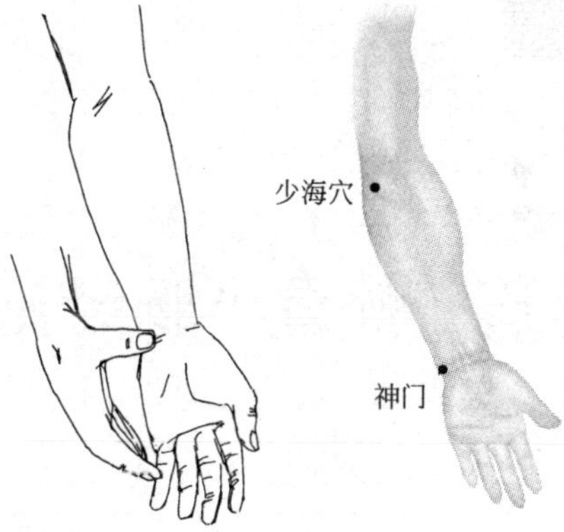

按揉神门穴

决消化系统的问题，如胃脘痛、没食欲、消化不好等，手腕痛也可以揉一揉它。此穴非常好找，在手腕内侧横纹的下方，豌豆骨后面的小窝里就是，但位置比较深，把指甲剪平了，用右手的大拇指尖稍微用点力掐按左手腕的穴位，然后两手互换，再用左手大拇指掐按右手上的穴位，每侧 3 分钟。

心经在手掌上还有一个很好用的少府穴，握拳，小指尖所指的地方就是。此穴可用另一只手的大拇指尖掐按，也可以用筷子头点按。它是一个专治杂毛病的穴位，心里烦闷、胸中胀痛、感觉吸不上气、手掌发热、手指伸卷不利、阴痒、阴痛、小便不利都可以点按少府穴来缓解！

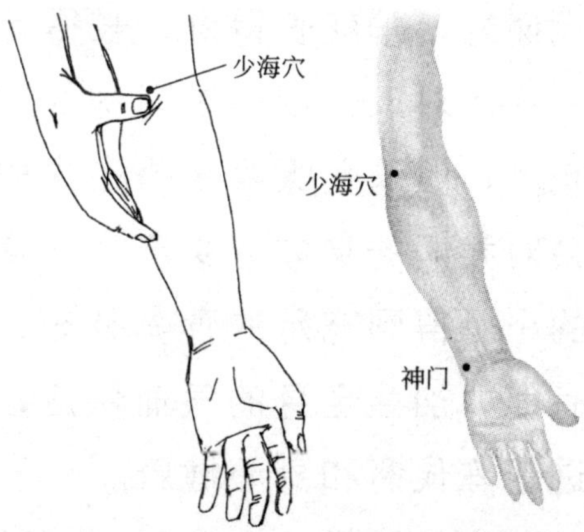

按揉少海穴

心经午时气血最旺，所以这 4 个穴位的最佳调养时间是在 11～13 点的午时，最好是在睡午觉之前，揉完穴位之后睡一觉，这样效果最好！

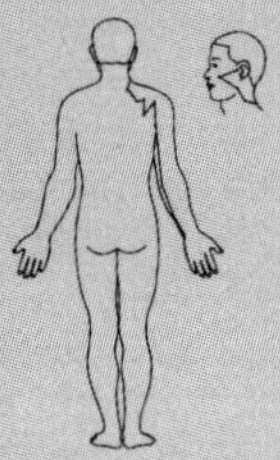

第八章

未时：

营养大调整，就看小肠经泌别清浊的功能有多强

未时——13：00～15：00——小肠经最旺

古代有一种说法，羊在日跌之时吃草。为什么呢？因为日跌之时是由小肠经“当班”主时的未时，而小肠是管消化吸收、泌别清浊的，羊此时吃草，消化吸收好，新陈代谢好，羊就长得好，长得壮。

而对人来说也是同样的道理，虽然我们午饭在午时就吃了，但消化吸收却是在未时进行的，这餐饭吃得好不好会对我们的身体健康产生非常深远的影响。因为只有我们的小肠得到充足的营养补充，小肠经的气血才会充足，才有能力加强全身的气血供应，强化与心经的沟通联系，促进新陈代谢和身心健康。

未时不是“未事”，小肠不是小事，身心健康无小事，行动应该从现在开始！

午餐吃饱也要吃好，这样才能让小肠经得到充足的营养供应

午时要养心经，未时要养小肠经。养心经的最好方法是午睡、静坐，而养小肠经的最好方法就是及时给它补足营养，保证它的气血供应，为我们身体的“边防部队”——膀胱经提供良好的“后勤”支持。

在众多专家和广大媒体的推荐宣传下，如今“早餐吃好，午餐吃饱，晚餐吃少”已经成为许多人坚持奉行的养生准则。的确，这是古往今来、国内国外人们健康经验的积累，它是比较科学合理的。但现在很多人对这句话有误解，误解了什么呢？就是中间的那句“午餐吃饱”。

我们通常以为，“午餐吃饱”就是要吃得比早上和晚上多一些，把肚子填满填饱就行。其实这里的“饱”并非此意，而是在“吃好”基础上的吃饱。也就是说，我们中午既要吃好又要吃饱，在数量上可以比早餐稍多，但质量上并不下降。可事实上，很多人表面上在坚持“午餐吃饱”的原则，但实际上却并没有真正做到“吃饱”，大多只是把肚子糊弄饱了，至于吃得好不好那就如人饮水，冷暖自知了。

现在，午餐糊弄肚子已经成了一种普遍的现象，不管是写字楼里时间比较紧张的工作人士，还是已经退休在家的中老年朋友，都存在这种情况。上班工作者大多是因为时间紧，就从家里带点饭，或是在单位附近草草吃点快餐应付一下，填饱肚子就行。而已经退休的中老年人，因为中午的时候儿孙都不在家吃饭，所以很多也是吃点儿馒头咸菜或剩菜剩饭了事，晚上再弄出一桌丰盛的晚餐来和孩子们一起吃。想想看，我们很多人是不是这么做的？

其实这样做对自身健康非常有害。姑且不说晚上吃多吃少的问题，就中午这一顿，它是我们一日三餐中具有战略地位的一顿饭，是最应该好好吃的一顿饭。首先，从最简单的角度来说，我们身体的气血经过了

一个上午的劳作和消耗，非常需要得到及时良好地补充，而整个下午的精力也都要靠中午这顿饭的能量来供应，中午这顿饭所“肩负的责任”由此可见一斑。

更重要的是，中午的这顿饭是我们的小肠经“当班时间”——下午1～3点之前吃的。前面说了，我们全身的经络就像一个大网，气血就在这个网络里川流不息，但在一天中的不同时间，最旺盛的气血流会到达不同的经络，午时心经气血最旺，接下来便是与其互为表里的小肠经，所以午饭应在中午的12点半吃最好。**而小肠的主要任务又是负责消化吸收，只有午饭吃好吃饱，小肠才有东西可吸收，处于最佳运行时机的小肠经才能得到足够的气血补充，从而发挥更好的作用。**

很多人可能都有这种体会，午餐要是随便打发的话，下午就会饿得很快，然后就无法集中精力了，工作和学习的效率也就随之大打折扣，这其实是气血不足的一种表现，因为中午该补充气血的时候我们没有好好补。还有一个原因，因为小肠经与心经相表里，小肠经气血不足了，直接就会影响到心经和心脏。而心藏神，主神志、思维活动，心经和心脏的气血一旦不足了，心主神志的功能就会不正常，人就不能集中精力地工作和学习了。饿得快，影响下午的工作和学习是小事，要是长此以往，气血不足必将造成体质虚弱，各种各样的毛病就会随之而来，头晕眼花、四肢无力、手脚冰凉、失眠多梦……现代人很多不都这样吗？

另一方面，午饭营养不够，小肠经气血不足，它的下一班——下午3～5点主时的膀胱经也会受到连累。膀胱经可是护卫我们全身的主要“边防部队”呀！你想一下，如果一个国家的军队很弱很落后，那这个国家能有太平盛世吗？谁想欺负就欺负，谁想侵犯就侵犯。同样，膀胱经一虚，整个身体就岌岌可危了，风寒暑湿燥火，什么病邪都敢来侵犯，身体能安稳吗？感冒发烧、头痛脑热等就会成为家常便饭。

所以，别看小小一个午餐，要是吃不好后患无穷。当然，这里说的吃好并不是说一定要吃大鱼大肉、山珍海味，而是说尽量吃得营养比较全面均衡一点，即主食、蔬菜、肉类互相搭配着吃，吃好又吃饱。就像我们的生活一样，只有充实一些，丰富多彩一些，人才不会觉得思想空虚，无聊乏味。而充实的、丰富多彩的生活又能使我们的人生更有动力，更富乐趣。

“热心肠”其实是小肠经阳气旺盛，“心肠”热

生活处处有中医，生活处处皆养生。养生如帮助别人，它不仅可以快乐自己，更能健康自己，因为善能生阳，阳气足则精气神足，则脏腑功能好，身体自然倍儿棒！

邻居张大妈，是小区里的“积极分子”，是个典型的“热心肠”。小区里有个什么活动，她总是带头张罗；平时经常帮行动不方便的老人买菜买饭，帮别人家工作忙的父母接送孩子；谁家有事需要帮忙，她都自告奋勇。张大妈今年已经60多岁了，可做起事来，依然风风火火的，没有一点年老体衰的样子。其实，她的好身体和她的“热心肠”是分不开的，换句话说，正是因为她有乐于助人的好心肠才让她的身心如此健康。

那为什么我们把为善、做善事儿的人称为“热心肠”呢？

中国文化和中医是一脉相承的，把为善、做善事儿的人称作“热心肠”，这其实有它的中医医理在里头。人体有两个脏腑必须时刻保持较高的温度，那就是小肠和心。因为心要鼓动气血，小肠要消化食物，温度太低，它们就没法工作。温度高用我们平时的话来说就是“热”，也就是说，心肠（心和小肠）本来就“热”。

道家讲“善能生阳”，就是说善良、为善能增强人体的阳气，就跟“动则生阳”——运动能增强人体的阳气是一个道理。我们的小肠属阳（腑属阳），心虽然属阴（脏属阴），但心属火，又位于上焦，所以心是“阳中之阳”。由此可见，心肠（包括大肠）都是阳。本身是阳了，又加上做善事“生阳”，那人的阳气不就更足了吗？并且在经络上，心经和小肠经相表里，它俩可以互相作用，互相影响，互相“温暖”。这样，心和小肠的温度不就更高了吗？

阳气是什么呢？简单理解，阳气就是太阳，就是阳光，就是温度。所以，爱做善事，喜欢帮助别人的人就被我们形象地称为“热心肠”。我们平时说的热情、热心，以及相反的冷漠、“冷血动物”，它们的中医道理都在这里面。

“热心肠”与身体好又有什么关系呢？因为热心肠的人阳气足。而阳气是维持生命、维护身心健康最重要的东西。《黄帝内经》中讲，阴平阳秘、阴阳和谐平衡是人体最健康的状态。可现在由于睡眠不足、经常熬夜、滥用空调等原因，除了刚生下来的小孩儿外，大部分人普遍都处于阳虚的状态，所以补阳是我们养生的首要任务。**阳气充足了，气血顺畅了，脏腑的功能就会更好，人的健康状况自然也会更好。**

对老年人来说，补阳气更为重要。因为阳气是会随着人年龄的增长、人体的衰老而下降的，老年人最缺的就是阳气，而张大妈做善事就是在不断地补充自身的阳气，她的身体能不好吗？中国有个词儿叫“心宽体胖”，心宽了，心善了，脏腑的功能好了，气血的损耗少了，身体不用整天把气血“拆了东墙补西墙”，而是把这部分能量用来搞自身的“基础设施建设”，可不就长胖了吗？**但你不用担心，这个“胖”不是那种病理性的“肥胖”，不是身体里有垃圾排不出去，而是身体的肌肉会长得比较结实健壮。**

帮助别人，快乐自己。助人者其实是在自助。很多时候，快乐和幸福离我们只有一层纸的距离，但对许多人来说，却犹如攀登珠穆朗玛峰。如果我们都能在必要的时候多伸一下手，多弯一下腰，多走几步路，就等于是越过了自己的“心灵珠峰”！

工作累了，在桌边蹭蹭手掌就可以消除颈肩酸痛

我们常说“药到病除”，其实最好的药就是身体自带的药——经络穴位，所以我们同样可以做到“手到病除”，并且对我们非医药专业的普通大众来说，这个“手到病除”更容易实现！

俗话说，一日之计在于晨。就是说人精力最好的时候是在经过一夜休息，阳气旺盛增长的早上，到中午以后，人的精力状况总体上就相对地处于一个下降的阶段。在实际生活中，我们每个人也都有这样的感受，如果头一天晚上睡得不错，那么第二天上午的精神状态就会非常好，一般不会出现打哈欠、走神的情况。但吃过午饭以后，精神状态就开始走下坡路，特别是下午的两三点钟，即便是中午睡了午觉，整个精力状况也不及早上，并且常常会感到工作很累，全身困乏。尤其对长期使用电脑或是长时间伏案工作的朋友来说，这时候最爱出现脖子、肩膀酸痛，胳膊沉重没劲儿的状况。

那为什么颈肩和胳膊在这时候会这么敏感，感觉这么强烈呢？

因为按照中医的经络气血循行理论，下午的1～3点是小肠经当班主时，在这段时间里小肠经的气血最为充足。而小肠经的行走路线刚好是沿着手臂经过肩膀，交会于督脉的大椎穴，主线继续往下走，而支脉则沿着脖颈，往上到达面部。在下午1～3点的时候，强大的气血流就开始冲撞小肠经这条线。“痛则不通”，长时间伏案工作、使用电脑的人，难免胳膊、颈肩这些部位会有气血淤阻的现象，这样，当强大的气血流冲撞到有淤阻的地方时，就会出现酸痛的感觉。

这其实是一种好现象，因为它说明你经络里的气血还比较足，有力量去冲撞、疏通淤阻的地方。如果气血已经非常虚弱无力了的话，那么问题可能就不是这么简单了。虽然这是好现象，但它给我们的感觉毕竟是酸痛，是不舒服，甚至会影响我们的工作，那怎么办好呢？

既然气血是在做好事，那我们就不应该吃药止痛去阻止它，否则我们就是在做坏事；相反，我们这时候应该及时地助它一臂之力，帮助它把经络中淤滞的地方疏通，使气血更加顺畅。这就好比是交通警察，遇到有人不遵守交通规则造成了交通堵塞，这时候最应该做的不是去惩罚肇事者，而是应先疏导交通，以免造成更严重的堵塞，疏而不堵，这才是上上之策。

那我们怎样来帮助气血疏通经络呢？当然是在最需要的时候提供最需要的帮助——打开小肠经的“阀门开关”，与气血协同作战，共同战胜困难。“阀门”就在我们的手上——小肠经的后溪穴。有人可能会说了，是不是又要搞什么按摩呀、艾灸呀？这些方法当然很好，但我们有一个更简单的方法可以“打开”它。

你可以坐在办公桌前的椅子上不动，只需伸出两手就行，可以两只手交换着来，也可以两手同时进行。伸开手掌，可以看见我们通常所说的三条线，生命线、智慧线和感情线，后溪穴就在感情线的末端。**将感情线对准桌子沿，然后手掌立起，以手为刀，做切菜状，此时手与桌沿接触的地方就是后溪穴，你可以沿着桌沿左右滑动手掌或上下做切菜的动作来刺激它，每只手做 50 下，如果有酸痛感则效果会更好。**

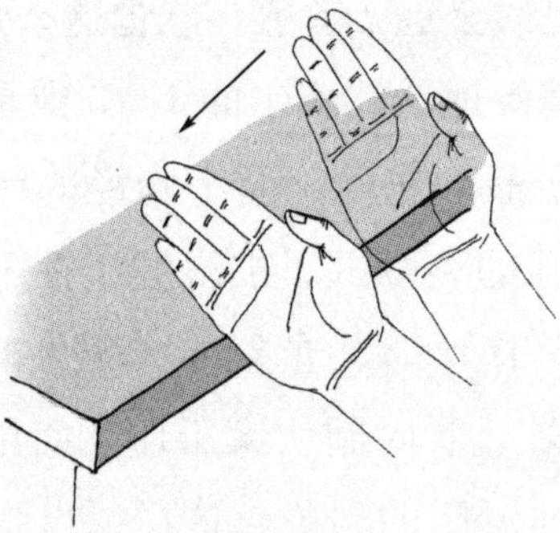

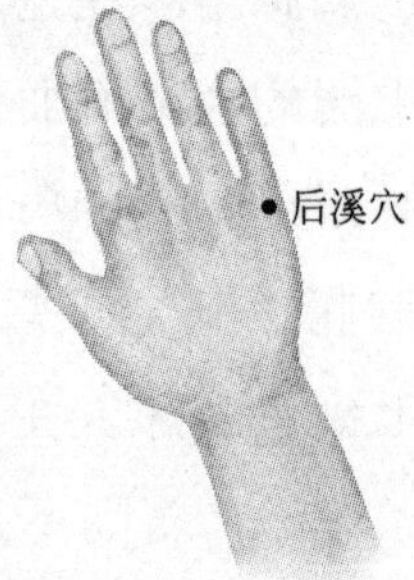

工作累了、颈肩酸痛的时候“切切菜”就能缓解。

平时按摩这个穴位可能发现不了它的威力，而当你感觉到有症状时去刺激它，会发现原来这是个深藏不露的“卧虎藏龙”之地，能收到非常神奇的效果。后溪穴是手太阳小肠经五输穴中的腧穴，所谓腧穴就是经气输注之处，多分布在手足关节附近，此类穴位最大的功用就是疏经通络、活血止痛，什么关节酸痛、身体沉重对它来说都是小菜一碟。更重要的是它还是八脉交会穴之一，除了直通“阳气之海”——督脉外，还与身体的多条经脉有联系，所以不仅它的疏经活血功效非同一般，还具有非常好的提升阳气的作用。“气为血之帅，气行则血行，气足则血畅”，阳气上来了，淤阻的地方就会不攻自通。

并且，在用这个方法刺激后溪穴的时候，你还可以做一些耸肩缩脖、摇头晃脑、旋扭脖子等活动肩部和头颈部的动作。小肠经是阳经，静则生阴，因为你坐得时间太长，缺少必要的活动，阴气占了上风，所以气血才会淤滞；而动则生阳，你这一活动，内外合力，阳气增强、阴阳平衡了，肩颈部的经络就能更快地被疏通。“通则不痛”，这样，不仅酸痛的感觉很快消失，还避免了可能酿成的各种严重后患。

其实，这个方法不仅适用于因为工作劳累引起的颈肩痛，像因为长时间使用电脑造成的“鼠标手”，中老年人的腰背痛，胳膊发僵、没劲儿，都可以用它来调理，不但方法非常简便易行，而且效果非常灵验，还能提升老年人的“养命丹”——阳气。而整个小肠经的气血通畅了，还能够改善小肠的功能，有效缓解老年人消化吸收能力差的问题。

另一方面，小肠经与心经相表里，心藏神，主神志，当我们工作累了的时候，刺激一下小肠经上的穴位，活动一下小肠经走过的部位，可以很好地改善心脏的气血供应状况，增强心主神志的功能，我们的精力就会更加旺盛，工作学习的效率自然会更高。而对老年人来说，增强心神不仅能够有效缓解头晕眼花、失眠健忘等心血虚弱不足的反应，还能预防老年痴呆症、心脑血管疾病等恶疾。

小小一招，法力无边，灵丹妙药，随手可得。就像我们学习知识、寻求创意、谋取财富一样，其实这些东西遍地皆是，但关键是你要有一双善于发现的慧眼，一颗不仅会跳还会行动的“决心”！

下午两三点脸红心跳病在心，但要从小肠经来治

症状表现于脸，病因发源于心，调治时“下手”于小肠经，这就是中医的辨证论治，治病求本。

有一次，一家单位请我去做健康讲座。讲座完毕之后，一位 40 多岁的女士向我咨询，说自己经常在下午两三点钟的时候感觉胸闷心慌、脸红心跳、脸部发烧，但去好几家大医院都查不出原因，想知道这是为什么？我告诉她，这可能是心脏的功能有些异常，医院的仪器之所以检查不出来，是因为你现在只有症，还没有发展成病。仪器只能抓“证据”，

只认识最终的“结果”和指标，但你现在只是一些很早期的症状，只能感觉到，它抓不住“证据”，也找不到脏器上有什么实际的“结果”或指标，所以就检查不出来。这其实是一种很常见的症状，许多人身上可能都曾出现过，自己稍微调理一下就好了。

于是我教给她一个调治的方法，那就是刺激小肠经上的两个要穴——后溪和前谷。

后溪和前谷是小肠经上前后相邻的两个穴位。后溪穴在两手感情线的末端，手掌的白色皮肤和手背的黄色皮肤的交界处；顺着小肠经的这条线再往前（小指方向）一点，在尺骨茎突与三角骨之间的小窝里就是前谷穴了，找的时候可以把手微握拳，在小指掌指关节横纹外侧端就是，与后溪穴平行。**这两个穴位的位置比较特殊，都在手掌的“侧棱”上，可以采用我们上文中介绍的“切菜式”来刺激它，也可以用筷子头或是笔帽点按，每次每个穴位50下，两手上的穴位都要刺激，每天1～2次，其中1次必须在症状发作时的下午两三点钟。因为这个时间正是小肠经气血最旺、功能最好的时候，所以治疗的效果也最好。一般连续治疗一周以上情况就会得到明显的缓解。**

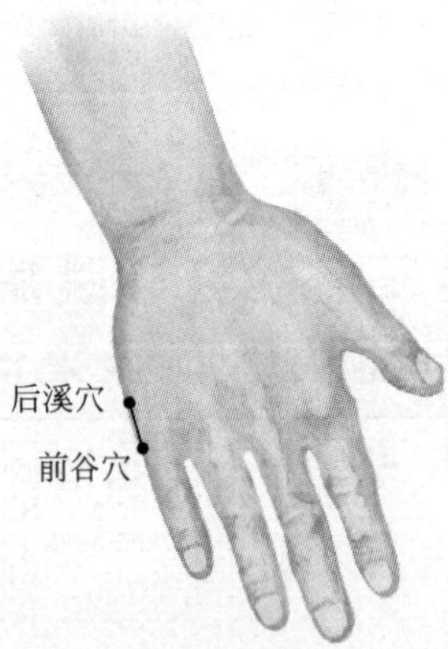

“前后”联合，“溪谷”汇聚，心火怎能不消去。

为什么要用小肠经上的这两个穴位呢？要回答这个问题，先得说说这一到下午两三点钟就胸闷心慌、脸红心跳的原因。上面我说这是心脏功能的问题，那具体是什么问题呢？其实也是心火过旺的一类表现。

心在五行中属火，位居上焦，为“阳中之阳”，中医称它为“火脏”。心主血脉，血脉上荣于面，所以《黄帝内经·素问》中说“心之华在面”。我们平时只要看一个人脸上的气色好不好，就知道他的身体好不好，这是很有道理的。因为一个人脸上的气色反映的是他身体的气血情况（心主血），他心气的盛衰情况。如果气血充盈，心气充沛，脸上就会红润而富有光泽；相反，要是气血亏虚，心气不足，面色就会苍白黯淡。像上面这位女士，脸上偶然性地发红、发烧，那就是心火烧得太过了。心属火，没有火不行，但过犹不及，心火烧太大也不行，心火太大脸上就会异常地发红，下午两三点脸色发红就是心火亢盛，以致上行外散的一个表现。而且她还伴有胸闷心慌、心跳加快的症状，这当然也是心的问题。

但“心乃五脏之君主”，皇帝犯错误你不能直说，你得想办法来纠正，同样，心有病不能治心，而要从心包经和小肠经论治。另一方面，小肠经与心经相表里，里就是阴，表就是阳，阴出了问题，阳也会出问题，反之亦然。因此，心脏的病最初往往会通过小肠经表现出来，而从小肠经表现出来的心病也可以从小肠经把它治回去。下午两三点是未时，小肠经当班，这时候出现的心病，我们就让小肠经来解决。

而小肠经上的“后溪”和“前谷”是两个非常重要的五输穴（所谓五输穴，就是指十二正经在四肢上位于肘膝关节以下的五个重点穴位）。《黄帝内经·灵枢》上说：“病变于色者，取之荥；病时间时甚者，取之腧。”意思是说，疾病出现面色的变化，治疗时就选取五输穴中的荥穴；疾病时轻时重，治疗时就选取五输穴中的腧穴。而前谷正是小肠经的荥穴，后溪正是小肠经的腧穴。同时，“荥主身热”，心火过旺，脸上发烧发红当属热病，是其职责所在；而腧穴的特长在于疏经活血，且善治五脏六腑之病。这样，我们在降火、调理心脏功能的同时疏经通络以引火下行，把多余的心火转移到小肠，然后通过小便排出体外，可谓是标本兼治、防患于未然的绝佳妙法。

《黄帝内经》上说：“是故圣人不治已病治未病；不治已乱治未乱……夫病已成而后药之，乱已成而后治之，譬犹渴而穿井，斗而铸锥，不亦晚呼！”隐患险于明火，防范胜于救灾。对于机会来说，充足的准备是最重要的；对于问题来说，积极地预防是最英明的。因为这其实是在用最小的成本，争取最大的价值。

孝敬父母的最好礼物——养老穴

健康靠自己，这个自己不仅是自己的行动，还有自己身上的养生护命法宝——穴位。孩子身上有适合孩子的灵丹妙药，老人身上有适合老人的宝穴神药，每个人都能从自己身上找到适合自己的健康之宝！

现在的儿女们都非常孝顺，想方设法让自己的父母晚年过得好一些，给他们提供最优越的物质条件，吃的、喝的、穿的、住的、玩的都是他们以前不敢想象的。可是很多老人却过得一点也不开心，甚至不如原先在平房小院吃粗茶淡饭畅快。原因在哪里呢？

因为老人不能做自己想做的事情，不能说自己想说的话，生活上要听从儿女的安排，就像“身在屋檐下”；行动上要受到防盗门的“束缚”，有点被“软禁”的感觉。整天这个样子，老人能过得开心吗？其实老人最需要的不是吃多好，穿多好，玩儿多潇洒，名利也对他们没有意义，他们最需要的不是享受，而是开心自在、平安健康的简单生活。所以我们孝敬老人，不是要让他们过多么奢侈的生活，而是用最简单的办法，帮助他们过得更加健康自在。

什么方法具有这样的优势呢？那就是经络穴位保养法。老人自己的身体上尽是灵丹妙药——穴位，我们所要做的，就是告诉他们这些灵丹妙药该怎么用，什么情况下该用什么“药”。这样，他们自己就可以给自己“养老”了！

既然是养老，那就不能错过老天爷专门为老人配备的一个养生护命“法宝”——养老穴。养老穴，顾名思义，就是专门针对老年病的穴位，老花眼，失眠健忘，消化功能不好，肩、背、肘、臂酸痛以及其他各种因气血不足引起的病症。可以说，没有哪个老人不需要它，因为它的功能实在是太强大、太适合老年人了。

养老穴在手腕的背面，掌心向下，用另一手的食指按在手腕背部外侧的高骨点（尺骨茎突）上，然后旋转手腕，掌心朝向胸部，另一手的食指会自动滑落到刚才所按的高骨点旁边的小窝里，这就是养老穴。每天一到两次，每次每个穴位3分钟，就用手指按揉它就可以。那一天中的什么时间刺激它最好呢？当然是未时，也就是下午的13～15点，因为未时是小肠经主时，这段时间它的气血最旺，功能最好，因而治疗的效果也更好！

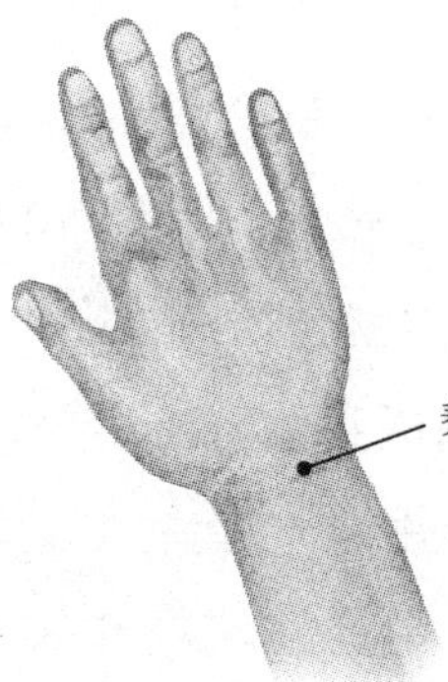

养老穴是上天专门针对老年人的健康特点配置的身体调节器。

养老穴是小肠经上的一个要穴——郄穴。所谓郄穴，就是经脉循行到四肢部位间隙处的穴位，郄就是孔隙、缝隙的意思。每条经脉上只有一个郄穴，它是经脉之气会聚的地方，最善于治理本经及其所属脏腑的急病和重病。小肠是人体消化吸收营养物质的重要脏器。而中医讲“脾胃是气血生化之源”，但脾胃所生化的气血原料能不能有效地被身体吸收利用，这得看小肠的表现。如果小肠功能良好，那么泌别清浊的能力就好，食物中的营养精华会被吸收，糟粕垃圾能及时排出体外，则人体气血充足，新陈代谢正常，健康自然是没话说。

就像机器长期使用会磨损和老化一样，随着年龄的增长，人体的脏器也会逐渐衰老，功能随之下降。而老年人健康问题的根源之一就是气血不足，因为他们的脾胃和小肠已经老化，功能大幅度下降，这样，气血生化本来就不足，再加上吸收不好，整个身体的健康状况自然是大打折扣了，你说能不气血虚弱吗？

这气血一虚，各种各样的毛病就跟着来了，头晕眼花、失眠健忘、腿脚无力、精神不振……“正气存内，邪不可干；邪之所凑，其气必虚”，身体里面气血虚了，人的抵抗能力就会下降，各类外邪必然会乘虚而入，所以老年人就成了外邪侵犯的高危人群，感冒、风湿、暑热等会经常来骚扰。而我们刺激小肠经上的养老穴，就可以改善和调理小肠的功能，促进老年人对饮食中营养物质的消化吸收，增加身体的气血供应。这样，身体的气血供应相对充盈了，脏腑的功能就会得到增强，人的精气神就会更好，因为气血不足引起的那些毛病自然也就没了。而身体的气血供应跟上了，抗御外邪的能力就会得到增强，那些什么风寒、风湿、暑热之类的外敌，也就不敢轻易来犯。就像军队一样，粮草供应充足了，后勤支持跟上了，军队的战斗力就会增强。

小肠功能老化了，不仅会造成身体气血不足，还会导致另一个问题——排泄障碍。因为小肠的主要作用之一就是泌别清浊，所谓泌别清浊，就是把有用的营养精微物质和没用的残渣糟粕进行整理后分开。然后吸收掉有用的部分，把没用的垃圾转移到大肠，多余的水分转移到膀胱，最后排出体外。

如果小肠的功能太差，不能有效地泌别清浊，把有用的和没用的东西分不清，垃圾和废水分不清，该吸收的不能很好地吸收，都混在一起往大肠走，就会造成便溏腹泻等麻烦。小肠的这个作用有点像我们做饭时的择菜过程，要先把有用的好菜挑选整理出来，准备烧炒食用，而没用的废菜叶子则会丢进垃圾桶倒掉。如果你没有认真地进行挑选，好菜和烂叶子分不开，最后只好统统扔掉。老年人，稍微吃点儿不合适的东西，或是受点寒，非常容易拉肚子，年轻人为什么不会，原因就在这里。我们通过刺激养老穴改善了小肠的功能，它能正常地泌别清浊，老人容易拉肚子的情况就会大大缓解。

至于肘、臂、颈、肩、背酸麻疼痛这类在小肠经“前进道路”上的小毛病，对养老穴来说更是不在话下。通则不痛，痛则不通，这些部位的酸痛要么是因为气血淤滞，要么是由于外邪入侵，气血淤滞了它可以疏经活血，外邪入侵它可以增强气血，扶正祛邪。总之，这些毛病都能被它轻松化解。

此外，小肠经与心经相表里，所以刺激养老穴不仅可以调理小肠经的气血状况，还可以促进心经的气血运行，改善心脏的功能，真可谓是一举多得！而心主血脉，心脏的功能好了，老年人最大的健康威胁——心血管疾病的危险性就会小很多；心藏神，主神志活动，老年人健忘失眠、精神不振、思路不清，这都与心主神志的功能下降有关，心主神志的功能增强了，这类毛病也会少很多。

养老穴或许并不是人身上最重要、最有名的穴位，但它却是最适合的老年人的，是我们送给父母最好的礼物。有句话说得好，最好的不一定是最适合的，最适合的才是最好的。对我们来说，什么事情不是如此呢？希望大家都能做出适合自己的选择，找到适合自己的东西！

附　未时经络锻炼：每天摆臂100次，小肠经气血最顺畅

小肠经与心经相表里，小肠经为手太阳经脉，从手走头，起始于小指尖外侧指甲角（少泽），沿手背尺侧（前谷、后溪），过腕部（腕骨、阳谷），出尺骨小头部（养老），直上沿尺骨下边（支正），出于肘内侧当肱骨内上髁和尺骨鹰嘴之间（小海），往上沿上臂外侧后缘出肩关节后面（肩贞、臑俞），绕行肩胛（天宗、秉风、曲垣），交会于大椎穴，往前经过锁骨上窝进入胸腔，联络心，沿食管，穿过横膈，到达胃部，再往下，属于小肠。

上行的支脉：从缺盆沿着颈部向上到达面颊，上至外眼角，再折入耳中（听宫穴）。

面部分支：从面颊部分出，斜行向眼眶下缘，直达鼻根进入内眼角（睛明穴），接足太阳膀胱经。

小肠经是手太阳经，行走在我们两手胳膊的外侧，往上直到肩关节的后面。对于小肠经的锻炼，有一个非常简单的办法，就是“纵横摆臂

法”。或是在家，或是在公园里，选择一个比较清静的地方，身体站立，全身放松，两脚与肩同宽，两眼平视前方，然后两臂同时前后摆动，速度不必太快，以 5 秒钟一个“回合”为宜，但幅度要稍大一点，让整个手臂、肩关节这条小肠经的循行线都得到充分的活动，真正打通经络，促进整个手臂的气血循流。其实，这个方法锻炼的不仅仅是小肠经，而是所有行走在手臂上的经络，它的作用自然也会更为丰富强大！

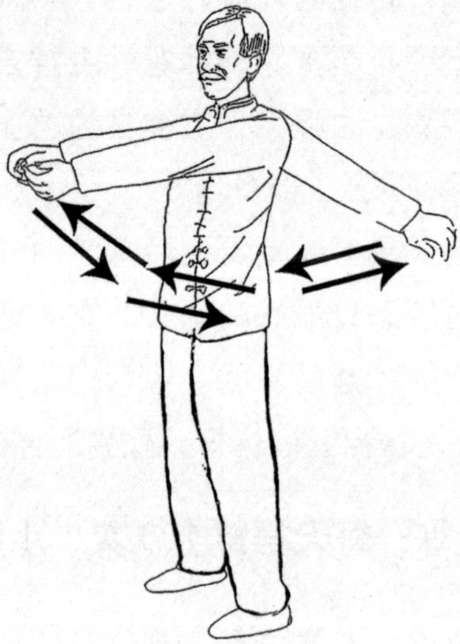

站立摆臂的动作

此法每天 1 次，每次以手臂前后摆动 100 下为量，熟练者可以适当增加次数，但以自己感到舒适为准，最好是在小肠经气血最旺的未时（下午的 1～3 点）进行锻炼，这样效果最佳！小肠经畅通了，你的消化吸收功能就会更强，气血的生化就会更足，得肠胃疾病、便秘腹泻的概率就会大大降低；同时，小肠经与心经相表里，小肠经外面的问题解决好了，气血旺盛了，里面的心经——心脏的防线就会更为坚固！

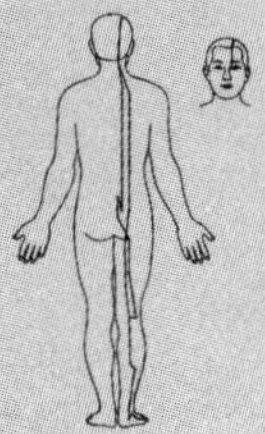

第九章

申时：

多喝水，膀胱经才能持久地保持青春活力

申时——15：00～17：00——膀胱经最旺

对我们来说，每天有两段时间最为宝贵，一个是朝阳初升之时，一个是夕阳西下之际，这两段时间人的精力最为旺盛，思维敏捷，四肢灵活，既是工作学习的良辰吉时，也是活动身体的绝佳时机。可以说，一个人的身体好不好，精气神足不足，主要就看这两个时间的表现。尤其是由猴子所代表的从15点到17点的申时，如果这段时间你“人困马乏”，筋疲力尽，那就赶快出去活动活动，振奋精神，提升阳气。

申时人体还有一个重要的任务，就是新陈代谢，这段时间是身体的一个代谢高峰。因为此时是由膀胱经“当班”，而膀胱是人体日常的主要废物排泄通道，就是装、泄废水的。如果这时候能多喝点水冲一冲身体的这个“下水管道”，那就能有效预防管道生锈、拥堵等麻烦事儿的发生！

多喝水促进尿液排泄，让膀胱“津液之府”实至名归

“问渠哪得清如许，为有源头活水来。”要想保持我们身体的健康，就不能让垃圾废物在里面蓄积捣乱，而要想让身体里的废物垃圾能及时地排出体外，那就要保持“污水管道”的通畅，最简单的办法就是要适当地多喝水，因为我们所喝的水就是“源头活水”。

多喝水，这是现在非常流行的一个保健方法，可谓是“妇孺皆知”，因为各种媒体和讲座上经常会有养生专家们提出这样的建议：我们每个人一天至少要喝多少杯或多少毫升的水。为什么要多喝水呢？用现在比较时髦的话说就是可以稀释血液，有利于排毒。

我们知道，在地球上，70%的是海洋，30%的是陆地。天人相应，在人体中，水也约占每个人体重的70%以上。在人身上，除了头发和指甲的水分含量非常少之外，没有哪个地方是不含水分的，包括骨头里面，说得夸张一点，整个人就是一个装水的特殊容器。而以水为主的尿液正是我们身体代谢废物的最主要通道，所以说适当多喝水的确是一种非常健康又简单的保健方法，可以促进我们身体里面各种垃圾的排出。

而说到尿液的排泄，那我们就不得不说膀胱，因为膀胱是我们人体的“污水池”、“污水管道”，人体里的绝大部分污水都得通过膀胱来排泄。《素问·灵兰秘典论》中说：“膀胱者，州都之官，津液藏焉，气化则能出矣。”这里的“津液”其实就是尿液，尿液储存在膀胱里，然后在肾和膀胱的气化作用下被排出体外。

流水不腐，户枢不蠹。你喝的水多了，在满足身体的需求之后，多余的水就能载着身体里的垃圾更快地下输到膀胱，然后被排出去。这样，身体的整个代谢过程就会进行得更快一些，就能避免身体里面废物大量堆积，造成很多的后患。这就好比是一条河，如果河道里的水流量很大，一有废物就会立即被冲走，它就不可能发腐变臭，特别是夏天的时候，下场

大雨河里涨一次水，河道里的什么垃圾污垢就被清理得干干净净了。

人体也是一样的道理，我们除了平时应该适当多喝水，时刻保持膀胱这个污水管道的畅通，促进体内垃圾的及时排泄之外，还应该注意每天进行一次管道清理，防止废水中的污垢停积在管道壁上“生锈”。可身体不像夏天的天气一样，会自动下雨涨水，那我们该怎样才能给身体“下雨”呢？就得多喝水，我们多喝水就等于是在给身体下雨。那这个雨什么时候下最好呢？时机的选择非常重要。**膀胱的问题当然得在膀胱经当班坐镇的时候来解决，下午的15点到17点是申时，正值膀胱经“当班”主时。所以这个时候适当多喝水，就相当于给身体下雨。身体下雨了，膀胱里面就会“涨水”，排尿量增加，这样大水一冲，身体里面的污泥垃圾就被清理干净了。**

如果你能坚持在每天的这个时候都给自己的身体“下一场雨”，让膀胱“涨一次水”，那么你的肾脏、肝脏和膀胱的工作都会轻松许多，得肾脏病和膀胱病的可能性也会大大下降。因为身体里头没有那么多的垃圾了，肾脏和肝脏的负担就小了，它们就有更多的精力来调理和保护自己。

对膀胱自己来说就更是如此，如果每天喝水太少，那尿液的“污染浓度”就非常高，排出来又黄又臭，就像那些污染很严重的污水一样，非常脏。长期如此，尿液里的垃圾就会出现一些遗留、堆积现象，造成膀胱发炎、排尿不顺畅、尿道长结石等麻烦。道理很简单，尿路就好比是河道，如果一条河流连续几年夏天都不下大雨，不涨水，那河道必然会越来越小，垃圾泥沙堆积成山，就可能发生阻塞。

但我这里要提醒大家，在给身体“下雨”的时候要下“干净的雨”，一定不要下“酸雨”。什么意思呢？就是说我们喝水应该以单纯的白开水为主，或是淡茶水（少放一点茶叶），千万不要把各种饮料、啤酒、牛奶等当开水喝，只有白开水和淡茶水（但如果已经发生了尿路结石等问题，那就只能喝白开水，不要喝茶水了，因为茶水可能导致病情加重）才是最好的“膀胱清洗剂”，其他的东西可能表面上看起来具有一定的利尿作用，实际上是在给肾脏、膀胱增加负担。

除了平时我们要养成良好的习惯，适当多喝水以保持膀胱的清洁之外，我们还应学习一点基本的“保养维修技巧”，对于一些最常见的毛病要知道如何去处理。比如有的朋友可能会遇到这样的问题，就是在做完比较大的体力活动（比如爬山）、天气干燥或是饮水很少的时候，会出现尿液黄臭、小便时有烧灼感等“上火”症状。很多人遇到这种情况的时候就去买下火药吃，其实大可不必。你可以去中药店买上一二两的鱼腥草，每次取20～30克用清水洗一下放进小锅里，加水500毫升左右，大火烧开后改用小火煮个10分钟，然后倒出来（去渣）晾至不烫就可以喝了。如果你嫌没味儿，可以适当加一点白糖或蜂蜜调味，这就成了清凉美味的鱼腥草茶。喝上两杯之后，两三个小时工夫，你就能享受通泰酣畅的小便之旅了。

鱼腥草是个好东西，中医认为它味辛性微寒，具有极好的清热解毒、利尿通淋功效，是药食两用之佳品。中医的很多上火症状，在西医里就是炎症，而鱼腥草被称为“天然抗生素”，所以不论是从中医还是西医的角度来说，鱼腥草茶都是一款善待膀胱的最好礼物。

就像我们的身体有时候会上火，有时候会感冒一样，我们的生活也不可能永远都是风平浪静的，有时候会波涛翻滚，有时候会暗流涌动，那如何才能保持内心的平和与安静呢？这就需要我们适时地给自己准备一杯平抑心情、滋养心灵的“鱼腥草茶”！

申时阳气沉降，是用泻下法治疗中下焦脏器疾病最为有利的时间

治病如治水，宜疏不宜堵。中医与西医的根本区别就是疏与堵的区别，中医的治病之策是以疏为主，这与中国的传统文化是一脉相承的，而西医则是以堵为纲，解决问题的效果就差一些。

现在大家对中医养生很感兴趣，但总觉得“阴阳五行”的理论太过玄奥，难以理解。比如中医常说天人相应，阴消阳长，很多人就不知道“阴消阳长”是什么意思。其实，人体阴阳之气的升降就像我们平时爬山

一样，总是先从山脚下往上，到达山顶待会儿之后就得转而下行。如果我们把人体的上中下三焦分别比作山顶、山腰和山脚的话，那么从午时开始，阴气从下焦开始往上走，阳气从上焦转而向下；到未时的时候，阳气已完全离开上焦，到达中焦。虽然俗话说“上山容易下山难”，但上山总是越来越慢，下山则是越来越快，所以再经过未时两个小时的下行，到申时（15～17 点）的时候，阳气已经到达下焦，按照中医升降沉浮的理论，此时的阳气呈现一派沉降之势。

中医治病讲究因势利导，顺势而为，同气相求，换句话说就是采用疏导之策，而非筑堵之法。所以对于那些中下焦脏腑功能不佳或是患有中下焦病症的朋友来说，申时，也就是阳气沉降之时，就是一个非常好的调理时机，可以顺势而为，来改善这些脏腑的功能，治疗相应的病变症候。

按照人体经络气血的循环流注规律和脏腑功能的昼夜盛衰变化，阳气沉降之时是下焦脏腑排泄体内各种垃圾废物的最佳时机。我们中下焦的脏腑，如肾、大小肠、膀胱都是人体主要的代谢器官，从申时开始，由于阳气沉降，它们随其而降——向下传导的功能增强，人体的代谢也会随之加快，要是身体有排泄不畅等方面的毛病，此时采用“泻下法”进行调理，必然事半功倍。

申时是膀胱经主时，而膀胱正是我们人体最主要的废物代谢器官，所以申时应适当多喝水，以促进体内垃圾的排泄，这其实就是一种最简单有效的泻下法。当然，泻下法的主要应用还是在促进大便排泄方面，因为大肠是人体第一大废物输出通道，人体的很多病邪和废物都得从此排出。

曾经有一位 40 多岁的公司老板因为长期的大便秘结来找我看病。给他做完诊察之后，发现他是因为长时间的肠胃燥热，导致津液损耗，而使大便硬结难下。由于他的病情并非特别严重，而一般的泻下药或轻或重都易伤人正气，于是我决定采用一种较为温和的泻下之法，让他去买两盒麻仁丸先吃吃。每天吃两次，其中一次必须在下午的申时吃，吃到大便恢复正常即可。

本方出自医圣张仲景的《伤寒论》，是在“小承气汤”的基础上加麻仁、杏仁、芍药组成，是治疗肠胃燥热便秘的常用方。此方泻下药与润肠药同用，炼蜜为丸，药性较为缓和，泻而不峻，润而不腻，润肠、通便二效并举，为泻下药中典型的“缓下之剂”。虽然是缓下之剂，但在泻下之时来吃，就可以做到“柔中带刚，刚柔并济”的效果，既不像一般的泻下药那么“凌厉”，也不像一般的缓下之剂那么“文弱”。**所以，中药的这个药性与时间的配合非常重要。**

中医治病有汗、吐、下、和、温、清、补、消八种方法。《素问·阴阳应象大论》中说：“其高者，因而越之；其下者，引而竭之；中满者，泻之于内。”意思是说，根据病邪所在的部位，可以采用不同的方法，如果邪气在上者，可以采用催吐法，让它从上面排出去；邪气在下部，可以采用泻法、利法，让它从二便排出去；病邪在中部，引起胀满的，可以采用辛开苦降之法，使其消之于内。

而要想获得最佳的治疗效果，光是方法对头还不够，还要选择恰当的时机，比如用泻下法治中下焦病，首选时机当属阳气沉降的申时。对中医有一些了解的朋友可能知道，中医治病非常强调用药（吃药）的时间，不同的病症，不同的药，应在不同的时间吃。而采用经络穴位疗法就更是如此，非常强调治疗的时机。

因为不同的药（经络穴位）就是不同的治法，只有在最恰当的时机实施这个治法，吃这个药，才能达到“药到病除”的效果，否则效果不好不说，还可能适得其反。比如说补阳和发汗药，就不能晚上吃，因为晚上阳气收藏，心神入舍，人是需要养阴的，应该安静地休息；而养阴和沉降的药，就不能在早晨和上午吃，因为早上是阳气生发的高峰时段，吃这些药会抑制阳气的生发。《素问·针解篇》中说：“补泻之时者，与气开合相合也。”强调的也是一个治疗时机的问题。

“开方就是开时间”——这是刘力红博士所著的《思考中医》上的一句话，我认为说得非常好。不论是医者治病还是自我养生，时间，或者说是时机的把握都是非常重要的。**所谓天人合一，天人相应，人与天，最重要的也是时间和时机——比如昼夜、四季上的相应。**

其实不只是治病养生，把握正确的时机可以说是贯穿生活的通理。俗话说，话不投机半句多，该说话的时候你不说不好，不该说话的时候你说，那就更糟糕，哪怕是半句，也很不合时宜。在各行各业，成功的人可能不是最有能耐的人，但一定是最善于把握时机的人。

下午三四点犯困，多是膀胱经阳气衰弱，气血不足

人在下午三四点钟的时候，应该像“猴子”一样“活跃敏捷”，如果你没有猴子的这种状态，那么你就需要去打理自己的膀胱经了！

人一天有两个工作和学习的最佳时段。一日之计在于晨，经过一个晚上的休养，阳气也处于生发的高峰时段，所以上午人的精力旺盛，工作和学习效率高，这不用说，大伙儿都知道。还有一个最佳时段是在什么时候呢？我想很多朋友可能会毫不犹豫地说是“晚上”。因为现在晚上加班，或是干脆白天用一部分时间睡觉，将自己工作的重头戏放在晚上进行，这已经是相当一部分人的习惯，特别是许多脑力劳动者，他们觉得晚上更安静，状态更好，更适合自己的工作。

其实不然，中医讲天人相应，晚上阳气收藏，阴气上升，天地入眠，人也应该顺应天地之机，晚上睡眠，白天活动。所以我们的另一个工作和学习的最佳时段还是白天，既然上午已经被利用了，那这一个时段当然是在下午。有人可能会说了，下午人都困得不行，精力能好吗？再说下午那么长时间，你能时时刻刻都集中精力？我想，说下午困得不行的人，大多都是因为中午没好好睡午觉，或是前一天晚上就没有休息好，这怪不得别人。

后一个说法倒是蛮有道理的，下午的时间比上午长，再加上经过一个上午的劳顿，人的精力整体上已不及上午，而且下午又处于一个阳气下降、阴气生发的阶段，任何人都不能在这么长的时间里始终保持旺盛的精力。但这并不意味着我们整个下午都应该晕晕沉沉，没精打采，我们在下午也有一个精力状态的高峰期，此时无论是工作还是学习，效率

都非常高，那就是 16 点左右，也就是申时。

在中国文化里，十二时辰与十二属相是相互对应的，申时属猴。一说到猴子，我们可能都有一个印象，那就是活蹦乱跳的，这是猴子的天性，美猴王孙悟空就是代表。古人之所以要把下午的这个时段叫做属猴的申时，就是想用猴子活泼的天性来比喻人在这段时间里精力非常旺盛，非常有活力。

其实，猴子不仅活泼敏捷，还聪明可爱。“聪明”，对人来说就是神志功能好，所以申时也是人记忆力最好、思维非常活跃的一个时段。古人讲，“朝而授业，夕而习复”，“朝”是早晨，而“夕”指的就是下午的申时。早上精神状态最好的时候学习了新的知识，到下午记忆力最好的时候再加以温习记忆，这样，所学下的东西就能及时地被消化吸收，不会忘记。

当然，申时人之所以思维活跃、记忆力好，更准确的原因是因为申时是由膀胱经主时，而膀胱经与肾经相表里，它俩功能相连、气血相通。在中医里，人的神志活动是由心来主导，心、脑、肾共同完成的。有朋友可能要问了，肾怎么也开始参与神志活动了呢？这一方面源于“肾藏志”的功能，更重要的则是因为肾与大脑的密切关系。

《黄帝内经》中讲“肾藏精，精生髓”，而“脑为髓海”，所以大脑的功能强弱，通俗地说脑子好不好使，转得灵不灵，在很大程度上是由肾脏来决定和调节的。**申时膀胱经气血最旺，膀胱经气血旺的时候肾脏的功能也会得到调理和改善，相应的，人的脑子这时候也就比平时好使。**

其实，膀胱经不仅通过调理肾脏的气血状况来间接改善大脑的功能，它自己还“亲临大脑，指挥协调”——膀胱经是贯穿全身上下的一条经络，从眼部出发，下行到足小趾，上至头顶的百会穴，并从头顶进入大脑里面联络于脑，可以说是内外“笼络”整个大脑。并且，它还是“阳脉之海”——督脉的“左膀右臂”（位于督脉的左右两边），穿行人体的整个阳面（背部），是十二主经中阳气最足的经络。而申时正值膀胱经当班之时，气血最旺，功能最好，这样，在忙碌劳累中的大脑就能及时地得到气血补充，气血充足了，干活儿自然就有精神了。这就好比是我们，肚子太饿的时候，就会筋疲力尽；饭吃饱了，精气神儿就都回来了。

可有的人正好例外，他一到下午，随着工作时间的延长会感觉越来越疲倦，到了三四点的时候就开始上下眼皮打架，呵欠连天，困得不行。这是什么原因呢？很明显，这是膀胱经阳气虚弱、气血不足的表现。

因为经过大半天工作和学习的劳累，到下午三四点的时候，人体各大脏腑器官已经有些疲乏了，身体的阳气又处于快速下降阶段，这时作为人体阳气"仓库"的膀胱经就成了一个重要的支柱，需要它来为身体、为大脑提供必要的气血补充、提升阳气。但如果膀胱经自己本身的阳气非常虚弱、气血不够用，这时候还要去冲撞经络，清理和疏通自己的"管道"，那就不可能分散力量来支援身体的其他脏腑，为大脑提供气血支持。

这样，大脑和心这两个主导神志思维活动的脏器都饿着肚子勉强工作，你说人能不犯困吗？打个很简单的比方，你说在青黄不接的三四月份，仓库里又没有粮食储备，人都饿着肚子干活，精神状态能好吗？所以，要想申时精神好，得把膀胱经养好，使它这个"阳气仓库"，能在必要的时候及时有效地为我们提供支援。

那我们该如何来保养膀胱经，使它保持充足的气血呢？首先是好好吃饭（不偏食、不节食、不乱吃），好好睡觉（尤其是"子午觉"），这是最基本的两点。在此基础上，你可以去买一个小保健锤，如果是男士，我建议去买一根那种一尺多长的小擀面杖，每天睡觉前用它来隔着衣服敲打自己背部膀胱经的循行路线，舒经活络，促进膀胱经气血的流通。背部与我们的内脏非常近，在背部的膀胱经上，分布着与五脏六腑相对应的背俞穴。如果把五脏六腑比作一个个用电器的话，那么这一个个的俞穴就是每一个用电器的功能调节开关，通过这些开关，我们可以直接调节五脏六腑的气血和功能状况。

而我们敲打背部的膀胱经，就是刺激这些穴位最简便有效的方法，同时对背部的肌肉、筋骨也是一种很好的锻炼和刺激，特别是当我们身体非常疲劳的时候，这还是一种很好的放松方式。所以你也可以在工作的间隙，尤其是在下午三四点钟膀胱经主时的时候来敲打背部的膀胱经，

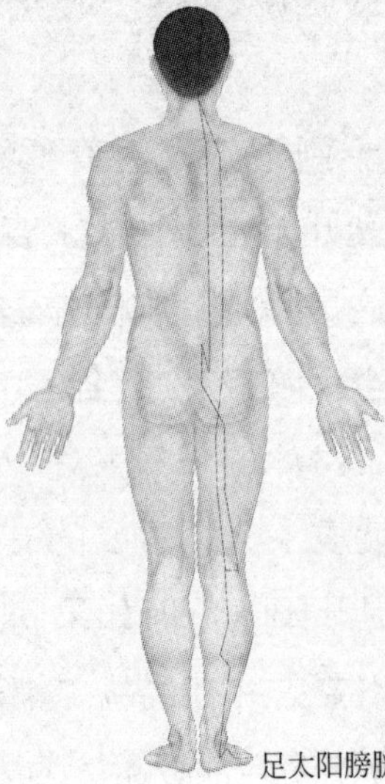

足太阳膀胱经穴

膀胱经既是人体阳气的“仓库”，又是贯通南北，
运输阳气的两条“高速公路”。

能快速地缓解疲劳、提升阳气、振奋精神。

许多人把养生当成一件很神秘、很复杂的事情，其实真正好的养生办法都非常简单，一个小保健锤、一根小擀面杖就是一件健康的“法宝”，就可以打造一段健康的生活，正所谓“大道至简”。其实，世界上有很多事情原本都是非常简单的，只要我们用一种简单的心态去面对它！

“动汗为贵”，申时是健身除病的最佳时机

凡事皆需有个“度”，恰当好处为最佳。就像运动也是一样，人生来就是要活动的，活动太少不好，但活动太过也不好，那活动到什么程度合适呢？“动汗为贵”，不论是采用什么样的活动方式，活动到全身微微出汗就最好了。

申时属猴，猴子最主要的个性特点就是活跃敏捷，喜欢蹦蹦跳跳的，而古人正是用猴子来比喻人在这个时间段内的身心状态。所以此时不仅

是人体新陈代谢的高峰时段、工作学习的最佳时机，也是锻炼和活动身体的最好时节。

研究发现，申时人肺部的呼吸活动非常活跃，加上此时人体的阳气仍处于沉降初期，弱而不衰，膀胱经又是人身上最重要的阳经，是阳气的仓库，所以此时形神皆佳、精力充沛，非常适合进行身体活动，尤其是到户外锻炼身体。更绝妙的是，此时不仅人的身体状态非常好，阴阳相对平衡，气血流畅，不易受伤，外界环境也非常适宜——夕阳斜照、微风拂面、气温适宜，如此良机——“天时地利人和”，显然是比早晨更适合到户外活动了。

不仅如此，事实证明，对于职业运动员来说，此时运动也最容易创造佳绩，因为人体的运动能力也在此时达到一天中的最高峰。细心的朋友可能会发现，许多运动员破纪录就是在下午的3点到5点这个时间，其中的道理不言而喻。所以我劝那些有每天锻炼习惯的朋友们，尤其是中老年朋友，不妨改改自己的锻炼习惯，变早晨锻炼为下午锻炼，这样对自己的健康更有利。对于没有锻炼习惯的朋友，如果能在每天下午的这个时间稍微活动一下，到屋子外面走一走，效果也是非常好的。而那些喜欢每周运动一两次，如参加打球、游泳等活动的朋友，最好也安排在一天中的这个时段，不仅对身体更加安全，锻炼的效果也会更好一些。

把握最佳的运动锻炼时机固然重要，但更重要的是掌控最佳的运动程度和状态。过犹不及，凡事皆要有度，不活动或活动太少不好，但过度运动、剧烈活动也不好。心急吃不得热豆腐，一口吃不成大胖子，运动也是一样，适可而止，长期坚持才是聪明之举。有朋友可能要问了，那运动到什么程度最好呢？如何才能做到适合而止？那就是以出汗为准！

中医有句话叫“动汗为贵”，意思是说活动到全身微微出汗是最好的状态。换句话说，运动锻炼的效果以全身微微出汗为最佳，只有出汗了，才算是达到了运动的目的。

在中医的治病八法当中，汗法居首，它是最常用也是最重要的一种治病疗疾的方法。什么是汗法呢？就是采用吃药或其他治疗办法，让病人发汗、出汗。不论是外感“六淫”引起的病，还是内伤“七情”引发的病，都可以用“汗法”进行调治，因为它是排出体内病邪的一个重要的、非常好的途径！

我们知道，人体排泄体内废物的途径主要有三个：大小便和出汗。当我们出一身大汗之后，就得换衣服、洗澡，不然的话就会有一股酸臭味儿，所以汗水又叫臭汗。汗为什么会有臭味儿呢？其实它的性质跟大小便是一样的，都是身体里的垃圾污垢，能不臭吗？

现在有一句非常流行的话叫“请人吃饭，不如请人流汗”，对于工作压力非常大的上班一族来说，主动出出汗对身体健康那真是太重要了。我们很多人没有意识到出汗的重要性，只知道大小便是人的本能，不能正常排泄就是问题，却不知人不能正常出汗也是问题，而且是很严重的问题。**当一个人长期不出汗的时候，他就会“中毒”，因为身体，尤其是血液里的很多毒素废物不能全部通过大小便排出去，必须依靠出汗来排泄。**

中医讲“汗为心之液”，来源于血，作为人体最深层废物的血液垃圾，主要就是通过出汗——这个人体最表层的方式来直接排出体外的。想一想，一个人要是不能正常地出汗，那这些东西混在血液里出不去，必然会捣乱作怪，而且可能跟你打“游击战”——从这个脏腑跑到另一个脏腑去，打一枪换一个地方，那就很难对付了，会引起大麻烦。

运动出汗的另一个好处就是改善心情，这是中医和西医共同的一个观点。中医临床经验表明，用汗法治疗抑郁症非常有效。许多非常严重的抑郁症病人，采用汗法治疗，出几身臭汗之后情况就大大好转了。

为什么用发汗的方法就能治疗心理疾病呢？其原理则是我们上面说的“汗为心之液”，来自于血。我们知道，心理疾病、抑郁症，主要的问题都出在心上面。中医讲“心藏神，主神志”，心主导神志活动的功能不正常了，人就会得心理疾病；而血液里面如果有废物堆积，这也会影响心脏功能的正常发挥，因为“心是主血的”。

另一方面，心理疾病、抑郁症，还跟肝有关，得这些病的人大多有肝郁的问题。而“肝藏血”，并且负责为血液解毒，肝气郁结不能正常疏泄了，就会影响到肝脏的藏血、解毒功能，导致血液里面的垃圾无法及时得到清理，而发生堆积。而我们采用发汗的方法进行“疏泄”，出几身臭汗之后，就能把血液里面的垃圾清理掉了，心脏和肝脏的功能都恢复正常了，能好好工作了，所谓的心理疾病、抑郁症自然就好了。**所以心理疾病、抑郁症，它不仅是心理问题，也是生理问题，这两方面是互相影响的。**

其实，“生汗”不仅能够很好地排出血液里的废物垃圾，稍微增加一点运动量，活动到出汗，还能防治一些肢体性疾病，如常见的关节炎、关节酸麻沉重、肌肉痛、四肢痉挛等。有朋友可能要问了，肢体有病还运动不是往伤口上撒盐吗？为什么运动还能防治关节上的毛病呢？

痛则不通，通则不痛。从中医角度来讲，所有的疼痛症都是由于外邪入侵或身体内部失调，导致气血淤滞引发的，治疗的原则就是疏通经络，促进气血流通，而适当的身体活动正是疏经活血的最好办法，经络气血通畅了，疼痛就会不治自愈。如果你再活动到出汗了，侵入经脉的风、寒、湿等病邪垃圾也随着汗液被赶走了，这就相当于中医治病的“汗法”，它所起的作用与吃药是一样的。你说标本兼治了，病能不好吗？

人要吃喝，就要活动，就要出汗，有进就必须有出，光出不进不行，那会“破产”；光进不出也不行，那就成了“垃圾场”。进与出的过程其实就是一个舍与得的过程，有得必有舍，有舍定有得，现在的舍正是为了更好地得，更多地得，人生的道理都是相通的。

掌心“灸”天柱，电脑一族明目解乏的小妙招

膀胱经是人身上行程最长的一条经，也是穴位最多的一条经，可以说从头到脚，随手抓一个都是“宝”。不管是五脏六腑的毛病，还是五官九窍的问题，抑或肢体神志方面的障碍，都可以从这两条“道”上找到调治的捷径。

经常可以看到许多朋友由于中午没睡好午觉，或是第一天晚上没休息好，抑或是本身体质比较弱，气血不足，一到下午的时候，就会觉得

人困马乏，呵欠连天，提不起精神，严重影响工作效率。有的人没办法，只好用咖啡或浓茶来提神，喝茶还好一点，当然也不应泡得太浓，但长期大量喝咖啡就很危险了，这东西就像吸烟一样，很容易上瘾，上瘾之后你有事没事就想喝，这样就会伤害你的身体。

我们知道，咖啡的主要作用是提神，而它的提神作用是通过刺激你的神经来实现的，而不是为你的身体补充气血。这就好比你骑着一匹马，它饿得走不动了，你不是给它吃草，而是抽它一鞭子，它痛得没办法，只好拼命往前走两步，再抽一鞭子，再往前走两步，可最后会是什么结果呢?

所以，当我们在工作的过程中或是其他时候，因为某种原因感到身心疲乏时，最好不要用“鞭子”去抽它，偶尔几次没有关系，但决不能长期这样；而应“晓之以情，动之以理”，给它提供帮助，同心协力渡过这道难关。就像我们前文中说到的，出现这种情况的时候出去活动活动，呼吸一下新鲜空气，“动则生阳”，这样可以提升阳气，为身体补充自然界的精气，调动一下身体内部的气血分配，身心状况就能够得到很好的改善。

但要是你的办公室所在的楼层非常高，又很封闭，或是单位有一些规定，到外面去活动透气很不方便，那怎么办呢？我这里就教你一个更简单的提神解乏的小妙招，你坐在椅子上就能做。什么好办法呢？就是用自己两手的劳宫穴去“灸”膀胱经上的天柱穴。

天柱穴就在我们的后颈部，后发际正中线上半寸处，往两旁各1.3寸(同身寸，中指第二节为1寸）各有1穴。当你感到疲乏困倦的时候，你就靠在椅子上，先把两手掌互相搓两三分钟，搓热之后，两手五指在脑后交叉，用两掌心分别去捂后颈部的左右两个天柱穴。每次捂两三分钟，重复三次以上就能见效。

用力不如用意，在捂天柱穴的过程中，身心要放松，暂时忘记其他所有的事情，眼睛闭上，心里只想着自己两侧的天柱穴。这样捂两次以后你会感觉到有一股暖流从掌心涌出，缓缓流向自己的大脑深处，就像干涸的大地得到甘霖的滋润，顿觉心旷神怡、神清气爽；而另一股热流则从脖颈的两侧沿着膀胱经向下浸润，流向背部，这样，整个人的精力

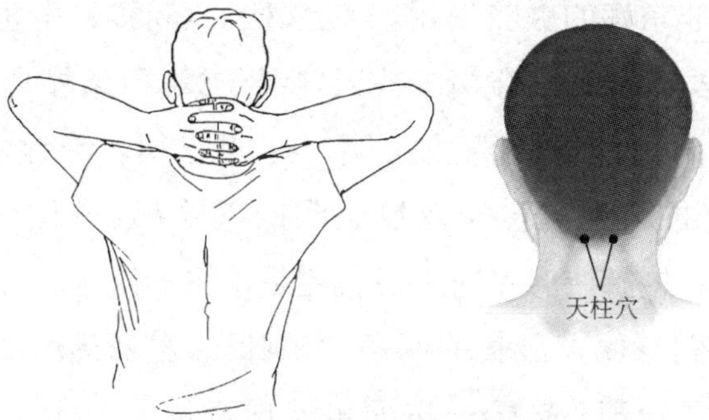

劳宫灸天柱，提神醒脑的好办法。

状态会随之大大好转，就像美美地睡了一觉一般。

为什么这个办法会具有如此好的效果呢？我们知道，劳宫穴是心包经上的一大要穴，而心包是心脏之外络。中医讲“心藏神，主神志”，“心主血”，人觉得精神疲倦，提不起精神，这是气血不足、心主神志功能下降的表现，我们刺激劳宫穴就可以快速有效地补益气血，协调心主神志活动的功能。天柱穴是人体最重要的阳经——膀胱经上的重点穴位。膀胱经是人体阳气的仓库，而此穴又位于“诸阳之会”“人体元神之府”的头颈部，其提神醒脑、培补阳气的作用自是不同一般。更重要的是，我们采用的不是普通的按摩或艾灸方法，而是用劳宫来“灸”天柱，让两条经络，两个穴位，通过身体自己的热量进行沟通，以穴调穴，以经通经，以热导热。心经主阴血，膀胱经藏阳气，心经调心神，膀胱经调大脑的元神，这样，阴阳相交，气血通调，心脑互动，你能不头脑清醒、精神焕发吗？

使用这个方法不仅能使我们的身心状态得到明显的改善，对我们的眼睛也是一种非常好的调养和保护。因为我们下午工作的时间一般比较长，即使并不觉得身心特别疲乏的朋友，也会存在用眼过度的问题，会觉得眼睛不舒服，所以也可以采用这个办法来缓解一下自己的视疲劳，保养保养自己的眼睛。

《黄帝内经·素问》中讲：“目受血而能视。”也就是说，眼睛只有得到精血的滋养，才能够正常地工作——看清楚东西。而我们可以采用这个方法来补益和调理气血，尤其是脑部的气血，这样大脑气血充足了，就能对眼睛起到非常好的滋养作用。《灵枢·口问篇》中也说：“……精不灌则目无所见矣，故命曰夺精。补天柱经侠颈。”意思是说，如果精液不能灌输孔窍，则可能导致双目失明，这叫夺精。治疗应补足太阳经（膀胱经）挟颈部的天柱穴。连双目失明的危险都可用天柱穴来进行救治，平时的保养和缓解疲劳对它来说就更是小菜一碟了。

膀胱经是我们身体上最长的两条“矿脉”，蕴藏着大量的人间至宝，信手拈来即是灵丹妙药，轻轻一按即可显现奇效，天柱穴只是其中的一个代表而已。像背部的脏腑俞穴，腿上的名穴委中，这都是强身健体、解病除疾之法宝，只要你能随便拾回几个，细加研习揣摩，神奇的效果、巨大的收获定会超出你的想象。

艰难寻得的东西并不一定价值连城，随手可得的东西也并非分文不值。有句话说得好，生活中并不缺少美，而是缺少发现的眼睛。其实，缺少发现的何止是美，生活中有太多可贵的东西需要我们去发现、去珍惜！

附　申时经络锻炼：背部两根擎天柱，膝后一口健康井

膀胱经是足太阳经，上达头顶，下至脚趾，是全身最长，也是分布穴位最多的一条经络。它起始于内眼角（睛明），往上经过额部（攒竹、眉冲、曲差），直达头顶百会穴。

头旁分支：从头顶百会穴分出，到耳上角。

直行的主干线：从头顶入里络于脑（络却、玉枕），复返出来行至颈后天柱穴，分出下行。内侧一支：沿肩胛内侧，夹脊旁（大杼、风门、肺俞、厥阴俞、心俞、督俞、膈俞），到达腰中（肝俞、胆俞、脾俞、胃俞、三焦俞、肾俞），进入脊旁筋肉，联络肾脏，属于膀胱（气海俞、大肠俞、关元俞、小肠俞等）。腰部一支：从腰中（肾俞）分出，夹脊旁，通过臀部（上髎、次髎、中髎、下髎、会阳、承扶），进入腘窝中（殷门、委中）。

背部外侧分支：从颈部分出下行，经过肩胛，沿着脊柱两旁三寸下行，过臀部，经过髋关节，沿大腿外侧后边下行（浮郄、委阳），与直行脉会合于腘窝中（委中），由此向下经过腓肠肌（合阳、承山），出外踝

后方（飞扬、跗阳、昆仑），在脚跟部折向前，经脚背外侧（仆参、申脉、金门、京骨），到小趾的外侧端（至阴），接足少阴肾经。

膀胱经是十二正经中是阳气最足的两条经，也是我们身体健康的两道最重要防线，就相当于一个国家的边防部队。膀胱经的保养，最重要的就是背部的一段（左右各一）以及腿上的委中穴。背部的膀胱经最好的锻炼方法就是拍，去买一个专用的保健拍（要结实一点的），每天下午的 3～5 点（申时），用它来拍打自己的背部，以脊柱为中线，从上往下，重点拍打其左右两侧，每次 10 分钟，可以左右手换着操作。拍打的时候要稍微用力一点，要让背部感受到充分的拍击力量，这样效果才会更好。拍打背部的膀胱经，可以说把我们的五脏六腑都保养了，因为背部的膀胱经上分布着与五脏六腑对应的背俞穴，这些背俞穴是脏腑在背部的一个窗户，刺激它可以直接对脏腑起作用，所以说拍打背部的膀胱经是一个调养五脏六腑的最简要最有效之法！

委中穴是膀胱经在腿上最重要的一个穴位，位于膝关节后面，屈膝时腘窝横纹的中点处。此穴很好刺激，用手抓住膝盖上面的大腿部——左腿用左手，右腿用右手，拇指在上，其它四指向下（伸向腘窝），然后

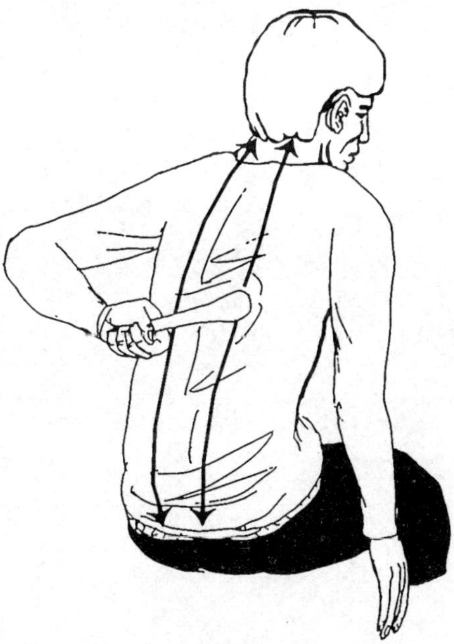

拍打背部膀胱经

以中指去点按穴位，每次 3 分钟即可，平时可以每天 1 次（申时最佳），疼痛严重时可以增加到每天 2～3 次（其中一次安排在申时）。“腰背委中求”，此穴是腰腿部疾患的一个大救星，一切腰腿不适之症皆可求助于它，比如腰腿痛、风湿关节炎、膝关节不能屈伸、坐骨神经痛、腰腿沉重无力、小儿麻痹后遗症等。此外，乳腺炎、发烧不出汗、湿疹、阴部发痒也可以用它来调治！

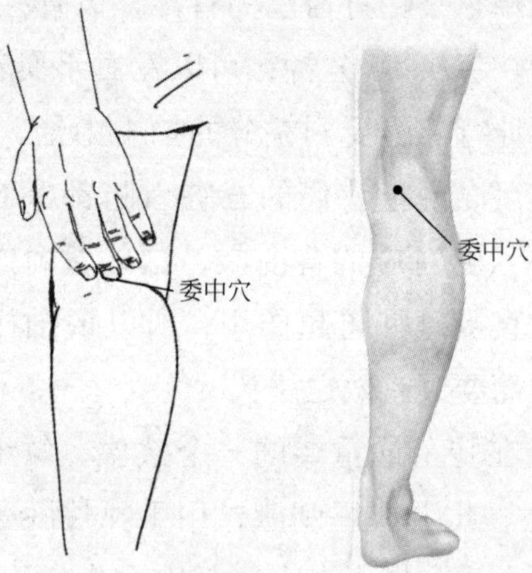

点揉委中穴

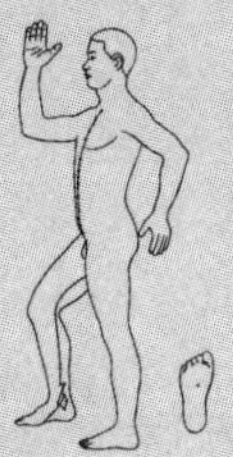

第十章

酉时：

休息调养，让肾从容地贮藏脏腑的精华

酉时——17：00～19：00——肾经最旺

太阳落山鸡回笼，预示着开始进入一天中的“秋冬季节”，秋冬季节就是收获贮藏的季节。这里的贮藏是指把粮食装进仓库。那人体的“粮食”和“仓库”是什么呢？粮食就是精气血，而仓库就是肾脏。而傍晚的酉时（17：00～19：00）又是气血流注肾经的时段，所以此时是人体贮藏精华、调养肾脏的最佳时机。

申时膀胱排毒，酉时肾脏藏精，有排有收，有进有出，排收正常，进出有序，则健康常在，生命无忧！

下班之前一杯水，排石洗肾清膀胱

疾病与健康，有时候可能仅仅就是一杯水的距离，就是因为这一杯水，会喝的人上下通畅，无病一身轻；不会喝的人病痛缠身，不知其因。

有一位病人，曾经因为尿道结石来找我看病。由于刚开始的时候没太重视，他的病情已经发展得比较严重，经过半个多月的调理，病情才逐渐好转。病好了之后，我教给他一个方法，即每天下班之前（下午五六点的时候）喝一杯温开水（400 毫升左右）。当然，这并不是说只在这时候才喝水，而是说在平时正常饮水的基础上，再养成一个下班之前喝一杯水的习惯。

这样做有什么好处呢？因为它可以帮助我们有效而彻底地清除身体里面的废物，减少尿液中的垃圾在肾脏和膀胱中的遗留沉积，防止肾脏、膀胱和尿道产生结石或发生感染，全面保护我们的身体健康。

在人体当中，肾和膀胱一阴一阳，就好比是一对夫妻，关系非常密切。膀胱经从申时“下班”之后，接下来的酉时就由肾经“接班”。《灵枢·本输》中说：“肾合膀胱。”意思就是说肾经与膀胱经相互络属，形成表里关系。另外，肾与膀胱不仅在结构位置上是“邻居”，而且同为身体的“水液管理机关”，肾主水，为调水之官，而膀胱为储水（尿液）之器。所以人体的水液代谢是不是正常，就看这两个脏器的功能是不是正常，两者之间的关系协调得好不好，“工作”上配合得好不好。

我们说过，由膀胱经“当班”的申时是身体排泄的高峰时段，应该增加饮水量，加快尿液的生成，以促进体内废物的排泄。到酉时，虽然排泄高峰已过，但整个排泄周期并没有完全结束，仍处于收尾阶段。俗话说，行百里者半九十，收尾阶段其实是“攻坚阶段”，收尾做不好，就会前功尽弃。**所以，我们要想真正保持肾脏和膀胱的清洁，彻底清除积存在其中的废物，在酉时的时候补充一杯水非常必要。尤其是对肾脏来说，更是一种非常好的帮助和保护。**

我们申时喝进去的“清洗”内脏的水在到达膀胱成为尿液之前，都得先由肾脏过滤一遍，然后通过肾的气化作用，将完全没有用的废水，包括其中所含的垃圾下输到膀胱里，最后在膀胱自身的气化作用下将其排出体外。可就像我们现在使用的饮水机，长期使用之后必然会有一些污垢之物沉积到水桶和加热杯的壁上。同样的道理，肾脏在过滤和下输水液的过程中，也会有一些毒素废物残留或沉积下来。天长日久，这些毒素废物越积越多，就会制造麻烦，如比较常见的毛病有不能正常排尿、尿潴留，肾脏和尿道的炎症、结石，甚至癌症，都与这有关。

而我们在酉时再补充一杯水，就可以在身体的排泄高峰之后，再对肾脏和膀胱进行一次清理，将残余的垃圾废物全部清除干净，这样就能大大降低残留的毒素废物对肾脏、膀胱的危害，维护肾和膀胱的“长治久安”。这个道理就好比是我们平时洗碗洗锅，在用清洁布进行一番擦洗之后，上面基本上没有什么残渣油渍了，但我们还会用清水冲洗一两次，以便将碗底或锅底上遗留的些许污渍彻底清除，保证锅碗的洁净。否则下次再用的时候你就会发现锅碗的底上会有一块印儿，这其实就是没有完全洗净留下的污渍。锅碗还好，我们用之前可以再认真洗洗就成，不会有什么影响，但我们的肾脏、膀胱可不行呀！

所以千万别小看下班之前多喝一杯水这么一个小小的动作，如果你能每天坚持，那绝对是爱肾护身的一个绝招，真可谓是“润物细无声”！

现在有许多人整天都在挖空心思地想办法补肾，却不知道在肾脏本身的保养上下一丁点儿工夫，结果没把肾补强壮不说，有的还补出新问题来了，这就叫“不得要领”。养生不是光补，健康才是正途。如果我们都能善待身体，即使不吃山珍海味、奇药妙丹，一样能够活到天年！

练功也要讲时机，酉时练逍遥步让老人肾气足，福长寿

山不在高，有仙则名；水不在深，有龙则灵。练功健身亦是如此，法不在难，有效就行！逍遥信步，自在于心！

有一次，一位退休的老干部专门来我这儿挂号，想请我给他推荐一个最好的锻炼身体的方法。这让我觉得有些为难，锻炼身体的方法何其多，不同体质的人有不同的锻炼方法，但锻炼只是一个形式，究竟能不能达到强身健体的效果，关键在于对锻炼时机和时间的把握。

在锻炼时长的把握方面，时间太长，身体受不了，会适得其反；时间太短，“动汗为贵”，身体还没有出一点汗，那就达不到锻炼的效果。当然，究竟多长时间为佳这得根据个人的身体状况来定，因人而异，身体素质好一点，习惯锻炼时间长一点的就多动会儿；反之，身体素质差一点的就少锻炼会儿，总之，适可而止、恰到好处，或者更简单点说就是“随其自然”为最好！

锻炼时长可以随其自然，但锻炼时机就不能“随其自然”了。因为锻炼身体、修炼功法就像我们的工作学习一样，也需要良好的精力状态，要在气血比较足，精神比较好的时候进行。所以，健身练功选择最佳的时机，这是一个非常关键的问题。中国人做事儿都讲究“天时地利人和”，只有三者都具备了，事情才最容易成功。健身练功也是一样，最好也是在“天时地利人和”的情况下来练。那一天中什么时间锻炼最符合这个条件呢？总体上来说，有两个时段，一个是上午 11 点（午时）以前，一个是下午的 15 点到 19 点，也就是从申时到酉时这两个时辰，4 个小时。

而对中老年朋友来说，我认为把锻炼的重点放在下午的这段时间更好一些。当然，不同的锻炼功法，锻炼的最佳时机也不一样，只有两相配合，才能获得最佳的锻炼效果。

百练不如一走。所以我给那位老干部推荐了一种最适合老年人体质，

也最适合下午锻炼的强身妙法——逍遥步。

为什么说它非常适合老年人又非常适合下午锻炼呢？因为在老年人的五脏六腑之中，作为先天之本、精气血之源的肾脏是虚衰最明显的一个，而我们在肾经气血最旺、功能最好的酉时练逍遥步，符合“天时地利人和”的原则，是最好的保养肾脏、补益气血的方法。而且，不论中医还是西医都认为，最好的锻炼健身方式莫过于散步，对老年人来说就更是如此。

而我这里所讲的逍遥步，可谓是一种最“高明”的散步方式。说它“高明”，正是因为它简单易学而功效非常出众。不过，再简单的东西你不得要领还是不行，因为不论是从行走的动作要领还是从呼吸意念上来说，逍遥步都不同于我们平时的走路。

在动作上，行走时两肩要完全放松，以肩动带动颈、胸、腰、胯和手臂的运动；两手手指自然微曲，手腕略微向内侧转动，使两手的劳宫穴始终保持相对的状态。这样，胸椎和腰胯在肩的带动下，也就都能够得到活动。

在脚下，行走的过程中两脚左右相隔约 10 公分，膝关节略微弯曲，向前迈步如猫，有点类似于模特儿步。抬腿时，脚跟先提起，大脚趾轻点地；落脚时，脚跟内侧先着地，脚尖跷起，如此循环前进。行走的总路程一般以 1.2 公里左右为最佳，可根据自己的身体状况，长则走两公里，短则走 0.8 公里就行。

逍遥步在呼吸和意念上是非常强调的，即要遵循“意气相随，意到气到，随意观想”的原则。呼吸以自然状态的腹式呼吸为主，要求呼吸深慢细长。呼吸与步子不直接挂钩，一次呼吸过程少则走几步，多则可走 20 来步，每个人可自由为之，没有什么特别的限制。但在不憋气的基础上，一次呼吸过程越长，走得越远，锻炼的效果越好。

之所以把这个功法叫做逍遥步，重点就在“逍遥”两个字上，如果你不能做到“逍遥”，那么就没有领会功法的“要领”。如何做到“逍遥”呢？就要身心放松、情绪稳定、呼吸均匀、步伐柔和、全身协调、心静如水、呼吸均匀细长，似闲庭信步，显得逍遥自在。同时还要做到“随意观想”，可以观看周围的景象，放眼大自然的秀丽风光；可以与周围的朋友聊天神侃，交流思想情感；也可以听音乐。**总之，只要做到心无杂念，全身放松，呼吸和行动自然就可以了！**

逍遥步是一种身心同修、内外同练的神奇功法，既养了形，又养了神；既锻炼了脏腑经络，又锻炼了四肢筋骨，对中老年人健身锻炼来说，方法无出其二。在整个行走的过程中，手脚的来回摆动，相互导引，将人体的手三阴、手三阳和足三阴、足三阳十二条主经全都调动起来了，其必然会影响到奇经八脉，从而舒经活络、调和气血、平衡阴阳，促进气血在全身的通畅运行，保证全身内外上下都能得到气血的滋润，延缓脏腑和筋骨皮肉的衰老。

更重要的是，我们是在肾经“当班”的酉时练习，因此可以充分调动肾之精气，练精化气，练气化精，以求实现精满、血盈、气足、神旺的目的！

我建议老年人最好是在 17：30 前把晚餐吃了，到 18 点左右开始练功，因为这时候不仅是肾经气血最旺、功能最稳定的时间，也有利于促进饮食的消化吸收，增强脾胃的功能，防止各种肠胃病的发生。古语有言：饭后百步走，活到九十九。这个“饭后”并不是吃完饭后立即就去活动，而是指在吃饭之后，休息上半小时，让吃进去的东西都已经各归其位，然后再进行一些轻缓的活动，比如散步，这样就有利于益寿延年。所以在晚饭半小时之后练逍遥步，真可谓是一举多得之妙举！

人生难得一逍遥，若能抛开世俗纷扰，每天逍遥漫步一程，让身心灵得到滋养浸润，还有什么烦恼不可以化解呢？

肾阳虚者在下午五六点补肾阳最为有效

在经营管理界有一句话非常有名的话叫“在合适的时间做合适的事情”，其实健康养生，甚至整个人生之路，又何尝不是如此呢？

如今，肾虚似乎成了中国人的一个全民共患病，或许是因为工作学习太累，或许是因为“饱暖思淫欲”，大部分成年人都得上了肾虚的毛病，以致国内流行起一股全民补肾之风。于是，各种各样的保健品都贴上了补肾的金字招牌，大卖特卖；各类补肾食物也开始火暴起来，价格更是水涨船高。

关于补肾这件事，有相当一部分人都是在盲目跟风，根本不知道自己是什么情况，听说这个好就买这个吃，听说那个好就买那个吃，乱补一通。**可那些所谓的补肾之品，很多都是假冒伪劣，即使真正有用的，也必然会存在一定偏性，你乱吃，就会吃出问题，适得其反，弄巧成拙。**

所以说补肾也是有很多讲究的，不同的体质，不同的健康状况，不同的肾虚原因，就需要采用不同的调养方式。这就好比说你要买一辆车，“车”只是一个统称，有很多种类，大客车、大卡车、小汽车你要买哪一种？即便是决定了要买小汽车，那小汽车的品牌也有很多，你要买哪一个品牌的？同样，肾虚只是一个统称，具体的病症和原因有多种，如肾阴虚、肾阳虚、肾气虚。虽然“虚则补之”，但这个“补”在中医里也只是一种治法的统称，具体操作的时候要辨证施治，具体问题具体处理。

而即便是采用同一种处理方法，不同的人处理的效果也是千差万别的，因为这其中有时机和火候的问题。就比如说肾阳虚，这是现代人比较常见的一种肾虚证。按中医来讲，肾阳虚是因命门火衰造成的，这种人的典型症状是腰腿酸软无力、畏寒怕冷、手脚冰凉、性欲减退，伴随而来的还可能有精神状态不好，经常没精打采的，容易疲劳、夜尿多、小便清长等情况。

对于这种肾虚证的人，的确需要采用一些方法来补肾，而最佳的补肾时间就是在傍晚的酉时。为什么呢？因为酉时正值肾经气血最旺、功能最好的时候，经过申时人体泻火排毒的代谢高峰之后，肾在酉时一方面要继续做一些清理残余的扫尾工作，另一方面则开始贮藏精华，所以此时是调养肾脏的最佳时机。尤其是因为命门火力不足导致的肾阳虚，最适合在这段时间来强肾壮阳。

那肾阳虚用什么方法来补最好呢？我在学习前人智慧，并结合自己这几十年的临床经验的基础上总结出了一个最灵验的补肾阳方法，那就是酉时喝鸡汤。

但喝鸡汤补肾的方子有很多，我这里就给大家推荐其中一个最简便有效的“补肾阳之食疗秘方”。什么秘方呢？我把它叫做“玉浆黄金鸡”，玉浆，酒也；黄金鸡，乃酒中之圣品黄酒炖鸡。制作方法非常简单，去超市买一只两斤左右的纯种乌鸡（雄鸡效果要更好一些。当然，如果你能买到江西泰和县的竹丝鸡那是最好），再买浙江绍兴产的黄酒1公斤。把鸡开膛后去掉内脏（如果是超市已经处理好的鸡则不用这一步），清洗干净后整只放进锅里，倒入黄酒，用大火烧开后，改用小火慢炖至肉烂即可食用。吃肉喝汤，每天下午18点左右（酉时）吃一次，连吃一周左右即可见到非常明显的效果。长期肾阳虚的朋友可以坚持每月吃一次，对我们上面说到的肾阳虚症状有极好的改善和彻底治疗作用。如果往本方中加入50克补肾中药肉苁蓉与鸡同炖，则效果更佳。这可以说是符合天人相应，“天时地利人和”的一个好办法。

我之所以如此推崇这个方子，是因为用它来补肾阳虚（肾阴虚者不宜用）实在是太好了。前面我们说过，肾阳虚是命门火衰之故，而在这个方子中，鸡是属火性的，鸡肉是甘温的，乌鸡更是鸡中之极品，入肾经和肝经，具有极好的滋养肝肾、补益气血功效。《随息居饮食谱》中就说：“（乌鸡）补虚暖胃，强筋骨，续绝伤……乌骨鸡滋补功优。”黄酒是我国传统的养生酒，也是酒中之佳品，被称为“液体蛋糕”，具有极好的补益作用，性味辛甘温，有温经通脉、散寒活血、引行药势之功效，可以增强乌鸡的药效。肉苁蓉亦是温补肾阳之良药，其性味甘咸酸温，入肾经、大肠经。一般的补阳药多燥，滋阴药多腻，而此药为滋润平和之品，补阳不燥，滋阴不腻，适用任何体质的人。而将乌鸡、黄酒、肉苁蓉“三宝”合一，交相融合，强强联合，其功效自然非同一般！加之又是在补肾壮阳的最佳时机酉时吃，效果自是更胜一筹。

当然，不只是此方，任何补肾阳、补肾的食物和药物，抑或是刺激穴位，最佳的时机都是酉时。此时调补肾，是一个捷径，可事半功倍。

酉时吃羊脊骨炖花生仁，哺乳期妈妈最好的补养

吃是人生的第一需求，亦是一门最高的生存技能、生活艺术，贯穿生命的始终，会吃者不生病，吃对者才健康！

产后的妈妈可以说是吃得最好、最讲究营养的，但也不应只求什么营养好就吃什么，还得讲究方式和方法，其中最重要也是最基本的一点——得考虑吃什么和怎么吃的问题。

首先，我们要“辨证施治，对症下药”。新妈妈刚生完宝宝，身体多处于肾精虚损、气血亏虚的状态。因为在人体当中，肾是负责生殖的，是身体精、气、血的“三江之源”。而宝宝在妈妈体内的生长主要依赖的就是母亲精、气、血的滋养，换句话说，妈妈一个人吃的饭要养活两个人，这样必然会使妈妈自身的精、气、血大量损耗，较长时间地处于虚亏状态。在宝宝出生的时候，精血的大量流失对妈妈的身体也是一次极大的考验。直到哺乳期，妈妈依然要靠耗用自身的精血转化为奶水来哺育宝宝，直到哺乳期完全结束之后才能慢慢恢复。

所以，在这整个过程中，肾脏的负担是最大的，任务是最重的。如果给肾脏的营养供应跟不上，那宝宝的身体发育，妈妈自身的健康都会面临威胁。所以我们要给孕产妇吃最有营养的东西，让她身体的精气血得到及时有效的补充滋养。而补养的重中之重，自然非肾脏莫属。在这里，我介绍给各位辛苦的新妈妈们一款补益气血、强肾壮阳的“养生炖”——羊脊骨炖花生米。

它的做法非常简单。买一具羊脊骨，洗净剁成小块儿，生花生米半斤，洗净（不用去红衣）泡半小时，再准备三四片生姜，5 克大葱。先把羊脊骨放进锅里，加水浸没并高出二横指左右，用大火烧开，撇去泡沫，放入花生和生姜，改用小火慢炖。中途不要加水，炖至肉烂汤浓，加入葱和盐调味，即可吃花生喝汤。每顿两小碗（一般的小米饭碗），连续吃

3 天到 1 周，中间可以隔 1 周再吃。对哺乳期的妈妈们来说，这一个非常好的补养之法。

说到“养生炖”，我得先来说说这个“炖”。中华民族是一个美食的民族，美食文化源远流长，所以中国人一直以来在吃上面都是非常有讲究的。别的不说，但就一个烹调方法，里面就有非常大的学问，什么蒸、煮、炖、焖、烧、烤、煎、炸等，可谓是丰富多彩。在这些烹调方法中，中医最推崇的两种方法就是蒸和炖（但按照我们一般人的习惯，炖和煮、煲分的并不是很清楚，表达上三者常常互相代替）。其中，用蒸法烹制的一般都是吃事物本身，而用炖法烹制的则多是汤食并用，浓缩“水谷”之精华，是最滋养的一种方法。我们传统习惯和中医药膳中一些滋补饮食的做法，大多数都是用炖（煮）法，包括传统习惯中给新妈妈的炖猪蹄、炖鱼汤等，都是以炖煮为主。

同样，我们的羊脊骨炖花生米，也是用炖法。羊脊骨和花生米不过是我们生活中很常见的两种食物，但把它俩搭配起来，再这么一炖，那就完全不一样了。

羊肉是肉类中补益之佳品。据“中国药书之祖”《神农本草经》记载，羊肉味甘性温热，入脾、肾二经，具有益气补虚、温中暖下、强身健体之功，最适合体虚之人食用。中医讲，脾胃是人的后天之本，气血生化之源，而肾脏是人的先天之本，精气血之本源，羊肉同入脾肾二经，“先后天”同补，最益精气血，对于产后体虚还要给宝宝哺乳的新妈妈们来说，无疑是补益养生之“至宝”！

而花生亦是补养脾胃、补益气血的好东西，其性味甘平，适合任何体质的人。《本草纲目》上说：“花生悦脾和胃，润肺化痰，滋养补气，清咽止痒。”《药性考》上也讲：“本品（花生）熟食益胃醒脾，滑肠润燥。”可见，花生不仅是补胃益脾之“圣果”，可以促进气血的生化，还有滋养清润之奇效。我们知道，宝宝出生的时候，妈妈会损失大量的阴血津液，导致体内津液亏耗，以致许多新妈妈们产后都会出现便秘等津液不足之症，甚或引发痔疮等麻烦。所以这时候经常吃一点儿炖花生，就可有效预防此类毛病的发生。而且，花生还是养神健脑的“智慧之果”，妈妈在哺乳期吃它，其中的精华再通过乳汁喂给宝宝，对孩子的智力发育也非常有好处。

而羊肉和花生也是一对非常绝妙的搭配，就像“美女与英雄”——羊肉是肉中之优，花生是果中之良，羊肉温热偏燥，花生甘平滋润，有相同的“性格”，亦有互补之处，且一为肉，一为果，两者结合，功效自然不同凡响。其实，不只是哺乳期的妈妈可以用此方来补身体，体弱肾虚、气血不足的朋友平时都可以吃一些，尤其是冬天的时候，可以适当多吃一些。花生、羊肉都是普通的食物，适当多吃一点也不用担心有什么副作用。

当然，“好钢得用在刀刃上”，否则就浪费了。在中医调养治疗来说，就是好方子、好方法，得用在合适的时机，只有时机得当，才能收到最好的效果。那我们的“羊脊骨炖花生米”在什么时候吃最好呢？既然主要目的是为了补肾，那当然是“肾时”——肾经“当班”的时候——傍晚的酉时吃效果最佳。我有一句被朋友们誉为名言的话，叫“酉时补肾，吃一顿当十顿”，道理也就在这里。

药补不如食补。药王孙思邈曾说：安身之本，必滋于食。很多人往往会花高价去买什么名贵补药，名牌保健品，其实，普普通通的食物就是最好的养生补益之品。相信，只要我们能擦亮自己的慧眼，就一定能从平凡中觅得适合自己的珍宝。

两种地黄丸是天黑之前发低烧男人最好的药品

酉时发低烧，地黄丸来保，无论男女老少，若是因肾虚引起，皆可选用知柏地黄丸或六味地黄丸来调理。此乃古方老药，不但物美价廉，而且效果神妙！

前不久，某大学的一位教授来找我看病。这是位先生，颇有学者风范。“说是看病，其实也没什么严重的病，但就是最近半个多月以来，一到下午五六点钟的时候就开始发低烧。搞不清是什么原因，所以我想请您帮我看看是什么问题！”坐定之后他说道。“您今年有四十吗？”看他挺年轻，我问他。“今年42。”他答道。

经过一番询问诊察之后，我发现他身体上虽然没有什么严重的异常之处，但所出现的毛病也不少。头晕、腰腿酸软、容易疲劳、晚上睡觉老出汗、口热干燥、耳鸣、梦遗滑精、小便短赤等症状早已是家常便饭，肾脉也一派虚像。于是我心里有数了，这就是中医所称的“日晡潮热”，典型的肾阳虚症。

我们知道，傍晚的五六点是酉时，是气血流注肾经的时间。肾经当班的时候出现问题，当然首先得调查肾的原因，追查肾的责任。果然，结合他的自身感受、脉象和其他各项诊察指标，确为肾虚之症无疑。

的确，现在除了老年人随着年龄的增长，自然性肾衰之外，很多中青年人由于工作劳累、压力大、生活不规律，或是过分纵欲等原因，肾虚的人也越来越多。像上面这位年轻的教授，就是最具代表性的一类人群，为了自己的事业而常年“血拼”，身心过度劳累，精血亏耗不足，体力严重“透支”，能不肾虚吗？

肾虚就得补，但必须对症下药，千万不能乱补；而且冰冻三尺，非一日之寒，像这种“积劳成疾”的病症，得慢慢改善，不能太急躁，否则很可能适得其反。于是，我建议他先买两盒知柏地黄丸吃吃，待症状有一定改善之后，再用六味地黄丸调一调。

补肾有补肾阴和补肾阳之别，肾阴虚者则补阴，肾阳虚者则补阳，但还有一种情况就是肾阴肾阳皆虚。像上面这位先生，不仅有肾阴虚症状，还有虚火的症状，可以先服用知柏地黄丸，因为知柏地黄丸是在六味地黄丸的基础上，配以知母和黄柏，知母滋阴清热泻火，黄柏清泻下焦之火，八药合用共同发挥滋阴清热之功，阴液足，虚火清，从而达到标本兼治的目的。这之后再用六味地黄丸巩固一下就可以了。

一般来说，知柏地黄丸因为有滋阴降火的功能，所以适用于阴虚火旺的情况。那么六味地黄丸更偏重于什么呢？六味地黄丸是滋阴补肾的最根本方剂，滋阴的力量要更大一些。如果单纯就是肾阴虚，还没有什么口干，没有什么牙龈肿痛，可以用六味地黄丸。

肾是整个人体的精气血之源，人体经过申时的排泄高峰泻火排毒之后，到酉时开始贮藏精华。如果说每天早晨5～7点的卯时是人体“开门”的时间，那么晚上17～19点的酉时则是“关门”收藏静养的时间。一年大四季，一天小四季，“酉”就是“成就”的意思，代表庄稼成熟了，该收获了。天人相应，从酉时开始，人体也进入了收藏的秋冬季节。而此时正是气血流注肾经的时间，是肾气最旺、功能最好的时候，所以最适合收藏精华。

如果这时候该收藏你不收藏，阳气浮在外面不回去，身上发低烧，中医把它叫“日晡潮热”，而这就是肾的精血被损耗太过了，收藏无力，是元气大伤的表现。工作过于劳累，用脑过度（因为肾藏精，精生髓，而脑为髓海，用脑过度就会伤精耗髓）的事业型男人，新婚后的丈夫不注意节欲，青春期的男孩子如果有手淫习惯的话，最容易出现这种情况，必须加强提防。

那万一出现了这样的问题怎么办呢？兵来将挡，水来土掩，生病了就得想办法治疗。对于这种肾虚之症，就可以根据实际情况，选用知柏地黄丸或六味地黄丸来补一补，调一调。对于一般因肾虚引起的酉时发热症，用这两种药足以解决。

当然，药只能治病，不能治命，此病的根源是因为不当的行为和习惯过度耗伤了肾精，所以要想真正强肾补精，彻底根除自己的肾虚之患，防止类似的情况再次发生，那就得纠正自己不当的行为和习惯。否则，你就得不停地用药来填补窟窿，当有一天窟窿大到填不住、补不了的时候，那将悔之晚矣！

人非圣贤，孰能无过。有过则改，改了就是好同志！认识到错误很重要，承认错误更重要，但改正错误才是最重要的！人的一生，可不就是一个不断改错的过程吗？

附　酉时经络锻炼：肾经是宝藏，脚下有金矿

足少阴肾经和足太阳膀胱经表里相合，从下往上走，起于足小趾，

斜行向脚掌心（涌泉），出于舟骨粗隆下（然谷、照海、水泉），沿内踝之后（太溪），分支进入脚跟中（大钟）；向上沿小腿内侧后缘上行（复溜），出腘窝内侧（筑宾、阴谷），上至大腿内侧后缘，入脊里，穿过脊柱，属于肾，联络膀胱。

直行线：从肾向上，穿过肝脏，上经横膈，进入肺中，沿着喉咙，上行夹舌根两侧。

胸部支脉：从肺部分出，联络心，流注于胸中，接手厥阴心包经。

关于肾经的保养，这里有一首口诀，可以按照口诀来锻炼："腹部肾经要常推，脚上肾经有宝贝，涌泉照海和太溪，生命之水'肾'上来。"肾经是阴经，走腹部，"腹部肾经要常推"就是说腹部的这一段肾经应该经常推揉，以保持它的循行畅通、气血旺盛，而脚上的肾经重点在于3个宝贝穴位，涌泉、照海和太溪，肾乃气血之根源，肾经五行属水，再看这3个穴位，无一例外都与水有关，可谓是生命之水也！

先说腹部肾经的推揉方法，腹部的肾经是距离腹中线任脉最近一条经络，用手掌或手握空拳，沿着正中线从心口至小腹上下推揉，推到的自然就是肾经。气血流注肾经的时间是傍晚的酉时（每天的17～19点），在这个时候，或坐或站，隔着一层衣服推揉肾经5～8分钟，每天一次，即可保证腹部的肾经通畅无比。

然后说脚下的3个穴位。涌泉是肾经的第一大穴，位于前脚掌心，脚趾用力往下抓，这时前脚掌中会出现一个小窝，这个小窝里就是。此穴

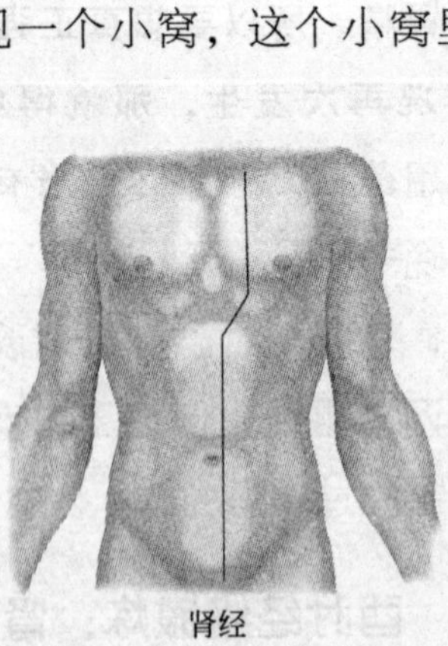

肾经

推揉肾经

有一个非常简单的保养方法，你去买两个保健球（就是别人拿在手里玩的那种金属球，其他材质的也可以），每天傍晚 17～19 点的时候打一盆（最好是桶）稍烫一点的热水（旁边再准备一壶开水，以便随时添加，保持水温），先把保健球放在水里，然后脱掉鞋袜把脚伸进盆里，这时保健球的外表已经被暖热了。将两个球一脚一个，踩在前脚掌心（涌泉穴处），然后脚上微微用力，让球慢慢地在盆底滚动，如此泡脚滚球 15 分钟，然后将脚擦干，穿上鞋袜，注意保暖。这样既有效地激活了脚部的气血，也让涌泉穴得到了充分的刺激，补肾强身，防病祛病，可谓是一箭双雕，两全其美！很多人习惯睡前泡脚，泡完即上床睡觉，这固然是一个不错的选择，但若能在酉时采用这种方式泡脚，那效果必将更好！

照海和太溪都在内踝尖的旁边，照海在内踝尖下方的凹陷处，为八脉交会穴之一；太溪在内踝尖后方略微偏上一点的凹陷处，为肾经的腧穴和原穴。这两个穴位都可以用手指来按揉，认准穴位所在的小窝，左手按揉右脚上的穴位，右手按揉左脚上的穴位，每穴每次 3 分钟，即能收到很好的效果！照海在清热泻火、通经活络、利咽喉和安心神方面的表现不凡，对咽喉炎、扁桃体炎、失眠、精神忧郁、四肢倦怠、癔症以及便秘，女性月经不调、小腹痛、白带过多、子宫脱垂、阴部发痒都有很好的作用。

太溪有调补肾气、通利三焦、强健腰膝的作用，慢性咳嗽、唾痰黏稠、咽喉肿、小便发黄、大便难解、肾炎、膀胱炎、神经衰弱、脚后跟痛、总想睡觉（赖床，经常躺在床上不想起）以及女性月经不调，男性阳痿都可以找它解决。

第十一章

戌时：

快乐起来，看心包经大显神威护心强身

戌时——19：00～21：00——心包经最旺

戌时属狗，心包经当令。狗是人类最亲密的朋友，也是最忠诚的动物，帮助人们看家护院，守卫安全。古人真的聪明至极，以狗来暗喻心包对自己的主人——心脏的忠诚。所以，要保养心脏，得先与心包搞好关系，而与心包“拉关系”的捷径便是心包经。

我们中国人做事儿最讲人情关系。你心脏的功能好不好，心神的工作是不是正常，就看你与心包经的关系怎么样？你把心包经“伺候”好了，它就会通过回报心脏来报答你。不过，瞅对时机才能办成事。你要跟心包经拉关系，最好是在日落西山黄昏中，安静快乐两小时！

保护心脏有妙招，每天戌时揉心包（经）

要保养心脏，首先要保护好心包，就像是一个国家，只有边防稳固，人民才能安居乐业，国家才会富强昌盛！

按照古人日出而作，日落而息的生活习惯，到了一天的黄昏时分，应该是已经回家休息了，这才符合天人相应、天人合一的生命法则。因为古人认为，黄昏时分的19～21点是“阴气正盛，阳气将尽”的时段，属于调养生息的最佳时机。

19～21点对应的时辰为戌时，是经络气血流注心包经的时候。心包经是心包所属的经络，而心包是心脏的“保镖”。《灵枢·邪客》中讲：“诸邪之在于心者，皆在于心之包络。”这里的包络，就是指心包，这句话的意思说，心是君主之官，邪不能犯，外邪侵袭于心的时候，首先会侵犯心包，有心包护驾。如果邪侵心包之后治疗不及时、不得当，导致其继续深入，伤及心脏，那就是很严重的心脏疾病，这个人就非常危险了。

其实道理很简单，大家想一想，君主可不就是古代的皇帝吗？皇帝当然是不能有事儿的，当皇帝受到攻击或欺负的时候必然会有下面的人替他受之，如果皇帝自己出事儿了，那整个国家不就一片混乱了吗？所以戌时休养的主要目的就是为了保护和调养心脏。且心主喜，所以这时候应该心情愉快，快乐地休息。

而对于我们现在的大部分人来说，这个时间除了偶尔加加班之外，就是看电视和跟家人聊天了。当然，这也是一种缓解疲劳、为心脏减压的很好途径。

其实，每天的戌时是非常宝贵的一段时间，我们应该统筹规划，充分利用才对。眼睛看电视，嘴上聊着天，手也不能闲着，当然不是要你去嗑瓜子，应该做点儿更有意义的事情。什么事情呢？我们保护心脏最应该做的还有一件事儿，并且是更好更有效的保护心脏的办法，那就是按摩心包经。当然，按摩心包经的作用绝不仅仅是保护心脏，因为心为五脏六腑之君主，心包经通畅了，心脏功能强大了，这对我们五脏六腑的功能、全身上下的气血运行都有很好的调理效果。下面我们就来详细说说按摩心包经的方法。

心包经是行走在我们两手臂内侧的一条经络。它从心脏的外围出发，向上走，左右各分出一支，到达腋下3寸处，继续向上，转过肩膀，沿着手臂的内侧往下，经过掌心，直达中指尖，相当于整个手臂内侧的一条“中线”。我们可以一边看着电视，聊着天，一边两手互换着从腋下开始，自上而下捏揉心包经的行走路线，沿着胳膊、手腕、手掌，最后到中指尖。每侧捏揉10分钟左右即可，总共花20多分钟就能完成。

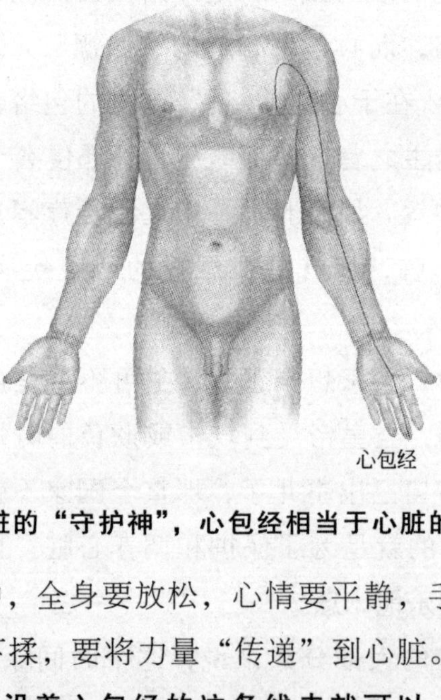

心包是心脏的“守护神”，心包经相当于心脏的“长城”。

在捏揉的过程中，全身要放松，心情要平静，手上稍微用点力，动作慢一点，一下一下揉，要将力量“传递”到心脏。**捏揉的时候不必具体针对某一个穴位，沿着心包经的这条线走就可以，但如果揉到某一个地方的时候感觉跟其他地方明显不一样，有酸、痛、麻木之感，那就要加以重点关注，这就是我们要找的“特效穴位”了。**因为出现这种情况就预示着这个地方可能发生淤堵了，如果不及时加以疏导将可能危及心脏健康，引起各种心脏疾病。所以一旦发现情况，每天按摩的时候就要比其他地方多揉一会儿，直到把它揉得不痛了，没有特别的感觉了，那就好了。陈玉琴女士最为推崇的养生法之一就是揉心包经，还有吴清忠先生，他在《人体使用手册》里再三强调的自我养生法“一式三招”的其中一招，也是按摩心包经。我经过一段时间的亲身体验和临床实践之后，发现这个方法效果确实非同一般，所以在这里把它推荐给大家，希望能给大家的身心健康带来福音。

其实不只是心包经，其他经络也一样，“通则不痛，痛则不通”，如果发现经络的行经路线上某处有疼痛酸麻之感，那就说明这个地方发生淤滞了，需要尽快加以疏导，以保证气血能够畅通无阻，正常运行。这也就是中医讲的“治未病”。但如果你平时没有按摩心包经的习惯，很可能发生淤滞了你还不知道，造成疏导不及时，结果就会引发更严重的问题。这跟马路上经常出现的堵车现象非常像。很多时候，堵车只是因为一点很小的原因，比如前面发生了小事故，或是有车出了故障，半路抛锚了，此时如果能将问题迅速解决，把挡道车挪开，交警能及时赶到现场指挥疏导一下，那就不会造成很严重的拥堵；相反，要是处理不及时、不得当，那就很可能造成绵延好几公里的大塞车。

随时保持心包经的通畅非常重要，因为保护心包经就是保护心脏，你的心脏健不健康，功能怎么样，全看你把心包经照顾得好不好。我们知道，心主要有两大功能，即中医讲的主血脉和主神志。简单理解，主血脉就是负责血液及其运行的管道，如血液干不干净，血管通不通畅，血液能不能在全身正常地运行，这都是它要管的事。现在得心脏病、心脑血管病的人非常多，什么“三高症”（高血脂、高血压、高血糖）、动脉硬化、冠心病、心绞痛、心肌梗塞、脑血栓，这些病的病根都在心脏上，都是因为心主血脉的功能发生异常，不能正常地净化和推动血液，导致血液不干净了，血管堵上了，然后就会出现这些病。得上这些病的人，一定是没有把自己的心包经照顾好，心包经出了问题。这时候怎么办呢？你要想病情有改善，首要的任务还是疏通心包经，坚持每天按摩它。

那心主神志又是什么意思呢？心主神志又叫心藏神，心主神明，就是说人的意识、思维和情志活动都是在心的主导下进行的。《灵枢·邪客》中说："心者，五脏六腑之大主也，精神之所舍也。"《灵枢·本神》中则讲到："所以任物者谓之心。"强调的都是心主导人的意识思维活动的功能。要是心主神志的功能不正常了就会出现我们通常所说的"喜怒无常"，也就是《灵枢·本神》中所讲的："心藏脉，脉含神，心气虚则悲，实则笑不休。"

现在人最爱得的两种病——心脑血管病和心理疾病，都在心包经的管辖范围内。所以这说明现代人心包经淤堵不通、气血不足已经成了一个普遍情况。所以敲心包经的方法才是根本之策。当然，治病解症只是亡羊补牢之举，真正的健康财富源于平时的积累。而中医的最伟大、最高明之处，就在于它的核心是主张"治未病"，将病化解于无形之时。南宋诗人陆游曾说，"汝果欲学诗，功夫在诗外"。健康养生又何尝不是如此呢？如果你平时把"功课"做好了，做足了，各种病邪对你无可奈何，就能达到"不用守门胜似守门""无为而治"的境界，这才是养生的至高境界。

同样的道理，你经常揉心包经，把心包经照顾好了，气血旺盛，循行通畅了，它"回去"就会增强心包的功能，而心包就能更好地保护心脏。这样，心脏就不会整天被一些"鸡毛蒜皮"的事情骚扰，就能将自己工作的重心放在管理血脉和心神上。你想，要是心脏把血脉和心神都管好了，把相关的问题打理清楚了，那些五花八门的心脑血管病和心理疾病，还能沾上你吗？

但按摩心包经有一个特别的窍门，那就是时机选择的问题。选对了时机，就能事半功倍，同样的方法，你的效果就比别人好得多。那按摩心包经最佳的时机是什么时候呢？就是我们开头提到过的，每天黄昏时分的戌时。可戌时是19～21点，有两个小时，具体什么时间最好呢？如果你真要想优中选优，把按摩心包经的效果发挥到极致，甚至想立竿见影的话，那最好就是在戌时之"中点"——晚上的20点前后（20分钟内，也就是在19：40～20：20之间）按摩。为什么时机问题这么重要呢？

我们知道，根据中医的子午流注理论，气血是在19～21点流注心包经，但并不是这两个小时内心包经的气血都是那么旺盛。在19：40之前，气血还未完全流注到心包经，所以心包经的气血还不是足够旺盛；而到20：20分之后，气血又开始下降了，就像火车一样，准备前往下一站——三焦经开走了。这也就是说，晚上20点正好是心包经气血的峰值，而其前后的20分钟相对而言是它气血最旺、最平稳的时候。打蛇打七寸，做事瞅时机，你这时候按摩，就等于抓住了心包经的根本力量，效果自非一般时间的按摩可比。

这就好比是我们人的一生，20岁以前的时候还不成熟，不太懂事儿；60岁以后反应慢了，精力也不行了，那我们就必须把握好从20岁到60岁之间的这几十年时间。你的人生有多高的成就，多大的价值，过得精不精彩，全看你在这几十年里怎么做！时来天地皆同力，运去英雄不自由。人生的很多道理，其实是互相融通的！

紧张的时候就振臂握拳，这样可以激发心包经的能量

心病还需心药医。紧张的情绪因心而起，亦得由心来平，虽然我们不能轻易“动心”，但“心手相连”，所以我们可以通过动手来“调心”。

前两天看电视新闻的时候，看到法国的工人正在举行罢工游行，庞大的人群在大街上振臂高呼，反对萨科奇总统领导的政府在经济危机背景下施行的经济政策。看人们一个个愤怒的表情，高举的手臂，好像要打架一般。这让我突然想到一个问题：为什么人在表达情绪的时候总喜欢做出某种手势或动作呢？呼喊说话不是用嘴就可以了吗，为什么非得要手也参与呢？

类似的，在生活中，我们还经常可以看到这样的情况：一个人在愤怒的时候会拍桌子，宣誓的时候要握拳举臂，懊悔的时候捶胸顿足，表明自己信心的时候要拍着胸脯……手与心的配合是如此的默契！

原因其实很简单，因为我们的双手与心脏有着非常紧密的联系，所

以心和手在“实际工作”中会互相协调、互相配合！

我们可能都听说过一个词，叫“心手相连”，它大多数时候是用来形容人与人之间团结互助的友好关系的。其实，这个词仅从字面上来理解，就跟“十指连心”一样，本身也有它的意义，有中医的道理在里面。因为我们的手上有六条经络与内脏相连，而其中的两条经络——心包经和心经就是直接与心脏相连的，还有一条小肠经与心经相表里，也与心脏有非常密切的关系。也就是说，在贯通我们两手的六条经络中，有三条都与心脏有直接的联系，这可不就是“心手相连、十指连心”吗？

我们知道，心脏的主要职责之一是藏神，主神志，也就是说人有关思维、情绪的一切活动都是在心的主导之下来完成的。而愤怒、兴奋、宣誓、懊悔、信心等，这些情绪、语言的表达不都是源自心理活动吗？

而我们的心与手是密切相连的。既然心手相连，心有想法要表达，手必然会在动作上给予配合。换句话说，我们手上的动作是在表达内心的意见，因为心是内脏，在身体的内部，它有什么主意的时候不能直接让别人知道，必须借助语言和身体的动作来表现，而手上有心经、心包经，所以为心作“动作代言”的最合适角色自然是非手莫属了。

我们之所以在表达自己情绪的时候要振臂高呼，要握拳举臂，要拍胸脯，拍桌子，就是要将自己内心的想法传达出来（因为言为心声），就是要激发心包经的力量。因为心是君主，是皇帝，它只管下达“命令”，自有下面的人去传达落实，它自己是不会“亲力亲为”的。而如果心是皇帝的话，那么心包就相当于心的“左膀右臂”了，也就是皇帝命令的直接执行者。所以我们在通过语言表达内心想法的同时要挥动手臂，或拍或举，以调用心包经的力量。

心包经是从肩膀到中指尖，行走在我们两手臂内侧的一条经络。我们的手一拍一举，心包经就被疏通了，气血变得更加旺盛。手向上举，人的心神就会得到提振，心主神志的功能会得以加强；而手掌往下拍桌子，我们就能更好、更顺畅地将自己内心的愤懑宣泄出来，以防形成积郁，导致气血淤滞，这对心理健康也是非常有好处的。

其实举手振臂也是一个非常好的养生动作，我们给自己争取发言机会的时候要举手，在表达决心的时候要振臂，在表示信心的时候要拍胸脯，目的就是为了调动心神、强化心神的力量。推而广之，举手振臂这个动作还有一个非常好的用处，那就是帮助我们镇定心神，缓解紧张的情绪。

大家可能都有过这样的体会，当要参加考试、面试、演讲或出席其他重要活动的时候，常常会出现心情激动、情绪紧张的情况，不知道该把自己的手往哪放好，总想去抓个什么东西，甚至抓衣角、抓耳挠腮。如果这时候你换一个动作：握紧拳头，举起一只手，同时嘴里念叨两个字“镇静！镇静！”或是不说出来，只在心中默念，暗自下决心即可。

如此坚持这个动作两分钟之后，你会发现自己的情绪已经归于平静，头脑异常清醒，内心充满信心和力量，不再感到紧张，更不会手足无措。这就是因为我们通过握拳振臂促进了心包经的气血循行，激发了心包的力量，稳定了心神的功能。我们握拳的时候，中指尖顶在手心里，这样正好攥住了心包经上两个最重要的穴位，中指尖上的中冲穴和手心的劳宫穴，达到以穴点穴、气血融通、平心静气之奇效。用力不如用意，再加上配合了内心的意念，这样，波涛滚滚的“心海”很快就会风平浪静，只留下微微的涟漪缓缓荡开，你就可以尽情地去挥洒自己的才智风云！

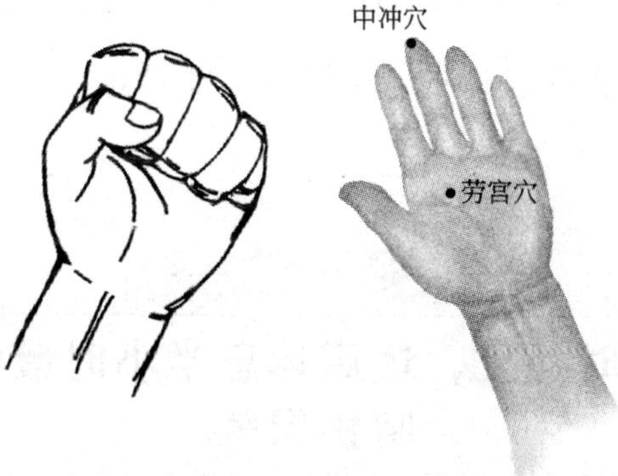

激发心包的力量，让自己镇定自若，挥洒自如，不再紧张！

当然，这只是应急之策，治标不治本。如果你经常出现这种情况，一上讲台就紧张，一遇到稍微大一点的场面就心里发虚、激动不已，那就是心藏神、主神志的功能出现问题了。而这不仅仅是心理问题，更是生理问题，需要调养心神。怎么调养呢？方法不变，还是我上面推荐的振臂握拳动作，但使用的时间要加以调整。每天吃完晚饭之后，先休息上半个小时，然后在戌时（19～21点之间），找一个相对安静，没有人打扰的地方去练习振臂握拳的全套动作，手上与心里的意念相配合。因为戌时是气血流注心包经的时段，此时它的功能最好，而我们的这个振臂握拳动作正是要激发心包的力量，保卫心脏、安心定神，以治本。这样每天坚持练习1次，每次“临阵前”再加练1次，1个月以后，你爱紧张、激动的情况就会大大改善了！而随着心神功能的增强和对类似大场面活动熟悉程度的增加，逐渐地，你就可以“驰骋”讲台无惧色了！

所以你别看我们平时的这些无意识的习惯性动作，包括伸懒腰、打哈欠、打喷嚏之类，它其实都是充满智慧的，是身体在进行自我调理的表现，这比我们强制身体做出某些行为（比如去搞“跑跳蹦”之类的剧烈活动）效果要好得多。**更重要的是，很多时候我们可以顺势而为，协助身体进行自我调理，或是借助身体自己的这些习惯性动作，来调理身心的状态。比如我上面给大家推荐的这个“振臂平心”法，其实利用的就是握拳振臂的一个习惯性动作。**

生活处处有中医，举手投足皆中医。我们只需顺应即好。因为中医就是从生活中来的，它与我们的传统文化是一脉相承的。正所谓道法自然，生活中的很多事情也一样，我们不必要刻意为之，拂逆其性，顺其自然或许就是最好的选择！

戌时补土，饭后休息半小时最能呵护胃气

戌时是护心的良机，也是养胃的妙时，因为心火生胃土，所以善养心者脾胃功能亦不会差，脾胃不差人的“电量”就会很足！

一位朋友告诉我，他有一个非常好的习惯，就是早晚都得出去遛一圈，用北京话说就是遛弯儿。他说自己早上一般是早饭之前出去，晚上

则是在晚饭后。这个习惯很好，我表示赞赏，但我又下意识地想到一个问题，就是现在有很多人晚饭吃得比较晚，然后吃完饭就出去遛。于是我问他，吃完饭后多久出去。不出我所料，他果然犯了这个很常见的问题——饭后立即就出去，还拿出了“饭后百步走，活到九十九”的理论。

我提醒他，晚饭后应该稍微休息一会儿再出去。他问要休息多长时间合适，我说以半小时为佳。我这位朋友有抽烟的习惯，我就半开玩笑地跟他说：“俗话不是说‘饭后一支烟，赛过活神仙’吗？你吃完饭坐会儿，先抽支烟再出去多好！”“也好！你是专家，现在都讲究养生嘛，就听你的。那我以后就吃完饭看会儿电视再出去。”朋友笑着说。

在这里，我要特别说一下传统谚语中的“饭后百步走，活到九十九”的问题。其实这里的“饭后”并不是说吃完饭就立即出去活动，正确的理解应该是先休息上半小时左右，然后再出去散散步，活动活动，只有这样才能达到健身的目的，才可能“活到九十九”。为什么呢？

首先，刚吃完饭的时候食物并没有全部到达胃里面，还有一部分正从食道里往下走，此时不应该做比较大的身体活动，一方面防止由于食物快速地下落对食管和脾胃造成伤害；另一方面则是为了预防食物在快速的下落过程中行进不顺畅，发生堆积，堵上了，形成梗阻。这就像我们的道路交通一样，本来一条路的承载能力还不错，平时来往都很顺畅，但在上下班高峰时段或是因为旁边的道路交通管制，于是大量的车辆涌过来，结果整条路的通行能力就大大下降，甚至发生拥堵。

当然这还只是表层的原因，更重要的是，刚吃完饭的时候我们身体的气血会将关注的焦点转移到脾胃上，以增强脾胃的消化能力。如果刚吃完饭后立即就出去活动，气血分散很大一部分能量到腿脚四肢上，这样到达脾胃的气血就会不足，它们的功能必然会受到影响。偶尔一次没什么关系，但若长此以往的话，人的消化吸收能力就会下降，甚至引起消化系统的疾病。所以你看现在很多老年人，虽然天天都在锻炼，但食欲并不好，脸上的气色很差，整个人的身体状态也不好。这不难理解，老年人的脾胃功能因为自然衰老的原因，本来就已经不太好了，每天再这么折腾一两次，它能受得了吗？

另外要特别提醒大家的是，“饭后百步走，活到九十九”这句话主要针对的是那些每天活动比较少，长期伏案工作，或形体较胖、身体素质比较好的人来说的。而对本来体质不太好，尤其是患有胃下垂、高血压、冠心病、动脉硬化、糖尿病等心血管疾病的人（特别是老年人）来说，饭后胃肠活动加快，负担更重，如果很快就出去散步的话极有可能会加重病情；并且散步和活动会使体内的气血流动加快，脑部的气血供应减少，还可能引发心绞痛、早搏、阵发性房颤以及昏厥晕倒等严重问题。针对这些情况，民间又有一种说法叫“要活九十九，饭后不要走”。所以对于各种养生方法和健身名言，不管它有多“权威”，多神气，我们都应该辩证地去看，切记不可盲目跟风，这可不是穿衣服，不能赶时髦。有句话说得好，最好的不一定适合自己，只有适合自己的才是最好的。

现在大家几乎都知道“要想身体好，就得多锻炼”的道理，专家学者、医院媒体都在强调运动健身的重要性。由于时间比较自由充裕，现在绝大部分的中老年人都养成了健身锻炼的好习惯。但如果锻炼健身的时机和方法不对，不适合自己，多锻炼还不如少锻炼。因为你锻炼得越多，对身体的伤害越大。

我们再来看看晚上的这个锻炼，它的时机选择尤为重要。这也是晚饭后应休息半小时后再出去遛弯儿的原因所在。因为这样不仅能完全避免伤及脾胃的问题，还有助于健脾养胃，呵护胃气。为什么这么说呢？它其中是有很深道理的。

古人讲天人合一，天人相应，在我看来，人与天的相应主要是时间上的相应，比如昼夜和四季的阴阳变化。所以从广义上来说，中医其实就是一门时间医学，即便从更小的范围来说，也确有“中医时间医学”这么一门学科。按照中医的时间医学理论，人体的脏腑经络与天干地支、十二时辰是相互对应的。我们现在吃晚饭一般不就在六七点钟吗？而19～21点正好是戌时。我们知道，戌时气血流注心包经，而心包经是属火（因为心和心包都是属火的）的，脾胃是属土的，火生土，所以晚饭之后的戌时休息半小时，借火补土，以调养脾胃，这可不是调养脾胃、补益胃气的天然妙方吗？还有什么药物的效果能比这更好？

脾胃乃人体的后天之本，气血生化之源，中医讲“有胃气则生，无胃气则亡”，尤其是老年人，先天之气将尽，全靠后天气血的滋养，所以养好脾胃就更是重中之重。脾胃养好了，吃嘛儿嘛儿香，消化吸收好，气血的生成就充足，精气神也都旺了，干嘛儿嘛儿有劲，就不会有那么多的健康问题？

其实，养生并不是要我们去做很多自己不愿意做的事情，而是顺其自然，不犯错误就好！在这个原则之下，然后尽可能地去做一些能让自己身体舒服和“高兴”的事情，那就是最高明的养生智慧。己所不欲，勿施于人。与人交往如此，养生护命亦然，只不过这里的对象变成了自己的身体。

送人玫瑰，手留余香，鼓掌也可以给自己带来快乐和健康

为别人的精彩表现鼓掌喝彩，就是在为自己的健康加油助力，生活中不能没有掌声，就像大自然不能没有花香一样。

前不久，我在看报纸的时候在“科技生活”版看到一篇文章，说欧美的科学家经过大量的研究调查发现，经常为别人鼓掌的人，其整体的健康状况普遍好于不经常鼓掌的人，也就是说，经常为别人鼓掌是非常有利于提高自身健康水平的。科学家们的研究结果表明，鼓掌（两手掌互相拍击）不但能够健脑益智、增强记忆力、提高思维能力、预防老年痴呆症，还可以缓解疲劳，治疗手部麻木痉挛症、末梢神经炎、上肢关节炎、冻疮，并且对脑血栓后遗症、高血压、失眠、便秘、更年期综合征等多种常见病都有极好的改善作用。说得神奇之极，不免会让许多人为之耳目一新。

然而，呕心沥血的科学家们却一直没能破解其中的奥妙——这其中的原因是什么呢？手和脑袋、内脏都离得大老远的，究竟是什么东西在起作用？

知其然是科学，知其所以然那就是智慧了！

就像上面这个鼓掌可以健身治病的例子，如果把它放到中医的大盘子里来解释，似乎一点也不难，甚至是很顺理成章的事情。按照中医的全息理论，我们的两手掌就是整个身体的一个缩影，全身内外上下的器官组织在此都有投射点。同时，手还是一个经络的聚会之地，在我们全身的12条主经当中，有6条到达两手掌，所以两手还可以通过这6条“主干道”与内脏直接沟通。这就好比北京是我们国家的首都，全国各地都在这里设有办事处、联络点；同时，北京又是通向全国各地的各条国道的起点，是一个交通的枢纽，我们的手，就像是身体的一个“首都”。

而我们在鼓掌的时候，能够激活手部的所有经络，有效刺激手掌上的穴位，特别是作为各条经络气血源头的井穴，从而起到非常好的疏经活络、调理气血的作用。同时，经络也会将这些信息及时传递到内脏，对内脏的气血分配和功能状况起到非常好的调理作用。那为什么鼓掌能起到防治科学家们所说的那些疾病的效果呢？道理很简单，这些病真正的病根儿都在脏腑上，而经常鼓掌，刺激了经络，改善了脏腑的功能，消除了脏腑上的病理性反应，疾病自然会不治自愈了。

到达我们双手上的6条经络分别是手掌上的肺经、心经和心包经；手背上的大肠经、小肠经和三焦经。报纸上所说的鼓掌能健脑益智、增强记忆力、提高思维能力、预防老年痴呆症、防治失眠，这其实是因为鼓掌时通过疏通，激活了心经和心包经，改善了心的功能。因为在中医里，心藏神，主神志思维活动，上面所说的记忆力、思维能力、防治失眠等都是心脏的职责所在。还说鼓掌对手部麻木痉挛症、末梢神经炎、上肢关节炎、高血压、冻疮有效，这一方面还是因为增强了心脏的功能，另一方面则是因为经常的鼓掌活动，疏通了经络气血。至于说鼓掌能治疗更年期综合征、便秘等，这也与鼓掌刺激了心经、三焦经、大小肠经，改善了这些脏腑的功能有关，更年期综合征这是身心共患病，与心脏和三焦密切相关，而便秘则直接与大小肠的功能失常相关。

其实，鼓掌之所以能有如此好的效果，是因为我们鼓掌激活的不仅是手部的6条经络，还调动了全身的其他经脉和脏腑。因为我们手上的这6条经络又与上下走向的脚部的6条经络和奇经八脉在头面部、胸部互有联络，所以鼓掌能产生“牵一发而动全身”的效果，对其他脏腑器官的功能亦能起到良好的改善和调理作用。就像我们吃饭一样，虽然最直接的作用是填饱肚子，但所吸收来的营养精华其实是为了供养全身，滋养五脏六腑、四肢百骸、五官九窍。所以别看鼓掌这么不经意的一个动作，其实里面包含着非常高明的养生智慧。

当然，这里的“鼓掌”只是我们拍手活动（也可以叫击掌）的一个代名词。拍手的方法非常多，其中“交替激活拍手法”，对失眠多梦、记忆力不好、白天没精神爱打瞌睡、手脚发冷等病症效果非常不错，对心脏病和脑血管病也有极好的改善和辅助治疗作用，尤其适合“两老（脑）”人群——老年人和工作紧张的脑力劳动者们，我这里把它也分享给大家！

此方法分三个步骤。第一步，两手掌心、手指分别相对，相互击打，跟我们平时的鼓掌差不多，连续拍打5分钟，主要目的是为了激活整个手掌；第二步，拍手背，先用左手掌拍右手背两分钟，然后再用右手掌拍左手背两分钟，如此交替拍3次，主要作用在于激活手背；第三步，拍手指尖，两手五指张开，略微弯曲，五指指尖相对，互相拍打3分钟，这一招的重点在于激活手指尖。在整个拍打的过程中，要保持内心的平静和愉悦，从头顶到四肢全身要完全放松，面带微笑，眼睛微闭，注意力始终集中于两手掌心，以做到“意力”同用！

别看动作很简单，但效果很不简单。经过这三步，我们的手就被完全激活了，手部的经络、穴位都得到了很好的刺激。此法最佳的锻炼时间是黄昏的戌时（19～21点之间），因为养生的重点在于养心，而此法的最大优点是身心同调，戌时气血流注心包经，而掌心的劳宫穴是心包经上的要穴，掌心相拍的重点就在于刺激劳宫；十指连心，“心手相连”，十指相拍也是为了调养心脏。这三步从整体上激活了手部的所有经络穴位和全息反射点，可以通调全身的气血，改善全身各大脏腑组织的功能。

另一方面，“动则生阳”，鼓掌也是一种老少皆宜很好很安全的“运动”健身方式，可以提升阳气，振奋精神，增强脏腑的功能，促进气血向大脑和手脚部的运行，改善新陈代谢状况，而这对阳气渐弱、脏腑渐衰、身体渐老的老年人来说，是一种非常好的保养和补偿措施。

送人玫瑰，手留余香，为别人鼓掌也是在为自己鼓掌，因为它帮助我们活得更加幸福和健康！其实，医者帮助病人消除疾患，老师帮助学生化解疑难，在别人最需要帮助的时候我们助其一臂之力，帮助别人快乐自己，这又何尝不是“送人玫瑰，手留余香”呢？

双手合十，闭眼静养十分钟，是收敛心气、培养元气之妙法

“合掌交心”法的根本是一种意境，意到力自到。如果你能随时随地保持心平气和，那么很简单的一个动作就能让你的身体得到巨大的收获；相反，如果你心浮气躁、杂念满怀，那么即使让你摆出多么复杂的架势，也难有什么效果。

大家都知道，全世界有一种通用的友好语言——微笑，不论是哪洲哪国哪儿人，见面只要一微笑，双方皆可心领神会，以礼相待。但要问你全世界有一个通用的友善动作是什么，你是否知道呢？有朋友可能会说了，双手合十吧！没错，双手合十，也就是我们平时两掌并拢“作揖”的动作。古今中外，这个动作可以说是最通用的一个“友善之举”，它是我们表达敬意、表明诚意、表示感谢的一个经典动作。可是，你是否知道，这个动作里面还潜藏着伟大的养生智慧呢？

正因为这个动作能表达我们内心的善意、诚意和敬意，所以认真做过的人就有体会——每次做完它的时候，就会觉得内心非常安宁、充实、平和，就像是实现了自己的一个心愿，或是完成了一项重要的任务，做了一件很大的善事一样。为什么这么简单的一个动作，却有着如此神妙的效果呢？道理其实很简单，因为做这个动作帮助我们收敛了心气，培养了心神。而心神功能正常了，人的内心就会非常平和、安宁！

心主神志。在中医眼里，人的所有神志精神活动都是在心的主导下进行的，而我们的两手心是心包经之要穴——劳宫穴的所在地。因此，我们的手心好比是心在体表的一个通道，一个窗口。双手合十的“作揖”动作，五指相对（而十指连心），两手心相合，正好实现了心神的交合，使心气得到收敛、心神得到养护。

同时，我们“作揖”的时候，两手的劳宫穴正好与胸部两乳间的膻中穴平衡相应，而膻中是心胸的中心点，是心包的标志，穴气之会穴，一切上下之气皆须由此而过。比如我们平时的生气，刚开始生气或是生小气的时候是肝的气；如果生气的时间长了，或是生气发怒了，那就是心也生气了。这时候我们通常会觉得胸口特别堵得慌，可能会不自觉地用手去拍胸口，这其实是膻中穴堵住了，你一拍它，上下通畅了，问题也就解决了！而“作揖”这个动作也能起到同样的效果，有助于疏通气机，舒畅心肝肺气。这样，人自然就会觉得内心平静，踏实安稳！

然而，这不过是我们随手而得的一点好处，并非特意为之，要是我们能够稍微投入一点时间和心思，把它当做一种功法，每天坚持去练一练，那效果就真的不一般了！

这种功法源自我十多年来的亲身实践和总结，我把它叫做“合掌交心法”。很多人学会之后坚持锻炼，向我反映效果非常之好，特别是有一些工作比较劳心费神的脑力劳动者，他们说自从坚持用合掌交心法锻炼之后，自己每天的身心状态好了不少，工作效率更高了。

练习合掌交心法的动作很简单。选一个安静的环境，或是在公园的一个角落，或是在自家的阳台，或是在一间没有人打扰的屋子里；然后或站或坐，或盘腿打坐，全身放松，心平气和，双手合十，五指相对，掌心略微拱起，中间空一些，举于胸前，平衡膻中的位置即可。但要想真正获得好的效果，还有3个要领必须把握好，那就是眼睛、意念和呼吸。两眼要自然微闭，眼神回收；意守膻中，暂时停止其他所有的思维活动，排除杂念，只想着两乳中点的膻中穴；采用腹式呼吸，节奏均匀自然，随着对功法的逐步熟练，可以适当延长呼吸的节奏。如果能做到这3点，那你就“成功了一半”。

为什么说还只成功了一半呢？因为要想真正获得良好的锻炼效果，这其中还有一个重要小窍门，那就是要选准锻炼的时机。此法最好坚持每天练习一次，以黄昏时分为最佳，因为这段时间气血正好流注心包经，是疏导和发挥心包经功能的最佳时机，真可谓“好风凭借力，送我上青云”。每次练习的时间不用太长，10～15 分钟即可，但必须长期坚持，不要急于求成、“浅尝辄止”，日久天长，方可收到奇妙之效。一般来说，连续坚持锻炼一个月之后，就会收到明显的效果，继续坚持，妙效则如涓涓细流，绵绵而来！

此法不仅可以收敛心气、调理心神，还有利于培补元气。明代养生家石室道人程羽文非常推崇时辰养生法，他在“二六功课”中就曾经谈到，戌时静心调息是培养元气的好方法。

双手合十，举于胸前，劳宫对膻中，这是收敛心包的一个动作，你只要做这个动作心神就会得到收敛，两手掌一合拢，眼睛就会很自然地闭上。因为心收敛了，神也会随之收敛，而眼睛是心灵的窗户，是心神的外散，我们平时说的“眼神”就是这个意思，神收敛了，眼睛会很自然地闭上。**如果一个人心与眼的协调功能不正常了，精气神受损了，神收敛了眼睛没有闭上，那这时的眼睛就是空洞无神的，就更应该练“合掌交心”法。**

在西医里，膻中穴的位置就是我们的胸腺所在地。胎儿在妈妈体内的时候，胸腺是很大的，因为这是他最主要的免疫系统。当宝宝出生之后，胸腺就会逐渐变小，功能也会退化。所以我们意守膻中，其实也是激发胸腺免疫功能的一个非常好的方法。从西医的角度来说，免疫功能增强了，细菌病毒就对我们无可奈何，什么感冒、拉肚子、咽喉炎、鼻炎、肝炎等常见病，我们就不容易得上。

而所谓的免疫功能，不正是我们中医所说的正气吗？《黄帝内经》中的“正气存内，邪不可干”说得正是这个意思。正气足了，外邪就不敢轻易侵犯我们，什么风、寒、暑、湿、燥、火，都不能近身，我们当然就可以少生病，甚至不生病。而生病是最损耗元气的事情，不生病或是少生病，人体的元气就消耗得很慢，元气消耗慢了，人就能活得好，活得长。就像汽车一样，油耗低了，开的时间就会更长。但不同的是，汽车可以加油，而人体元气的量是已定的，它没法加，也没法补，所以你降低损耗、节约使用，就等于是在培养它，在补益它。

其实，我最初练习和总结此“合掌交心”法的灵感是来自于佛家的坐禅，因为佛家的坐禅是一种非常好的养生养心功法，古往今来备受推崇。《增一阿含经》卷十二说：“坐禅思惟，莫有懈怠。”《六祖法宝坛经》上云：“外离相为禅，内不乱为定。”爱国名将续范亭则有“早晚两次太极拳，却病无妨学坐禅”的诗文论述。而你在心包经当班的戌时练习“坐禅（或是站禅）”，就好比是万事俱备，又来了东风，天时地利人和，效果自然非同一般！

禅在心中是一种意境，“合掌交心”法的根本也是一种意境。中医讲“用力不如用意”，意到了，力自然会到。其实做什么事情不都是如此呢？

附　戌时经络锻炼：心包经敲得好，全身上下无疾扰

手厥阴心包经，从胸部走手，起始于胸中，浅出属于心包，穿过横膈，经过胸部、上腹和下腹，依次联络上、中、下三焦。

胸部分支：从胸中出胁部，经腋下三寸处（天池）向上到腋窝，沿着上臂内侧（天泉），行走在手太阴、手少阴经之间，进入肘中（曲泽），下行至前臂，走在两筋（桡侧腕屈肌腱与掌长肌腱）之间（郄门、间使、内关），经过手腕（大陵），之后进入掌心（劳宫），沿中指桡侧出于指尖（中冲）。

掌部分支：从掌中分出，沿无名指尺侧端（关冲穴），接手少阳三焦经。

心包经的保养方法，陈玉琴女士研练的“揉心包经”——循经指压心包经的方法效果不错，我这里再次把它推荐给大家。方法很简单，找一个安静的地方在椅子上坐下，身心放松，呼吸均匀，首先闭上双眼，集中注意力于心包之募穴——膻中（两乳头连线的中点）10 分钟；然后伸开双臂稍微活动一下，开始揉心包经。左手揉右胳膊上的经络，右手揉左胳膊上的经络，从乳头旁边的天池穴开始，经肩膀内侧到胳膊内侧，

循着心包经的行走路线，一点一点敲揉下去，直到手腕部，最后到达手掌心的劳宫穴。敲揉的速度不要过快，但力度要稍大一点，要让这种力量具有穿透力，能随着经络传递到心脏里面去，每侧每次敲揉 10 分钟左右。

敲揉心包经

因为我们的重点在于疏通经络，所以敲揉的过程中不必过分关注某一个穴位，但如果按到某一个地方（不管是不是穴位）有酸痛麻木等异常的感觉，那就要在这个地方多花点时间，把它好好揉一揉，并且每天如此，直到把它揉得不痛了，跟其他地方的感觉一样了，就好了（这是一个通用的操作法则，按摩任何经络都应该这样）。

心包经气血最旺的时候是在 19～21 点（戌时），所以这时候敲揉效果是最好的，能达到事半功倍之目的。心包经畅通了，你的心脏就安全了，心脏的功能也会更好，就不会轻易出现神志和心血管方面的毛病，如忧郁烦躁、紧张不安、失眠健忘、心脏病、冠心病、脑血栓等。

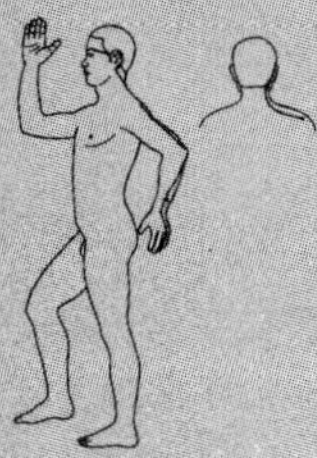

第十二章

亥时：

天地归于安静，养阴育阳在亥时

亥时——21：00～23：00——三焦经最旺

曾经有一位民间中医高人告诉我：“养生其实是有诀窍的，这个诀窍就是时间上的讲究。不论你的方法有多么好，多么高明，如果你没有用在最合适的时候，效果就会大打折扣！相反，即使很简单的方法，如果你用对了时间，并且坚持去练，那必事半功倍！”

亥时是一天中最美丽的时候，天地归于安静，人可以酣畅地释放激情，然后进入甜美的梦乡；亥时也是一天中承前启后的关键时刻，阴气极旺将衰，阳气已尽将生，而此时也是人结束一天的生活，开始孕育新的生命周期的时刻。所以，亥时养生最重要的就是两件事：一是男欢女爱，畅享激情，但这并非“常规动作”，偶尔为之即可，以节欲保精，益肾护身；二是进入梦乡，安身定神，养阴育阳，休养生息，此乃每日必行之举，违则伤身损体！

睡觉是天下第一大补，亥时入睡最能养阴

健康没有快车，养生全在细节。顺应自然规律，不跟身体唱反调，把握好生活的细节，这就是最好的不生病的智慧！

前不久，和几个企业家朋友一起吃饭，聊天中一个朋友问我："你懂得多，那你说天底下什么东西最养人，我得去买着吃，趁早动手，好让自己多活几年。"我不禁哑然失笑，打趣道："什么东西最养人，你老婆每天给你做的家常便饭就最养人了，它比什么鱼翅鲍鱼、人参虫草都好，因为鱼翅鲍鱼、人参虫草再好，你也不能天天吃呀？老婆做的饭那是真情加美味，养神又养身呀，还有什么东西能比得上！"见没理可辩，他便改口道："那咱不说吃的，除了吃喝之外，还有什么东西或者什么办法最养人，最补？"

"当然有！"我非常肯定。随即又反问道："你想对人来说，最重要的两件事除了吃喝之外还有什么？"

"睡觉！"没等他说话，旁边的一位朋友抢先答道。"没错，就是睡觉！睡觉是天下第一大补，世界上没有第二种东西可以代替它的作用。不论你吃喝再好，保健措施再到位，睡眠如果不好，那都是白费劲；相反，只要能吃饱，即便是你吃的差点儿，但你每天睡得很好、很香，那你的身体就不会差。"我对睡眠的作用是赞不绝口！其实相对于睡眠对人体健康的伟大作用来说，这都是实话，绝非夸张之言。

睡觉是动物的一种本能，人当然也不例外，人不睡觉或睡眠不足就会觉得浑身不舒服，没劲儿，没精神，这不是很明显的道理吗？它的重要性还用说吗？

可问题在于，现在的人有多少"会"睡觉，能真正按时睡觉，睡好最重要的"子午觉"呢？人们宁愿花钱去买各种各样昂贵的补药、保健品来吃，却忽视了这种自然天成、无可替代的最佳补益之品。

睡觉要睡“子午觉”，这我们在前面已经说得非常清楚了。但因为中午的午觉往往只是“忙里偷闲”睡那么半个来小时，所以睡觉的重头戏还是晚上。中医讲天人合一，白天属阳，是活动工作、消耗精力的时间；晚上属阴，主要的任务就是休养生息、养精蓄锐。

那晚上什么时候入睡最好呢？其实前面我们也提到过这个问题，晚上 22 点是夫妻性爱的黄金时间，而性爱之后便可快速地自然入眠，这样的话子时（23 点）之前就能睡着，正好赶上最宝贵的“子午觉”。换句话说，我们晚上最佳的入眠时间是在子时之前——亥时之末睡着。这样不仅能让身体得到很好的休息和调养，有利于孕育新的生命力量，促进阳气的生发，还是养阴的至要之法。

中医讲，动养阳（动则生阳），静养阴（静则生阴），也就是说，养阳气的最好办法是活动，而养阴的最佳途径则是安静地休息。怎样才能做到安静地休息呢？最佳的办法，而且是养阴效果最好的，那就莫过于夜晚的睡眠了，对我们现在的人来说尤其如此。可不是吗？现今社会中的人工作、生活上有那么多的烦心事儿，又有电视、网络等媒体上的五花八门的信息诱惑，要想真正让自己安静下来是很不容易的。这样睡眠就成了最能让我们安静修养的办法，甚至是唯一的途径。因为睡眠是身体的一种本能，你身体疲劳了就会犯困，这样就不得不睡。我们的身体是充满智慧的，其实它的目的就是提醒你该休养生息了，需要养阴了，不能光知道用（阳），不知道养（阴）（关于这个问题，我们在后面将会细说）。

而睡眠的重中之重当然是我们再三强调的“子午觉”。“子午觉”落实到晚上，那就是子时的“子觉”，这时候人应该进入深度睡眠，也就是熟睡状态。可要实现这个目标，那你就必须保证在子时之前——亥时入睡。古人讲“先睡眼，后睡心”，亥时你不能上床，不能让自己安静下来，做到“先睡眼”，那到子时的时候你就不可能熟睡，也就谈不上“后睡心”。

十二时辰对应十二属相，亥对应的属相是猪，也就是说，亥时是属猪的。那猪有什么特点呢？我们都知道，猪的最大特点就是爱睡觉，吃了就睡，睡完起来再吃。睡觉是养阴的，在中医里，形属阴，气属阳，形就是形体，它是属阴的。你看猪不论白天晚上都爱睡觉，都在养阴，它的目的就是要长身体，所以长肉长得特别快。气属阳，气就是功用，就是身体的“功能”，对人来说，不论是五脏六腑还是头脑四肢，这种“功能”就是指要工作，要活动。

既然有功能，那就得用。属阳的功能就得在属阳的时间来发挥，白天是属阳的，所以人不论是内脏的工作，还是大脑四肢的活动，主要都是在白天进行。然而，就像世界上必须同时有男人和女人一样，所谓阴阳它也不是独立存在的，阴阳是互相滋生的，所以人在晚上就必须按时睡觉养阴，这样在白天才有阳可“用”，才能正常地工作和活动，健康地生存下去，可见人与猪的生活方式有很大的不同。这其实与中国文化里“体与用”的理论是完全相通的，形为体属阴，气为用属阳。安静养阴，夜晚睡觉养阴，把阴养好了，正是为了更好地发挥阳的功用，白天更好地工作和活动。

但现在，很多人只知道“用阳”——拼命工作、吃喝玩乐，不知道“养阴”——按时睡觉、调养阴血心神，要么是睡眠不足，要么是颠倒阴阳。睡眠不足多半是因为熬夜玩乐、熬夜加班等耽误了睡觉，占用了睡眠时间；颠倒阴阳则是另一种情况，就是现在的很多“夜猫子”（以文化艺术工作者居多，有的是因为工作性质的原因，需要上夜班，有的则是自愿为之），他们就像猫头鹰一样，昼伏夜出，喜欢晚上工作活动，而白天睡觉。但这些都违背了天人合一、天人相应的总原则，阴阳黑白全颠倒，把自己身体的脏腑功能和气血活动整个搞乱了，用现在的话说就是把生物钟打乱了，偶尔这么干一次不要紧，长期如此就会出问题。

养生没有大道理，一切全在于生活的细节。首先你不要跟自己的身体、跟自然规律唱反调，然后把握好生活中的细节问题，养成健康的生活习惯、生活方式，这就是最好的不生病的智慧。前些年有两本书非常火，一本是《细节决定成败》，还有一本是专门讲健康的，叫《细节决定健康》，我觉得看不看内容不要紧，你要真把这两本书的书名儿领悟透了，那你离真正的成功人生就不远了！

35～40岁的人，要想留住青春，一定要在亥时入睡

我们不能挽留岁月的脚步，但我们可以保留青春的容颜；我们不可能让自己长生不死，但我们可以延长自己的生命线；世界上买不到延长寿命的灵丹妙药，但我们却很容易就能获得延长寿命的"药效"——只要能少熬夜，保证每天亥时睡觉！

现在经常发生一些英年早逝的悲剧，很多社会精英风华正茂的时候却离我们而去，如均瑶集团董事长王均瑶先生，同仁堂的前"少壮派"掌门人年仅39岁的张生瑜先生，爱立信前中国区总裁杨迈，还有著名画家陈逸飞，著名笑星侯耀文……这些社会各界的"栋梁之才"都是在人生最精彩的时候败在了身体的手里。尽管他们的离去有各种各样的原因，因为这样或那样的疾病，或是过于劳累、精神压力过大，但不可否认，他们之所以会有这样的结果，与他们的生活没有规律，更别谈符合自然规律直接相关。

俗话说"种瓜得瓜，种豆得豆"，你今天做什么行为，其实是在为你明天的结果播撒种子，你今天工作不努力，明天就要努力找工作。同样的道理，你今天不关注健康，不善待自己的身体，明天疾病就会关注你，身体就会出问题。

为什么那些社会精英会"过于劳累"，甚至"过劳死"？很简单，没有劳逸结合，休息睡眠时间不足呗！别说人的身体是血肉之躯，就是"钢筋铁骨"的机器也不能永不停息地连轴转呀！再加上现在社会竞争激烈，长期精神紧张，压力过大，能不出问题吗？那精神压力过大会产生什么样的结果呢？它会影响我们的休息。你心里一直想着工作上的事情，处理完这事又来了那事，心里的那根弦一直绷得紧紧的，从来没有松弛歇息的时候，这就可能导致吃不好，睡不好，有时候还好几件事情叠加在一起，把你的弦拉得更紧，对身体的折磨自然是雪上加霜。

所以不论是因为过于劳累，还是精神压力过大，其最直接的危害都是影响我们的睡眠。晚上 22 点，该睡觉的时候我们却还在陪客户吃饭、喝酒、聊天、卡拉 OK，等我们晚上一两点好不容易躺到床上或是有时候能早点上床的时候，却又是满脑子的事情，翻来覆去睡不着。就这样，我们的身体始终得不到很好的休息和调养，处于半劳累状态。一根弦只紧不松，并且越拉越紧那会出现什么结果？必然会有拉断的一天！所以如果你不早点把它松一松，等到绷得快断了或是已经断了的时候，那后悔就来不及了，甚至连后悔的机会都没有了。

然而，现在社会上面临这种危机的人不在少数，包括我们身边也比比皆是，可以毫不夸张地说，几乎所有被称为“白骨精”的人群都是这个样子。《黄帝内经》中养生的五项基本原则是“法于阴阳，和于术数，食饮有节，起居有常，不妄劳作”。可现在的“白骨精”人群，几乎全是反其道而行之，全跟自己的身体唱反调，吃不按时吃，睡不按时睡，熬夜加班无休止，你说他身体能好吗？

不论男人还是女人，35 岁之前都在走上坡路，你这么干身体还勉强能吃得消；要是 35 岁之后你还这样子，那就是在自寻绝路。你看那些英年早逝的，很多都是 35～50 岁之间的，这就是真正的“积劳成疾”。我经常跟身边的年轻人说，你吃差一点没关系，但睡觉这个问题，千万马虎不得，你不尊重它，它就会惩罚你！你看以前的人，整天喝粥身体还蛮好的，还有劲干活儿。为什么？因为他一直坚持日出而作，日落而息，他并没有违背自然规律这个人体健康的大原则，虽然可能屋漏被子破，但他睡觉睡得蛮香的，白天累一天，喝两碗粥，睡一觉起来他又精神抖擞了。

所以 35～40 岁“青黄不接”的人，要想留住青春，要想身体不被搞垮，你就一定要保证最迟晚上 10：30 睡觉，晚上 11 点已经进入梦乡。有人可能会说了，为什么非要在 10：30 睡觉呢，子时不是晚上的晚上 11 点吗，“子午觉”我在 23 点睡不也可以吗？可以是可以，但那效果就差远了，说成“差之毫厘，谬以千里”绝对不算夸张。我们说过，亥时是气血流注三焦经的时候，所以也是调养三焦的最佳时机。而三焦是我们人体健康的总指挥，五脏六腑，气血津液，什么它都管。你的气机、水道通不通畅，五脏六腑的功能协不协调，新陈代谢是不是正常，全看三焦的功能和工作情况。

在中医里面，三焦最主要的两项功能就是通行元气和通调水道。中医称肾为先天之本，脾胃是后天之本。我们人体的元气是发源于肾的，它由先天之精转化而来，又靠后天之精的滋养，是人体之本，生命活动的原动力。而元气在人体里面主要是靠三焦来输送到五脏六腑，充养于全身各处，以此来激发和推动各个脏腑组织的正常工作。三焦就好比是“中间商”，如果没有它的周转协调，元气这个“生活必需品”就到不了“消费者”——脏腑组织那里，这势必会造成“生产”和“消费”的脱节——想卖粮食的人卖不出去，想吃饭的人得不到粮食。所以调养好三焦的重要性由此可见一斑！中医里有一句话叫“三焦通百脉”。意思是说人体的一切经脉都有气血灌注，而三焦是气的统帅，换句话说，经脉必然通气血，通气血就必然与三焦相通。**我们如果每天坚持亥时睡觉的话，全身百脉都能得到很好的休息和调养，这样，气血旺盛，经脉通畅，病从何来？**

三焦的另一项重要功能——通调水道。什么叫通调水道？就是说我们全身的津液（水）的输布和排泄也是由它来管的。而水不仅是生命之源，滋养着我们全身上下内外的脏腑组织和器官，还是我们体内废物的代谢载体——汗液、尿液，你说要是身体里面水液的输布或代谢不正常了，不能正常地排汗、排尿了，那人还能活得好吗？所以那些生活非常有规律，晚上亥时睡觉，早上六七点起床，睡眠充足的人，他们的气色非常好，脸色红润，皮肤光洁，排泄（大小便）也很有规律。

有调查发现，世界各地“长寿村”的百岁老人，绝大部分的入睡时间都是在亥时（当然，南半球与北半球的白天黑夜正好是相反的，以当地的时间为准），也就是 21 点到 23 点之间。相反，你要是长期不按时睡觉，没把三焦经的气血养好，或是淤堵不通畅了，那五花八门的病痛恶疾就会源源不断地袭来。现在很多的慢性病，如糖尿病、心肺病、脾胃病、肝肾病、代谢病，甚至心理疾病，都与三焦功能失常、三焦经气血不畅有密切关系。因为人的五脏六腑都在三焦的监控和管理之下，三焦就是内脏的“老大”，你公司的“老大”出问题了，那还能好好发展吗？

所以，一个人要想活得健康，活得轻松，全身“风调雨顺”，就必须养好三焦，而调养三焦最简单、最自然、最有效的方法就是亥时入睡。特别是处于35～40岁的人，不论你之前是如何“虐待”自己的身体、如何跟身体唱反调的，到这时候你再不能当“拼命三郎”、再不能疯狂地乱搞了！因为这个阶段是我们一生中保养的关键时期，也是最易于力挽狂澜的好时机，下半辈子好不好过，这时候基本上就决定了，所以你一定得好好把握，千万不可执迷不悟，妄自行之！

我上高中时的班主任经常说一句话：“没有人能拯救你，除了你自己”！的确，人生的“方向盘”就掌握在我们自己手中，除非自己下定决心，做出改变，否则任何人都帮不了我们！

“五龙盘体”是道家祖师送给现代“劳心劳神族”的健康大礼

医道同源，道家是我们传统养生文化的鼻祖，也是“儒、释、道”三家中与中医关系最亲密的一家，而“五龙盘体”则是道家养生功之精华。只此一招，不费时，不费力，即可将“人身三宝”——精气神全都调养好，这样的养生妙法，对我们忙碌的现代人来说，真是可遇而不可求！

有一次，北京一所大学的企业家培训班请我去做中医文化与养生讲座，课间一位先生向我请教：“您说中医有那么多的养生方法，但您看我每天都很忙，没有那么多的时间和心思去锻炼，去按摩什么穴位，搞什么饮食疗法，有没有一种简单、自然又非常保险，不用专门去做就可以轻松做到，但效果又非常好的调养身体的方法呢？”

听他说完，我跟他开玩笑道：“按摩穴位，做点儿食疗小方子，这不都是很简单的事情吗，占用不了您的很多时间和精力呀？这就好比是每天吃饭一样，再忙吃饭也不能省吧!”

“您说得对，再忙吃饭也不能省。可我们经常是一忙起来就顾不上吃饭了，或者是随便吃点东西应付一下肚子，除非是陪客户，自己平时吃饭也是尽量简单，所以根本不太可能天天坚持去做那些保养身体的措施。”他回应道。

我有些无奈：养生本是一种不能太追求“效率”的事情，必须要花费时间和心思才行，可如今的人怎么都这个样子。可转念一想，也是这么回事，现代人生活节奏快，特别是像他这样的精英人士，每天都有忙不完的事情，哪有心思去做什么养生功课呀？可身体是革命的本钱，完全不关注也不行，所以都希望能“一步到位”——找到一个简单高效的“完美”之法。

不过没关系，中医博大精深，包容天地，还真有这样的神秘大法，只是担心它太简单而被忽略。这个方法没有人学不会，也不用专门花时间去锻炼，只是把自己每天必须要做的“动作”——睡觉加以改进就行了。什么功法呢？它就是“五龙盘体”功，为道家养生之圣法。虽然古人说道不轻传，但为了更多人的健康和福祉，我这里还是把它分享给大家。

五龙盘体功，所谓盘体，顾名思义，它是一种卧功，也就是躺着做的；所谓五龙，它不是说有五条龙，而是指我们身体上的两手、两脚和躯干这五个部位，把这五个部位盘曲如龙，就叫五龙盘体。我们每天再忙，总是要睡觉的，所以这个方法特别适合那些每天除了睡觉就没有空余时间的人。当然，这并不是说一般人练效果就不好，如果你本来生活就很规律，那练起来效果会更妙。

方法很简单，动作大体上跟我们平时的睡觉一样，只需要调整一下姿势就可以了。首先，床最好是东西走向的，头朝东，侧身躺下，面向左或向右都可以，古人说左青龙右白虎，都是练功的好姿势，当然还有“侧龙卧虎仰摊尸”之说，但古人练此功时一般以朝右为多。所用的枕头高低要适中，一般以自己的拳头高度为准，要松软舒适。然后，眼睛自

然地闭上，口唇同时闭合，用自己的舌头顶住上颚，右手胳膊外展，肘部弯曲，掌面向上放在枕头上，手指自然微屈，左手胳膊向腹部弯曲，手掌捂住肚脐部，掌心劳宫穴正对肚脐眼。下半身右腿伸直（保持自然弯曲，以放松舒适为佳），左腿屈膝约45度，两脚脚趾微向内扣（用意不用力），含胸，身体向内自然蜷曲，形如弓状即可。

以上是基本的动作要领，还有两个要领是调气和调神，也就是呼吸节奏和意念的调控。呼吸方面，节奏快慢适度，随其自然即好，不必特别关注；同时精神放松，排除内心的一切杂念和想法，意念集中于肚脐部，不必特别去想，只是作为一种思维寄托而已，之后自然会慢慢睡去。

如此姿势，安然入眠，整个功法就这么简单。说得直白点，不过是入睡前的一个姿势而已，不耽误你任何的时间和精力，而且还帮你节约了时间——帮助你更快地入眠，所以只要愿意，任何人都能做到。大道至简，你不要觉得它太简单，这可是道家养生之秘法，而且还有一首“五龙盘体”口诀，我在这里也把它分享给大家，希望每个人都能够有所体悟，诀曰：

东首而寝，侧身而卧，如龙之蟠，如犬之曲。一手曲肱枕头，一手直摩脐腹，一只脚伸，一只脚缩。未睡心，先睡目，致虚极，守静笃，神气自然归根，呼吸自然含育，不调息而息自调，不伏气而气自伏。

从口诀的后面部分我们可以看出，此功法是与睡眠结合起来练习的，它的直接目的是为了促进睡眠，提高睡眠质量，“达到身心两忘，形神俱妙而至入定”。因为“形神皆定”就可以少做梦，睡得更香更踏实。睡前练功，即可将功法和睡眠两者结合起来，以此功法来提高睡眠之效，以睡眠来延展此法之功用。而睡眠本就是养阴、养血、养心、养神，休养生息之妙法，睡前再配合“五龙盘体”之神功，两者的精妙功效自然融合，养阴育阳、护身调神的功效无出其二！

此功法安心养神功效犹佳，特别适合那些整天脑子转个不停、用脑过度的城市白领一族，对记忆力不好、失眠多梦、思维反应比较迟缓的朋友和中老年人来说，更是一剂良方。不知您注意没有，在这个功法中，有一个非常重要的动作，那就是要用左手捂住肚脐部，掌心的劳宫穴正对肚脐——神阙穴。

我们知道，心藏神，主神志活动，而劳宫是心包经之要穴，安心定神效果奇佳。仅从神阙、劳宫两个穴位的名字上看，也能看出其是养心调神之法宝。先说劳宫，劳，指劳苦、劳作，《淮南·精神》中将它解释为“使人之心劳”，《论语·为政》里则有“有事弟子服其劳”的说法；宫，就是宫殿，王侯将相所待的地方，按照古时候的情形，“劳宫”意为王侯将相大人的心神劳累了，要到宫殿去休息。而手是负责劳作的，手心是手的核心之处，又通于心脏，所以心神劳累了，就可以通过手心来调养，加上它又是心包经之重点穴位所在，所以古人便将其命名为劳宫。

而神阙呢？它本是婴儿与妈妈联系的生命纽带，脱离母体之后，它又成为人体的一个重要穴位。神阙，神，乃人的元神，脐神（人体之元神的另一种称呼）；阙，就是宫阙、门观的意思，神阙，简单理解就是人体的元神出入与所在的宫阙。《黄庭内景经》上注解：“肚脐中为太乙君主，人之命也。”

我们现在来看，劳宫，神阙，一个是心神修养的宫殿，一个是元神出入居住的宫阙，手心捂肚脐，劳宫对神阙，心神交元神，“人身三宝”——精气神中，一切有关神的问题，不管是什么失眠、多梦、健忘、疲倦，还有什么解决不了呢？天底下还有比这更好的养心调神、养精蓄锐的奇妙之法吗？

而且，因为我们睡眠的时间是在亥时，所以练习此功法的时间也多是在亥时。这其中还隐藏着更大的秘密呢？我们知道，亥时气血流注三焦经，而三焦通行元气，主一身之气。所以这时候练“五龙盘体”功，把三焦经打通了，三焦经的气血也得到了调养。这样，三焦的功能就会更好、更强！三焦的功能强了，人体的元气就会更充足，运行更顺畅。你看，就这一个非常简单的功法，就把“人身三宝”精气神中的气和神都调养了。而中医讲：“精依气生，气化为精”；“气聚则精盈，气弱则精走”。人体的元气充足、运行通畅了，精也就旺盛、充盈了，正如明代著名医家张介宾在《类经图翼》中所言：“气旺则精盈，精盈则气盛。”精气神三者其实是不分家的，它们之间相互依存，相互滋养，金代大医家李东恒在《脾胃论》中说得很好："气乃神之祖，精乃气之子。"古人说话总是如此简约，但又如此精准，只一句话，就道破了人体精气神三者之间的玄机！

现在再回过头来看看我们的"五龙盘体"功，"人生三宝"——精气神，只要有它这一招全都搞定了，并且还联合了生命的本能——睡眠之功，这就是我们传统道家伟大的养生智慧，就是中医的整体观，真可谓是"养生无须外物助，身体自有大智慧"！

同时，三焦还负责整个人体的水液运行，不论是润养身体的津液，还是需要排出的废水，都由它来通调管理。所以你每天晚上练一练"五龙盘体"功，全身的新陈代谢也会大为改善，该用的用，该扔的扔，身体里面就不会有那么多的垃圾积存。这样，精气神充足，新陈代谢良好，身体哪还会有那么多的毛病呢？

文章开头提到的那位向我讨教养生秘法的企业家朋友，他还真是一个有心之人，不但把我教的功法技巧原原本本地记了下来，而且回家还认认真真地将其落实。两个多月后我们在另一个场合相遇，他说自从修炼"五龙盘体"功之后，自己的身体和精神状态有了很大改善。别的不说，就吃饭、睡觉和精力状态三个方面最明显，吃饭比以前胃口好了，睡觉睡得更香了，做梦也少了，白天工作起来劲头更足，感觉脑子的反应也更快了，记忆力也比原来好了不少。以前想到一个什么点子如果当场不用笔记下来，过一会儿就忘了，还经常丢三落四的，现在很少出现这种情况了。他说自己现在每天睡觉都会练"五龙盘体"功，并且会长期坚持下去，还要把它教给自己的老婆和其他的朋友，"因为这功夫实在是太好了，太妙了"！

"太妙了"，他这句话让我想起佛家的一个故事，说有一次佛祖在灵鹫山讲经布道的时候，突然手拈鲜花，默不作声了，众人皆觉得莫名其妙，只有迦叶一人破颜微笑，"此时无声胜有声"，因为他懂了！正如南宋著名词人张孝祥《念奴娇·过洞庭》中的那句"悠然心会，妙处难与君说"。此中的奥妙，你不去亲自体会，又怎么能知道呢？

三焦经上的阳池穴可以调动人体的能量，让手脚不再冰凉

小小一个空窍，洞彻天地之玄妙。阳池是三焦经的原穴，而三焦是五脏六腑的总指挥，是元阳之气的主通道，你把它用好了，身体上的很多毛病就会迎刃而解，不治自消！

去年秋天，秋风刚刚送来一点凉意的时候，一位大约二十多岁的姑娘来找我看病，说是自己不论春夏秋冬，经常手脚冰凉。冬天坐在暖气房里，别人穿着一般的单鞋都觉得热，自己穿着厚厚的保暖鞋脚还发冷，手也是冰凉冰凉的；即便是夏天，每天早晚或是下雨的时候手脚也是冷冰冰的。以前没太重视这个问题，虽然身边的同伴和自己的男友老说自己是“冷血动物”，但自己觉得反正对身体又没什么影响，就以为这属于正常情况。

后来，与自己单位一位60多岁的女老师聊天时无意中谈到这个话题，老师当场一摸她的手，果然像铁棍儿似的，冰凉冰凉！那位老师就提醒她，这是一种病理现象，她才到我这里来。

我给她把脉望舌诊察一番之后，发现并没有什么明显的异常之处，不过那手真的很凉，天气又不是很冷，而且还是大下午的，那手腕儿都是冰呼呼的，更别说手指头了。是药三分毒，既然没有病，那就不能乱吃方药，但这种症状确实需要进行一些调理改善，以防情况加重。怎么办呢？人体自有大药，最好的、最健康有效的药物不在身体之外，人体自身有带。

于是我教给她一个方法，去药店买上10来根艾条，每天临睡之前，也就是晚上九十点左右，点燃艾炷，用它来炙烤两手腕的背部，腕横纹中点的小窝（用手按可以感觉到），也就是阳池穴。炙烤的时候艾炷头距离手腕两厘米左右，既要能感觉到热量，又要防止烫伤，每只手每次炙烤5～10分钟（如果没有艾炷，用香烟也可以，一支烟正好能灸一只手）。

如此每天坚持，灸完睡觉，连续1个月，即可见到明显的效果，手脚发冷的症状将会大大改善，一般两到三个月以后，手脚就不再会无缘无故地发凉了。

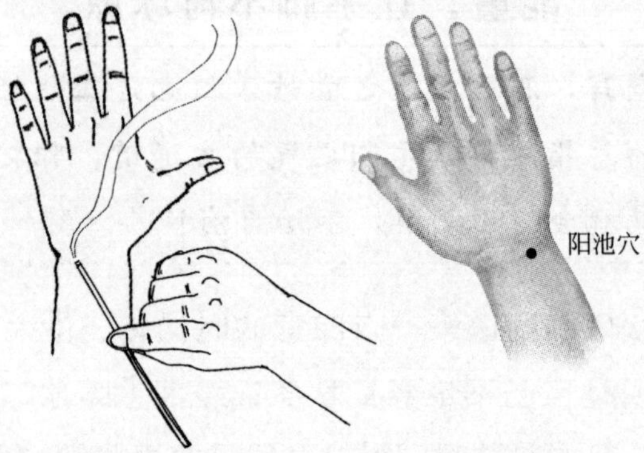

阳池乃阳气之池，艾灸更能补充热量，每晚炙烤20分钟，即能让你的手脚温暖如春！

手脚冰凉是现在许多人身上很常见的一种情况，男女老少都可能出现，尤其以女性和老人为多。而上面的这个方法可以说是对付手脚发凉的一个“杀手锏”，十多年来，每逢遇到类似情况的病人时我就会使出这一招，90％以上都能奏效，非常灵验。包括上面说到的这位年轻姑娘，在用我的方法后不久就治好了手脚冰凉的症状。

为什么会这么灵验呢？这还得从手脚发凉这种症状的根源说起。手脚发凉，用西医的话说就是血液循环不良造成的，如果血液循环好了，把热量带到了四肢的末端，手脚自然就暖和起来了。其实在这个问题上，中西医的认识从根本上来说是一致的，因为从中医的角度来看，手脚发凉也是因为气血淤滞，循行不畅，气血不能正常地到达四肢末端造成的；加上自身阳气虚弱不足，火力不够，手脚就会经常冷冰冰的，不仅如此，这样的人冬天的时候手脚上还爱长冻疮。如果从中医体质辩证的角度来看，这类人多属阳虚体质，明显的阳气不足嘛！

《黄帝内经》中讲：“头为诸阳之会，四肢为诸阳之末。”意思是说头上是阳气最旺的地方，而四肢是阳气最弱的地方。按照中医的划分，上半身属阳，下半身属阴，而在我们身上，头是最高的地方，是阳中之阳，而且在我们全身的12条正经当中，6条阳经全都到了头部，你说头上的阳气能不旺嘛！而四肢呢？四肢是诸阳之末，是阳气最弱的地方。加上四肢又是气血最难到达的地方，当然根源其实还是因为阳气不足。中医讲“气为血之帅，气行则血行，气滞则血淤，气血通则百病愈”，你阳气不足了，没有力量推动血液的运行，血液行动无力发生淤滞，也就不能将从饮食转化而来的热量带到四肢，所以手脚必然就会发凉，要是气血旺盛通畅了，疾病就会不治自愈！所以说阳气是人体健康的根本。

那人体手脚上阳气虚弱不足了怎么办呢？就得从脏腑入手，想办法调动阳气，补益阳气，阳气旺了，手脚自然就不会无缘无故地发凉了。而调补阳气最简单、最有效的办法，莫过于我在本文开头告诉那位姑娘的艾灸阳池穴法。阳池是三焦经上非常重要的一个穴位——原穴。原穴是什么意思呢？原，就是元气，就是根本，一条经络的原穴就是这条经络的气血的根本，就是脏腑原气会聚的地方，它最善于调理本脏腑的功能或病变。**所以我们艾灸三焦经的原穴，就是为了调动整条三焦经的气血，并通过它来调理三焦的功能，增强人体的阳气，促进我们身体里面气血的“生产”和“流通”。**

我们曾经说过，三焦是人体健康的总指挥，是统管和协调五脏六腑的大总管，人体气血热量的生产和加工都在三焦这个“车间”里面进行。大家可能都有过这种体会，当进行一番身体活动或吃饭喝热水后体温会升高，这其实就是因为上焦的心肺和中焦的脾胃发挥了作用，加快了气血循环，生产出了新的热量；相反，排尿后，我们有时候会轻微地打个哆嗦，特别是男士，这又是为什么呢？这是因为下焦的肾脏和膀胱是主管排泄的，排尿的过程放出了热量，所以身体会有发冷打哆嗦的反应。而我们刺激阳池穴，是为了加快气血的生产和活动，这样就可以为身体增加热量，缓解四肢发凉的“燃眉之急”。

而且，“三焦主气”，它是我们人体元气运行的主要通道。中医讲，气属阳，血属阴，元阳之气是人体的根本。我们通过艾灸三焦经之原穴阳池，增强了身体的元气，使元气的运行更加顺畅，输布更为有力，可以有效到达四肢末端，从而对手脚起到很好的温煦作用。这样，冰冷的手脚就像在寒冬之后接受到明媚的春光，自然会温暖起来了！

通过阳池穴调阳气的方法很多，针灸、按摩、艾灸都可以，但补益阳气效果最好而又最适合我们一般人操作的那就要数艾灸了。所谓艾灸就是用艾叶制成的艾炷点燃之后来炙烤，给穴位以热刺激，同时又取艾叶之特殊药性，实现“药穴”联合！了解一些中医知识的朋友知道，艾叶本身就是一味很好的辛温性质的中药，它一般采摘于北半球天地阳气最旺的端午节前后，入肝、脾、肾经。且这三脏都是人体气血生化的根本所在，效果自然非同一般。再加上你是用火把艾炷点着之后来烤，火是热性的，这样温阳的作用就更胜一筹。所以艾灸阳池，乃是最能提升阳气之策。尤其是对于手脚发凉这种情况，那更是无出其二。因为阳池穴本身就在手上，距离最近，传导最快，你这里一灸，阳气一起来，就会往手指上跑，效果又快又明显。而中医上讲，四肢是两两对应的，左右对应，上下对应也就是说手与脚是对应的，你手上气血顺畅，暖和起来了，脚上的气血也就到位了。

并且这个方法还有一个很大的好处，就是它提升阳气而不会造成阳亢、“上火”，因为它是从体表，从四肢的末端，阳气最弱的地方入手，补的是真正虚弱的地方，是你最需要的，是雪中送炭而不是锦上添花，更不会是火上浇油。而且你灸完就睡觉，睡觉是最好的养阴之法，这样就能做到阴阳的协调平衡，手热心暖，青春常在。

不过，会用艾灸阳池穴的办法来调阳气，只能算是知其一，要想获得最佳的调养效果，还有一个要领必须掌握，那就是治疗时机的把握。艾灸阳池穴的最佳时间是在晚上临睡前，也就是亥时（21～23 点）。这时候人体气血之洪流正好流注三焦经，此时三焦经的气血最旺，功能最强，调理它所产生的效果自然也最好。因为当气血流注一条经络的时候，经络本身就在努力解决自己的问题，增强自身的能量，冲撞淤滞不畅的地方，你再在后面推它一把，助它一臂之力，效果当然会比平时好得多。这就好比是我们帮助一个人，如果它自己不主动、不努力，你费半天劲也是白搭；相反，如果它自己本身就非常积极主动，你再给它一点鼓励和支持，它必然会“突飞猛进”。有句俗话叫“来得早不如来得巧”，做事情也是一样，做得好不如做得巧，只要瞅准了时机，就能事半功倍。

三焦经上的穴位，你在亥时刺激它，效果就是最好的。

这里再告诉大家一个更简单的防治手脚发凉的好方法，就是睡前（亥时）用热水泡脚。有朋友可能要说了，不就泡脚嘛，谁不会？您可别说，我说的泡脚方法与一般的泡脚还真不一样，其中有很多的窍门需要您掌握。**首先，泡脚的水要用“姜水（每次往水中加入四五片生姜烧开）”或“艾水（往水中加入10克左右艾叶烧开）”；第二，泡脚不要用一般的盆，而要用至少1尺高的桶，并且在泡的过程中身边要准备一壶开水，不断往桶里加，使水温始终保持在有点烫脚的感觉；第三，每次至少要泡15分钟以上，至头上微微出汗效果最好；第四，每次泡完脚之后最好在10分钟内上床睡觉，并且要注意脚部的保暖；第五，必须要每天坚持，至少连续1个月以上，不可浅尝辄止，也不要三天打鱼两天晒网。**如果你把这五个要领都做到了，那你的泡脚效果必然比一般的泡法要好得多！

我们知道，人体的四肢是互相对应的，您把脚搞暖和了，手也就不冷了。当然，这个方法的作用绝不仅仅是暖手脚。我们知道，脚为人体之根，又是经络会聚之处，用姜水或艾水泡脚具有非常神妙的排寒湿、通气血功用，尤其是对因为寒凝气滞引发痛经、月经不调的女性和腿脚不灵便、关节痛的老年人来说，那更是一剂良方，效果灵验无比！

当然，若能将此泡脚之法与艾灸阳池穴结合起来用，每天晚上先灸阳池，再泡脚，完成任务即上床睡觉，那这真是强身健体之绝招了，别说什么手脚冰凉、畏寒怕冷之类的小毛病，任何阳虚体弱、气血淤滞、寒湿凝结之证都逃不过这“连环三招”。而且这“连环三招”老少皆宜，男女通用，特别是那些随着年龄的增长而阳虚体衰的老年人，如果您能每天贯彻执行此“连环三招”，那么您的健康烦恼必将省去大半，在悠然自得中即能活到天年！

小小一个空窍，洞彻天地之玄妙。很多人总喜欢问什么穴位能治什么病，什么方法效果最好？其实，每一个穴位的功效都是无穷无尽的，需要您去练习、去体悟；而什么方法效果最好那就更没法回答了，因为每个人都是不同的，体质不同，病根不同，用在别人身上的好方法用在你身上可能就是“坏方法”，而别人身上不能用的“坏方法”对你而言可能就是好方法。换句话说，方法本身并没有好坏之分，就看你把它用在什么人身上，正如“垃圾就是放错了地方的宝贝”一样！

“兜肾囊”——古代养生家秘而不传的男性强肾秘法

真言一句话，假言万卷书。不论是做人还是养生，真正能启悟人的话，真正的好方法，适合自己的，哪怕只是几十个字、几个简单的动作，也够我们受用终生的了。“兜肾囊”就是这样一个简要的护命之法。

三四十岁的人，正当壮年，尤其是男性，一般都不太关注自己的身体，也不讲究什么养生，因为这个年龄的人身体精气神都很旺，一般的外邪都奈何不了；即使生了病，身体的承受能力也比较强，小病小痛都能扛过去。但是这个年龄段的人（主要是男士），特别知道补身体。不重视养生而又要知道补身体，补什么呢？补肾！

为什么要补肾？很简单，肾虚嘛！现在的人，肾虚已经成了一种普遍情况，究其根源，不外乎三个方面：一个是竞争压力大，工作过于劳累，睡眠不足，生活不规律造成身体气血亏虚；二是纵欲，古话说“饱暖思淫欲，饥寒思果腹”，现在生活条件好了，思想也开放了，很多人便过于放纵自己的欲望，导致肾精和元气亏耗；第三就是生病和吃药，生病是非常伤精血和耗元气的，是药三分毒，吃药就更伤身体了，尤其是现在的化学药物！

肾虚了怎么办？许多人就去买一些补肾的东西来胡乱吃、胡乱补。殊不知不管是补药还是保健品，它都是有一定偏性的，假冒伪劣且不说，你乱吃就会吃出毛病，结果很可能肾没补好，其他的问题又出来了；情况好一点的，按下葫芦浮起了瓢，肾倒是补好了，却引起了其他的麻烦。所以，最好的补肾之法不是吃补药、保健品，不是借助外物，而是在好好吃饭、好好睡觉的基础上利用身体自己的功能，发挥身体自己的能量，因为最好的灵丹妙药都在我们自己身上。

补肾的方法其实很多，如敲打经络，按摩穴位，还有其他很多功法都能起到强肾补肾的作用。但这里推荐给大家一种非常特别的方法，不过这次我得“偏心”一点，给男士们“开个小灶”，教大家一个男人专用的强肾秘法。

现在的男士们因为过分纵欲导致的肾虚，情况十分严重。但若让他节欲，也只能是相对而言，俗话说江山易改，本性难移，一下子是很难改过来的，只能慢慢来。再加上男人三四十岁的时候也是一生中压力最大的阶段，上有老下有小，是家庭的支柱；并且，这个年龄段的男人由于知识技能已经有了比较好的储备，性情已经比较成熟，历经磨炼，在单位也多是“中流砥柱”，所以精力气血的耗损必然会很大。这样，精血耗损太多肾就会受伤，而肾是主管生殖和代谢的，结果就会出现性功能障碍，什么遗精、早泄、阳痿以及前列腺疾病、尿道疾病就会接踵而来。

所以我们就必须采取一些有效措施来增强肾脏的功能，以保护我们的身体，使它有能力承受这种“高强度”的工作状态。下面所推荐给大家的这个方法，就是古代养生家密而不传的补肾强身秘法——兜肾囊，也叫铁裆功。希望此方法能对诸位男性，特别是中老年朋友的“性福”健康起到一定的帮助。

此法虽为古代医家不传之秘法，其动作却非常简单。“兜肾囊”，其中的“肾囊”，其实就是男性的睾丸。有朋友可能不明白，睾丸就是睾丸，为什么又叫肾囊呢？因为睾丸被古代医家称之为“外肾”，与肾同出一源（连“长相”都差不多），而它又位居阴囊，所以就叫肾囊。那么何谓“兜”呢？兜有衣兜之意，这里的意思则是用手包围着向上托举，整个动作有点像我们平时用两只手从河里或盆里往起捧水的姿势。

具体的操作方法是这样的，在每天的戌亥两个时辰交接之时，也就是晚上的9点左右（以晚上8点到10点之间为最好）或站或坐或躺，形式不拘，当然以坐式或躺式效果最佳。先来说坐式，把手洗干净，然后

选择一间安静的屋子（一般以自己的卧室为佳），关上门，解开衣服，脱去裤子，盘腿端坐在床上或沙发（椅子）上；全身放松，停止一切思维活动，意守丹田（将全部的意念集中于丹田——肚脐下面一寸半处的气海穴，所有的注意力全部集中到这个地方，相当于我们平时所说的“聚精会神”的状态）；然后两手掌面对搓3～5分钟，等两手掌搓热之后左手四肢并拢，兜托住整个阴囊，拇指轻轻按住阴茎，以防止之后练习时摆动，右手掌面横贴在小腹部耻骨上面的阴毛处，然后两手同时用力往上兜托——左手兜托住阴囊向上托举，右手掌面沿着腹部中线（任脉）向上推摩至肚脐处，如此反复做81次。之后再换手操作，右手四肢并拢兜托阴囊，左手放在耻骨上阴毛处，跟前面的方法一样，再做81次就完成了。所有动作就是这么简单，可以睡前练习，练完即睡觉，效果更佳！一般坚持半个月即可见效，坚持时间越长则效果越佳，最好能把它变成自己的一个习惯。

如果是年龄比较大的，或身体弱的，或是行动不方便者，可以躺着练（当然所有人都可以躺着练）。即先仰卧在床上（根据屋里的温度，最好盖上被子），两腿向两侧适度分开，两膝关节呈120°弯曲，然后一手兜托阴囊，一手推摩小腹，即可开始练习，具体的操作方法同上面一样。

此法历史悠久，但由于古代医家、养生家们一直秘不外传，所以不为大众所知，直到明清时期才有医家典籍广泛刊载。其中比较有名的有这么几本，一本是由明代养生家高濂所著的养生专著《遵生八笺》；一本是由明代医家李梴所撰的《医学入门》，其中就有通过练习“兜外肾”治疗外感病和遗精、早泄等生殖病的记载；还有明清时期丹道名家张三丰所著的《金丹秘诀》，清代医家汪昂在其所撰的养生学著作《勿药元诠》中也称此方有生精壮阳固肾之功效。其中，《金丹秘诀》里有口诀道：

“一擦一兜，左右换手，九九之功，真阳不走。戌亥二时，阴旺阳衰之候，一手兜外肾，一手擦脐下，左右换手各八十一，半月精固，久而弥佳！”

宋代爱国诗人陆游，尽管一生历经坎坷，但却活了85岁高龄，这主要得益于他深谙养生之道。而他的养生秘诀之一就是“兜肾囊”。在《剑南诗稿》中他写道："人生若要常无事，两颗梨须手自煨。"这里的"两颗梨"其实指的就是男性的两个睾丸；而一个"煨"字则十分形象地道明了此法的要领——把两手掌搓热后去托握睾丸，同时推摩阴茎和小腹。

这么神奇的方法，其中的奥秘在哪里呢？我们说过，睾丸是男人的外肾，这个方法，就是直接作用于肾的强肾之法。而且，我们的前阴部更是经络会聚之地，足厥阴肝经、足少阴肾经和主管生殖系统的任脉都从此经过。中医讲"经脉所过，主治所及"，临床上常见的阳痿、早泄、遗精以及前列腺炎、前列腺肥大等症其最直接的原因就是肝肾功能异常。肝藏血，主筋，《黄帝内经·素问》中说："前阴者，宗筋之所聚"，"宗筋弛张，发为筋痿"，男性的阴茎其实就是宗筋，它是肌腱筋膜会聚之处，具有筋的特性，可张可弛。而筋膜有赖于肝血的濡养，因此如果肝主筋的功能失常，肝血不足，也会导致阳痿、早泄等男性生殖问题。加上肝肾二脏的关系本身亦十分密切，二者同居下焦，功能上互相协调，中医还有"肝肾同源"之说，它们共同负责人体的精血生产和运行，一方失调，另一方必然会受牵连。我们通常把阳痿、早泄等性功能障碍都归罪于肾，使劲地补肾，其实出现这些问题不一定都是肾的罪过，要是肝功能异常也会导致这些症候。而"兜肾囊"这种功法的"伟大"之处就在于它同时调理了肝经、肾经和任脉这三条经脉，达到"一石三鸟"之神效，这样，经脉通畅、气血旺盛，病当不治自愈！

而且，即便是因为思想压力大、情绪抑郁等心理因素导致的性功能障碍，此法同样能起到非常好的调解作用。因为思想压力大、情绪抑郁的直接结果就是肝郁，肝是主疏泄的，它不能正常地疏泄，就会抑郁，就会情绪烦闷。就像一根水管了，它本来是流水的，结果被堵上了，不通畅了，时间一长里面必然会腐臭变味，产生污垢。所以只有把肝经打通了，肝脏的功能得以恢复，它能正常疏泄，忧虑郁闷自然就解决了。并且，练习兜肾囊的时候同时还打通了肾经，而肾水生肝木，肾脏功能好了也会帮助肝脏去处理问题。中医又讲五脏主五神，其中肾主志。何谓志？志就是志向、意志，肾脏的功能强大了，主志的能力强了，你想的就是大事、正事，而不会老去胡思乱想，在那些鸡毛蒜皮的小事上纠缠不休，斤斤计较，钻进牛角尖里不出来。所以你把肾脏功能调理好了，这些心理上的问题也会逐渐好转，进而解决。这样，心理上的毛病没有了，由此引起的性功能障碍可不就解决了吗？

不知大家注意没有，“兜肾囊”法非常强调一个数字——81，每只手都要兜 81 下。这其中有什么秘密呢？按照中国文化阴阳的划分，奇数为阳，偶数为阴，9 为阳数之最，九九八十一，81 是最大的阳数。这就是秘诀：肾囊左右换手兜，九九八十一阳不走。我们要强壮肾脏，要增强肾气，而气是属阳的，那我们就得利用这个最大的阳数，争取最佳的效果。

练习兜肾囊还有一个要领也特别关键，那就是在每次开始练习之前一定要做到意守丹田，这就是表象与本质，“真功夫”和“假动作”的区别。因为丹田就是我们任脉上的气海穴。什么叫气海？气海就是元气之海，又叫精门。大家知道，元气和肾精是一个人的生命之本，而肾脏又是元气之本，精血之源，且它还是任脉上的要穴，任脉与肾脏又都是生殖之要害部门，所以此穴是与肾脏功能最对应的一个穴位，它就好比是肾脏在人体表的一个窗户，是我们与肾脏进行沟通的一个桥梁，有极好的补虚益气、固精壮阳之效。用力不如用意，更神妙的是，我们不是用手去按摩它，而是通过意念去刺激它，这才是最高明之处，效果自非“手动”可比。所以你如果能做到这一点，那作用必然会大大提升，达到事半功倍之效。

不过，需要提醒大家的是，由于兜肾囊强肾壮阳功能太好，35 岁以下和还没有结婚的年轻人不要练习，以免火上浇油造成性欲过旺以致“走火入魔”。当然，即便已经结婚的朋友，如果练习之后导致性功能太强，阴茎经常勃起且难以萎软，那就应停止练习或是暂停一段时间。为防止大家“走火入魔”难以自收，这里再送给大家一剂“解药”——若是在练习兜肾囊的过程中因为局部刺激使阴茎勃起坚挺，可将自己全部的注意力转移到肚脐上（要做到聚精会神，全神贯注），合眼闭口咬牙，舌抵上腭，提撮肛门，想着自己身上有一股气从会阴部出发，沿着尾椎一直上行，过头顶，下至两眼间（印堂穴处），如此意守 5 分钟，叩齿咽津，送入中丹田（两乳头连线中点的膻中穴），即可使阴茎颓软如初。另外，练习兜肾囊要注意阴部卫生，练功之前必须将手洗净，若是阴部有湿疹、皮炎或其他不适的朋友暂时不要练，待其康复后再练，以免引发其他麻烦。

练武之人总希望得到武功秘籍，而养生之众总希望得到祖传秘方，但往往真言一句话，假言万卷书。一生当中，若是能找到一两条非常适合我们的养生之法，不论它是极为简单还是略微复杂，都能让我们终生受用，受益无穷！

附　亥时经络锻炼：三焦经显效，气顺百病消

手少阳三焦经与手厥阴心包经表里相合，从手走头部，起始于无名指外侧趾甲角（关冲），上行手背小指与无名指之间（液门），沿着手背（中渚、阳池），出于前臂伸侧两骨（尺骨、桡骨）之间（外关、支沟），向上通过肘尖（天井），沿上臂外侧（清冷渊、消泺）往上通过肩部（臑会、肩髎），交出足少阳经的后面（天髎），进入缺盆（锁骨上窝），分布于膻中，联络心包，穿过横膈，分别属于上、中、下三焦。

胸中分支：从膻中分出，上行出锁骨上窝（缺盆），至颈后与大椎穴交会，上走至颈部，沿耳后（翳风）上行至耳上方，后弯下向面颊，到眼眶下（颧髎）。

耳后分支：从耳后分出进入耳中，出来后走耳前，经过上关穴，在面颊部与前一分支相交，到外眼角（丝竹空），接足少阳胆经。

三焦是人体的大总管，三焦经是人体健康的总指挥，所以保持三焦经的通畅具有极其重要的战略意义。打通三焦经有一个非常简单的办法，有点近似于敲揉心包经，但又不完全相同。因为三焦经走在胳膊的外侧，按揉起来不太方面，所以最好的方法就是拍。每天晚上临睡前，也就是三焦经气血最旺的时候——亥时（21～23点），坐着或是站着，右胳膊伸向左侧，右手正好在左侧腰部上下，然后用左手手掌从右肩膀开始，沿着胳膊的外侧三焦经的行走线路往下拍打，直到手腕，动作快慢适度，一下一下，略微用力，以振动里面的经络，每次8分钟左右。拍完之后，

再用食指按揉手腕背面，腕横纹中点小窝里的阳池穴 3 分钟。此穴是三焦经的原穴，揉它可以将气血引到手上——三焦经经气的源头，从而疏通整条经络。

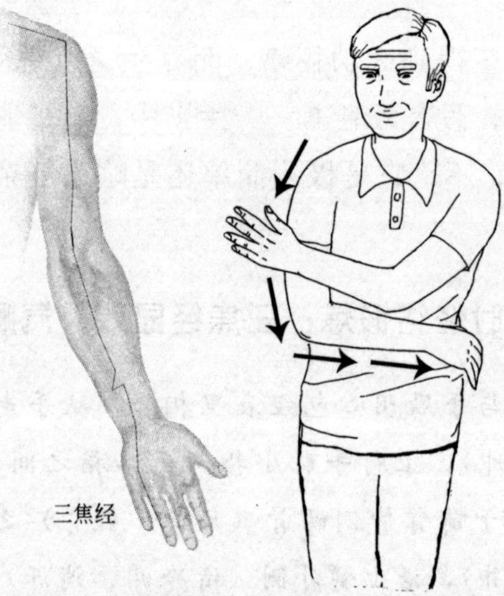

拍打三焦经

右侧的经络疏导完毕，然后换手，还是同样的方法，用右手来拍打左侧的三焦经，拍完后再按揉阳池穴 3 分钟。百病从气生，《黄帝内经》和《难经》中都言三焦主气，它既是人体元气运行的通道，也是体内废气的出口，三焦经打通了，三焦的功能强大了，元气运行顺畅、废气排泄及时，身体那还有那么多的毛病呢！不管是什么内分泌失调、消渴症(糖尿病)、脾胃病、咳喘症，还是头痛、头晕、失眠、抑郁症，只要你把三焦经打通了，它们都会不攻自破，逐渐化解！

附录一　十二时无病法

古代养生家根据昼夜阴阳的变化规律，制定了尤其适合中老年人的《十二时辰养生法》，明代石室通人称之为仁六功蹴，清代医学家尤乘谓之《十二时无病法》。考虑到原文为古代养生家所写，而今时代不同，生活环境也不同，故本书在引用时，未直接翻译引用，而是结合当今老年人的实际生活情况，将该文介绍如下。

丑、寅时（1～5时）　此时为人体精气生发的时候。如果此时失眠，可披着被子，坐在床上，呵一两口气，把体内浊气吐出。然后把两只手搓热，摩擦鼻子两旁，并用搓热的手慰热双目35遍。接着把两只耳朵分别向前、向后揉卷35遍。然后用两只手抱住后脑，双手的手心恰好掩住双耳，用食指去弹中指，用来击打后脑勺24次。完毕后，再左右耸跳身子，舒展双臂，像开工一样，做49遍。最后，漱嘴里的唾液满口，用意念送下丹田，作三口咽下，可清除五脏之火，达到减息的目的。

卯时（5～7时）　此时已经可以看到晨光了。起床时，要根据气候的寒暖选择适当的衣服。起床后，可坐在明亮的窗户下，喝一杯白开水，不要喝茶。再梳头发百余下，可疏风散火，明目去脑热。洗漱完毕后，应该喝一点淡粥，吃饱后稍休息，再徐徐行走五六十步，边走边用手摩挲肚子。如果此时要出门或不出门但感觉疲倦，可以饮一点点酒，可用来养真气。

辰、巳时（7～11时）　这两个时辰，可以用来读书看报，或处理家务，或到公园里散步，赏花赏鸟。并要开开心心地享受这段时光，不要因为一些小事而动气。回到屋里后，要闭目养神，或叩齿咽津数十口。这样做是因为从亥子两个时辰开始，真气就到了，到了巳午时真气就逐渐减少，因此此时应定神调息，以用来调养真气。

午时（11～13时）　这时要根据自己的饭量去吃饭，不要勉强。午餐吃的要好，尽量丰盛、齐全些。这里说的吃得好，并非一定是山珍海味，而是要吃加工熟的食物，不吃生冷和坚硬的食物。午餐不可吃得过饱，饭后应站起来走上百余步，然后抚摸腹部，再转手抚摸肾堂，让它热起来，使得肾和脾运动起来。然后再喝点茶水，不要喝得过量。

未时（13～15时） 此时最好午休片刻，醒来后，可看书、写作、抚琴或邀朋友叙叙，或出去散散步，放松自己，不要太过劳苦。

申时（15～17时） 此时可吃点小点心，或果品。此时也是上班族的下午茶时间，更是看书、绘画的良机。

酉时（17～19时） 此时应该是吃晚饭的时间了，但不能吃得太迟或太饱，可以少喝点酒，不要喝醉。

戌时（19～21时） 此时可用热水泡脚，可以降火、活血、除湿。并且用凉茶水漱口，可以去除食物的残渣和毒火。睡前可以看一会书，但不能看得太久，否则会损伤眼睛。此时不能多想问题，因为此时思虑过多会造成心火上炎，引起肾水不足，容易导致心肾不交，易患性功能障碍。所以在这个时候，应尽量使心绪安宁，静心养气，早早入睡。此外，睡之前可以按摩左右脚心的两个涌泉穴数百次，可保养人的精气。

亥、子时（21～1时） 此时应该安然入睡，以保养人的元气。睡时，身体要侧面睡着，一只脚屈着放在另一只脚上。要让自己的心情平静下来，什么都不要想，只有先睡心了，人才能安静入眠。这样心无杂念，安心入睡，才是调神养气的法宝。

【备注】 为便于读者了解，一并附原文如下。

洁一室，穴南牖，八窗通明，勿多陈列玩器，引乱心目。设广榻长几各一，笔砚楚楚，旁设小几一，挂字画一幅频换。几上置得意书一二部，古帖一本，香炉一，茶具全，心目间常要一尘不染。

［丑寅］时，精气发生之候，勿浓睡。拥衾坐床，呵气一二口，以出浊气。将两手搓热，擦鼻两旁，及熨两目五七遍。更将两耳揉卷，向前后五七遍。以两手抱脑，手心恰掩两耳，用食指弹中指，击脑后各二十四，左右耸身，舒臂作开弓势五七遍，后以两股伸缩五七遍，叩齿七七数，漱津满口，以意送下丹田，作三口咽。清五脏火，少息。

［卯］见晨光，量寒温穿衣服，起坐明窗下，进百滚白汤一瓯，勿饮茶，栉发百下，使疏风散火，明目去脑热。盥漱毕，早宜粥，宜淡素，饱摩腹，徐行五六十步，取酒一壶，放案头，如出门先饮一二杯。昔有三人皆冒重雾行，一病一死一无恙。或问故，无恙者曰："我饮酒，病者食，死者空腹。"以是知酒力辟邪最胜。不出门或倦，则浮白以养真气。

［辰巳］二时，或课儿业，或理家政，就事欢然，勿以小故动气，杖入园林，督园丁种植蔬果，芟草灌花莳药，归来入室，闭目定神，咽津约十数口。盖亥字以来，真气至，巳午而微，宜用调息以养之。

［午］餐量腹而入，食宜美。美非水陆，毕具异品殊珍。柳公度年八十九，尝语人曰："我不以脾胃熟生物、暖冷物、软硬物，不生、不冷、不硬，美也。"又勿强食，当饥而食，食勿过饱，食毕起行百步，摩腹又转手摩肾堂令热，使水土运动，汲水煎茶，饮适可，勿过多。

［未］时就书案，或读快书，怡悦神气；或吟古诗，畅发悠情。或知己偶聚谈，勿及阃，勿及权势，勿臧否人物，勿争辩是非，当持寡言养气之法。或共知己闲行百余步，不衫不履，颓然自放，勿从劳苦殉礼节。

［申］时点心，用粉面一二物，或果品一二物，弄笔临古帖，抚古琴，倦即止。

［酉］时宜晚餐勿迟，量饥饱勿过，小饮勿醉，陶然而已。《千金方》云："半醉酒，独自宿，软枕头，暖盖足。"言最有味。课子孙一日程如法即止，勿苛。

［戌］时篝灯，热汤濯足，降火除湿，冷茶漱口，涤一日饮食之毒。默坐。日间看书，得意处复取阅之，勿多阅，多伤目。亦勿多思。郑汉奉曰："思虑之害，甚于酒色。思虑多则心火上炎，火炎则肾水下涸，心肾不交，人理绝矣。"故少思以宁心，更阑方就寝。涌泉二穴，精气所生之地，寝时宜擦千遍，榻前宜烧苍术诸香，以辟秽气及诸不祥。

［亥子］时，安睡以培元气，身必欲侧，屈上一足。先睡心，后睡眼，勿想过去、未来、人我等事，惟以一善为念，则怪梦不生。如此御气调神，方为自爱其宝。

——清·尤乘

附录二 十二经脉名称分类及人体分布规律表

十二经脉对称分布于人体的两侧，分别循行于上肢或下肢的内侧或外侧，每一经脉分别属于一个脏或一个腑，因此，十二经脉中每一经脉的名称，都包括手足、阴阳、脏腑三个部分。

内为阴，外为阳：分布于肢体内侧面的经脉为阴经，分布于肢体外侧的经脉为阳经。

脏为阴，腑为阳：五脏“藏精气而不泻”，为阴，六腑“传化物而不藏”，为阳。每一阴经分别隶属于一脏，每一阳经分别隶属于一腑，各经均以脏腑命名。

上为手，下为足：分布于上肢的经脉，在经脉之前冠以“手”字，分布于下肢的经脉，在经脉之前冠以“足”字。

一、十二经脉名称分类及其在四肢分布规律表

	阴经 （属阳）	阳经 （属阴）	循行部位 （阴经行于内侧，阳经行于外侧）	
手	太阴肺经	阳明大肠经	上肢	前线
	厥阴心包经	少阳三焦经		中线
	少阴心经	太阳小肠经		后线
足	太阴脾经*	阳明胃经	下肢	前线
	厥阴肝经*	少阳胆经		中线
	少阴肾经	太阳膀胱经		后线

* 在小腿下半部和足背部，肝经在前，脾经在中线。至内踝上八寸处交叉之后，脾经在前，肝经在中线。

二、十二经脉在头面部的分布规律表

十二经脉在头面部的分布规律为：

头面部：手三阳经止于头面部，足三阳经起于头面部，手足三阳经在头面部相交接，所以说“头为诸阳之会”。

其分布特点是：阳明经分布于面部、额部；太阳经分布于面颊、头

顶及枕项部；少阳经分布于耳颞部。另外，足厥阴经也循行至巅顶部。其分布规律是：阳明在前，少阳在侧，太阳在后，厥阴在巅顶。

部位		经脉分布
前面	面额部 面颊部	手足阳明经 手太阳经
侧面	耳颞部	手足少阳经
后面	头顶 枕项部	足太阳经

三、十二经脉在躯干部的分布规律表

十二经脉在躯干部的分布规律为：

躯干部：手三阳经行于肩胛部；手三阴经均从腋下走出；足三阳经则阳明经行于前（胸腹前），太阳经行于后（背后），少阴经行于侧面；足三阴经均行于腹面。行于腹面的经脉自内向外的顺序为：足少阴、足阳明、足太阴、足厥阴。

部位		经脉分布		
		第一侧线	第二侧线	第三侧线
前面	胸部	足少阴肾经 （距胸正中线二寸）	足阳明胃经 （距胸正中线四寸）	足太阴脾经 （距胸正中线六寸）
	腹部	足少阴肾经 （距正中线半寸）	足阳明胃经 （距腹正中线二寸）	足太阴脾经 （距腹正中线四寸） 足厥阴肝经 （从少腹斜向上至胁）
后面	背、腰部	足太阳膀胱经 （距背正中线一寸半）	足太阳膀胱经 （距背正中线三寸）	
侧面	肩胛部	手三阳经		
	腋下	手三阴经		
	胁、侧腹	足少阳胆经、足厥阴肝经		

附录三　十二经穴起止表与起止歌

一、十二经穴起止表

【十二时辰】	【十二经穴】	【起穴】	【止穴】
（寅）肺经	手太阴	出中府（腋傍）	至少商（手拇）
（卯）大肠	手阳明	起商阳（手食指）	至迎香（鼻傍）
（辰）胃经	足阳明	起承泣（目下）	下厉兑（足次趾）
（巳）脾经	足太阴	起隐白（足蹈）	上大包（腋下）
（午）心经	手少阴	出极泉（腋下）	注少冲（手小指）
（未）小肠	手太阳	起少泽（手小指）	上听宫（耳中）
（申）膀胱	足太阳	起睛明（目内眦）	下至阴（足小趾）
（酉）肾经	足少阴	起涌泉（足心）	上俞府（胸前）
（戌）心包	手厥阴	出天池（乳后）	注中冲（手中指）
（亥）三焦	手少阳	起关冲（手名指）	上丝竹空（眉尾）
（子）胆经	足少阳	起童子髎（目锐眦）	下窍阴（足四趾）
（丑）肝经	足厥阴	起大敦（足蹈）	上期门（乳下）

二、十二经穴起止歌

中府肺经出少商，少商别络注商阳。
商阳大肠迎香上，香接承泣至胃旁；
头维下降至兑穴，兑传隐白至脾乡；
最终脾络名大包，大包再接极泉场。
泉贯少冲心部井，少泽相连即小肠；
上达听宫睛明会，膀胱下达至阴旁。
至阴斜出涌泉底，肾脉还归俞府藏。
俞府天池横络截，三焦宛转丝竹扬。

丝竹更贯瞳子窌，胆经下入窍阴方。

窍阴横亘大敦井，敦上期门肝脉当。

期门历遍还中府，经络周流仔细详。

备注：此歌为今人李鼎改写校订。现将原歌摘录如下，以供参考。

中府为初注少商，少商别络注商阳。商阳复向迎香走，香接头维至库房。

维下降兮趋历兑，兑传隐白至胸乡。隐白上升达大包，大包仍续极泉场。

泉贯少冲心部井，少泽相连即小肠。泽会听宫、睛明分，睛明下造至阴强。

至阴斜出涌泉底，泉穴还归俞府藏，俞府天池横络截，池出中冲心主张。

中冲并与关冲合，关冲宛转丝竹傍。丝竹更贯瞳窌穴，瞳窌下入窍阴方。

窍阴横亘大敦井，敦上期门肝脉当，期门历遍还中府，经络周流仔细详。

——引自：《经穴指掌图》明·施沛

附录四　常用穴位简便取穴方法及穴位主治一览表

一、足少阳胆经

穴	名	穴位	主治	特定穴
1	瞳子髎	面部。目外眦旁 0.5 寸，眶骨外缘凹陷中	头痛，目赤肿痛，目翳，青盲怕光羞明，迎风流泪，远视不明	手太阳，手、足少阳经交会穴
2	听会	面部。耳屏间切迹前，下颌骨髁状突的后缘，张口有孔	耳鸣，耳聋，齿痛，口㖞，面痛，头痛	
3	上关	耳前。下关穴直上，当颧弓的上缘	偏头痛，耳鸣，耳聋；口眼㖞斜，齿痛，口噤	手足少阳，足阳明经交会穴
4	颔厌	头部鬓发上。头维穴至曲鬓穴弧形线的上 1/4 与下 3/4 交界处	偏头痛，目眩，耳鸣，齿痛，癫痫	手足少阳，足阳明经交会穴
5	悬颅	头部鬓发上。头维穴至曲鬓穴弧形线中点	偏头痛，目赤肿痛，齿痛	
6	悬厘	头部鬓发上。头维穴至曲鬓穴连线的下 1/4 与上 3/4 交界处	偏头痛，目赤肿痛，耳鸣	手足少阳，足阳明经交会穴
7	曲鬓	头部。耳前鬓发后缘直上，平角孙穴处	头痛，齿痛，牙关紧闭，暴喑	足少阳与足太阳经交会穴
8	率谷	头部。耳尖直上，入发际 1.5 寸	偏头痛，眩晕，小儿急、慢惊风	足少阳与足太阳经交会穴
9	天冲	头部。耳根后缘直上，入发际 2 寸	头痛，癫疾，牙龈肿痛	足少阳与足太阳经交会穴
10	浮白	头部。耳根上缘向后入发际横量 2 寸	头痛，耳鸣，耳聋，目痛，瘿气	足少阳与足太阳经交会穴
11	头窍阴	头部。浮白穴直下，乳突根部	头痛，耳鸣，耳聋	足少阳与足太阳交会穴
12	完骨	头部。乳突后下方凹陷中	头痛，颈项强痛，齿痛，口㖞，疟疾，癫痫	足少阳与足太阳经交会穴
13	本神	头部。神庭穴（督脉）旁 3 寸，当神庭穴与头维穴连线的内 2/3 与外 1/3 连接点处	头痛，目眩，癫痫，小儿惊风	足少阳经与阳维脉交会穴
14	阳白	前额部。目正视，瞳孔直上，眉上 1 寸	头痛，目痛，视物模糊，眼睑瞤动	足少阳经与阳维脉交会穴
15	头临泣	头部。阳白穴直上，入发际 0.5 寸	头痛，目眩，流泪，鼻塞，小儿惊痫	足少阳、足太阳经与阳维脉交会穴
16	目窗	头部。头临泣穴后 1 寸	头痛，目赤肿痛，青盲，鼻塞，癫痫，面浮肿	足少阳经与阳维脉交会穴
17	正营	头部。目窗穴后 1 寸	头痛，目眩，唇吻急强，齿痛	足少阳经与阳维脉交会穴
18	承灵	头部。正营穴后 1.5 寸	头痛，眩晕，目痛，鼻塞，鼽衄	足少阳经与阳维脉交会穴

续表

穴名		穴位	主治	特定穴
19	脑空	头部。风池穴直上1.5寸	头痛，目眩，癫狂痫，颈项强痛	足少阳经与阳维脉交会穴
20	风池	项部。胸锁乳突肌与斜方肌之间凹陷中，平风府穴处	头痛，眩晕，目赤肿痛，鼻渊，鼽衄，耳鸣，颈项强痛，感冒，癫痫，中风，热病，疟疾，瘿气	足少阳经与阳维脉交会穴
21	肩井	项部。大椎穴(督脉)与肩峰连线的中点	头项强痛，肩背疼痛，上肢不遂，难产，乳痈，乳汁不下，瘰疬	手、足少阳经与阳维脉交会穴
22	渊腋	侧胸部。举臂，腋中线上，第四肋间隙	胸满，胁痛，上肢痹痛	
23	辄筋	侧胸部。渊腋穴前1寸，第四肋间隙	胸满，胁痛，气喘，呕吐，吞酸	
24	日月	上腹部。乳头下方，第七肋间隙	呕吐，吞酸，胁肋疼痛，呃逆，黄疸	胆的“募穴”。足少阳、足太阴经交会穴
25	京门	侧胸部。第十二肋端	小便不利，水肿，腰痛，胁痛，腹胀，泄泻	肾的募穴
26	带脉	侧腹部。第十一肋端直下平脐处	腹痛，经闭，月经不调，带下，疝气，腰胁痛	足少阳经与带脉交会穴
27	五枢	侧腹部。在侧腹，髂前上棘之前0.5寸，约平脐下3寸处	腹痛，疝气，带下，便秘，阴挺	足少阳经与带脉交会穴
28	维道	侧腹部。五枢穴前下0.5寸	腹痛，疝气，带下，阴挺	足少阳经与带脉交会穴
29	居髎	髋部。髂前上棘与股骨大转子高点连线的中点	腰痛，下肢痿痹，疝气	足少阳经与阳跷脉交会穴
30	环跳	股外侧部。股骨大转子高点与骶管裂孔连线的外1/3与内2/3交界处	下肢痿痹，腰痛	足少阳、太阳经交会穴
31	风市	大腿外侧正中，腘横纹水平线上7寸。患者以手贴于腿外，中指尖下是穴	下肢痿痹，遍身瘙痒，脚气	
32	中渎	大腿外侧。风市穴下2寸	下肢痿痹	
33	膝阳关	膝外侧。阳陵泉穴上3寸，股骨外上髁上方的凹陷中	膝腘肿痛挛急，小腿麻木	
34	阳陵泉	小腿外侧。腓骨小头前下方凹陷中	胁痛，口苦，呕吐，下肢痿痹，脚气，黄疸，小儿惊风 参考资料：据报道，在X射线观察下，用胆囊造影剂研究针刺对胆囊动力的影响，发现针刺无胆囊疾患的健康成年人阳陵泉，可使大部分(75.7%)人的胆囊影像明显缩小，表明针刺能增加胆囊的运动和排空能力，此种作用在有针感时即开始，而在起针后10分钟更加明显	胆经“合穴”，八会穴之一，筋会阳陵泉
35	阳交	小腿外侧。外踝高点上7寸，腓骨后缘	胸胁胀满，下肢痿痹，癫狂	阳维脉郄穴

续表

穴	名	穴位	主治	特定穴
36	外丘	小腿外侧。外踝高点上7寸，腓骨前缘	胸胁胀满，下肢痿痹，癫狂	胆经“郄穴”
37	光明	小腿外侧。外踝高点上5寸，腓骨前缘	目痛，夜盲，下肢痿痹，乳房胀痛	胆经“络穴”
38	阳辅	小腿外侧。外踝高点上4寸，腓骨前缘稍前处	偏头痛，目外眦痛，瘰疬，脚气，腋下肿痛，咽喉肿痛，胸胁胀痛，下肢痿痹	胆经“经穴”
39	悬钟	小腿外侧。外踝高点上3寸，腓骨后缘	项强，胸胁胀痛，下肢痿痹，咽喉肿痛，脚气，痔疾	八会穴之一，髓会绝骨
40	丘墟	外踝前下方，趾长伸肌腱外侧凹陷中	胸胁胀痛，下肢痿痹，疟疾 参考资料：据报道，在对胆总管引流者进行胆道造影时（在注射吗啡的条件下），发现针刺丘墟、阳陵泉、日月等穴后30分钟，胆总管出现明显的规律性收缩，蠕动明显增强	胆经“原穴”；
41	足临泣	足背外侧。在第四、第五跖骨结合部前方，小趾伸肌腱外侧凹陷中	目赤肿痛，胁肋疼痛，月经不调，遗溺，乳痈，瘰疬，疟疾，足跗疼痛	胆经“输穴”。八脉交会穴之一，通于带脉
42	地五会	在第四、第五跖骨之间，当小趾伸肌腱内侧缘处	头痛，目赤，耳鸣，胁痛，乳痈，内伤吐血，足背肿痛	胆经“原穴”
43	侠溪	足背，第四、第五趾间缝纹端	头痛，目眩，耳鸣，耳聋，目赤肿痛，胁肋疼痛，热病，乳痈	胆经“荥穴”
44	足窍阴	第四趾外侧趾甲角旁约0.1寸	头痛，目赤肿痛，耳聋，咽喉肿痛，热病，失眠，胁痛，咳逆，月经不调	胆经“井穴”

二、足厥阴肝经

穴	名	穴位	主治	特定穴
1	大敦	大踇趾外侧趾甲角旁约0.1寸	疝气，遗尿，经闭，崩漏，阴挺，癫痫	肝经“井穴”
2	行间	足背，第一、第二趾间缝纹端	头痛，目眩，目赤肿痛，青盲，口㖞，胁痛，疝气，小便不利，崩漏，癫痫，月经不调，痛经，带下，中风	肝经“荥穴”
3	太冲	足背，第一、第二跖骨结合部之前凹陷中	头痛，眩晕，目赤肿痛，口㖞，胁痛，遗尿，疝气，崩漏，月经不调，癫痫，呕逆，小儿惊风，下肢痿痹 参考资料：据报道，对施行胆囊切除术和胆总管探查术的急性胆道疾病患者，针刺足三里、阳陵泉，或单刺太冲，都能使注射吗啡后胆道压力不仅停止上升，而且迅速下降。针刺太冲缓解胆道口（奥狄）括约肌痉挛的作用大于足三里、阳陵泉	肝经“输、原穴”
4	中封	足背侧，内踝前1寸，胫骨前肌腱内缘	疝气，遗精，小便不利，腹痛	肝经“经穴”

续表

穴	名	穴位	主治	特定穴
5	蠡沟	小腿内侧。内踝高点上5寸，胫骨内侧面的中央	小便不利，遗尿，月经不调，带下，下肢痿痹	肝经“络穴”
6	中都	小腿内侧。内踝高点上7寸，胫骨内侧面的中央	疝气，崩漏，腹痛，泄泻，恶露不尽	肝经“郄穴”
7	膝关	小腿内侧。阴陵泉穴后1寸	膝部肿痛	
8	曲泉	屈膝，当膝内侧横纹头上方凹陷中	腹痛，小便不利，遗精，阴痒，膝痛，月经不调，痛经，带下	肝经“合穴”
9	阴包	大腿内侧。股骨内上髁上4寸，缝匠肌后缘	腹痛，遗尿，小便不利，月经不调	
10	足五里	大腿内侧。曲骨穴旁开2寸，直下3寸	小腹痛，小便不通，阴挺，睾丸肿痛，嗜卧，瘰疬	
11	阴廉	大腿内侧。曲骨穴旁2寸，直下2寸	月经不调，带下，小腹痛	
12	急脉	又名“羊矢穴”。耻骨联合下旁开2.5寸，当气冲穴外下方的腹股沟处	小腹痛，疝气，阴挺	
13	章门	侧腹部。第十一肋端	腹胀，泄泻，胁痛，痞块	脾的募穴；八会穴之一，脏会章门；肝经与胆经交会穴
14	期门	胸部。乳头直下，第六肋间隙	胸胁胀痛，腹胀，呕吐，乳痈	肝的募穴；足厥阴、足太阴与阴维脉交会穴

三、手太阴肺经

穴	名	穴位	主治	附注
1	中府	胸前臂外上方，前正中线旁开6寸，平第一肋间隙处	咳嗽，气喘，肺胀满，胸痛，肩背痛	肺的募穴 手、足太阴经交会穴
2	云门	胸前臂外上方，距前正中线旁开6寸，当锁骨外端下缘凹陷中取穴	咳嗽，气喘，胸痛，肩痛	
3	天府	臂内侧面。腋前皱襞上端水平线下3寸，肱二头肌外缘	气喘，鼻衄（nǜ，指鼻出血），瘿气，臑痛	
4	侠白	臂内侧面。天府穴下1寸，肘横纹上5寸	咳嗽，气喘，干呕，烦满，胸痛	
5	尺泽	肘横纹中，肱二头肌腱桡侧缘	咳嗽，气喘，咳血，潮热，胸部胀满，咽喉肿痛，小儿惊风，吐泻，肘臂挛痛	肺经“合穴”
6	孔最	前臂掌面桡侧。尺泽穴与太渊穴连线上，腕横纹上7寸处	咳嗽，气喘，咳血，咽喉肿痛，肘臂挛痛，痔疾	肺经“郄穴”。个人经验仅供参考：痔疮肛裂疼痛者此穴压痛，针刺可以有效止痛。一患者做痔疮手术后肛周疼痛，针刺后痛止。不会针刺者可以用有活血作用的膏药贴在穴位上再按揉至压痛消失。操作无效请找专业医生诊治

续表

穴名		穴位	主治	附注
7	列缺	前臂桡侧缘。桡骨茎突上方，腕横纹上1.5寸	伤风，头痛，项强，咳嗽，气喘，咽喉肿痛，口眼㖞斜，齿痛	肺经"络穴"；又是"八脉交会穴"之一，通于任脉。"头项寻列缺"指项部酸痛、头痛取该穴可快速缓解
8	经渠	桡骨茎突内侧，腕横纹上1寸，桡动脉桡侧凹陷中	咳嗽，气喘，胸痛，咽喉肿痛，手腕痛	手太阴经所行为"经" 《针灸甲乙经》：不可灸
9	太渊	掌后腕横纹桡侧端，桡动脉的桡侧凹陷中	咳嗽，气喘，咳血，胸痛，咽喉肿痛，腕臂痛，无脉症	手太阴经所注为"输"；肺经"原穴"；八会穴之一，脉会太渊
10	鱼际	第一掌骨中点，赤白肉际处	咳嗽，咳血，咽喉肿痛，失音，发热	手太阴经所溜为"荥"
11	少商	拇指桡侧指甲角旁约0.1寸	咽喉肿痛，鼻衄，咳嗽，发热，昏迷，癫狂	手太阴经所出为"井"。十三鬼穴之一，鬼信。用指压少商穴可以治疗打呃。指压少商穴时，吞咽口水，如此数次即可止住，压时以有酸痛感为宜，持续1分钟左右即可见效。中指指背上的中魁穴、眉头的攒竹穴对治疗打呃也有效。不用穴位疗法，含一口水弯腰鞠躬90°咽下也有效。如果打呃不止自治无效就得到医院请医生诊治

四、手阳明大肠经

穴名		穴位	主治	特定穴
1	商阳	食指末节桡侧指甲角旁约0.1寸	耳聋，齿痛，咽喉肿痛，颌肿，青盲，手指麻木，热病，昏迷	大肠经"井穴"
2	二间	握拳，当食指桡侧掌指关节前凹陷中	目昏，鼻衄，齿痛，口㖞，咽喉肿痛，热病	大肠经"荥穴"
3	三间	握拳，当第二掌骨小头桡侧后凹陷中	目痛，齿痛，咽喉肿痛，身热，腹满，肠鸣	大肠经"输穴"
4	合谷	手背，第一、第二掌骨之间，约平第二掌骨中点处 简便取穴：以一手的拇指指骨关节横纹，放在另一手拇、食指之间的指蹼缘上，当拇指尖下是穴	头痛，目赤肿痛，鼻衄，齿痛，牙关紧闭，口眼㖞斜，耳聋，痄腮，咽喉肿痛，热病无汗，多汗，腹痛，便秘，经闭，滞产	大肠经"原穴" 别名：虎口
5	阳溪	腕背横纹桡侧端，拇短伸肌腱与拇长伸肌腱之间的凹陷中	头痛，目赤肿痛，耳聋，耳鸣，齿痛，咽喉肿痛，手腕痛	大肠经"经穴"
6	偏历	在阳溪穴与曲池穴连线上，阳溪穴上3寸处	目赤，耳鸣，鼻衄，喉痛，手臂酸痛，水肿	大肠经"络穴"
7	温溜	在阳溪穴与曲池穴连线上，阳溪穴上5寸处	头痛，面肿，咽喉肿痛，疔疮，肩背酸痛，肠鸣腹痛	大肠经"郄穴"
8	下廉	在阳溪穴与曲池穴连线上，曲池穴下4寸处	头痛，眩晕，目痛，肘臂痛，腹胀，腹痛	

续表

穴名		穴位	主治	特定穴
9	上廉	在阳溪穴与曲池穴连线上，曲池穴下3寸处	头痛，肩膀酸痛，半身不遂，手臂麻木，肠鸣腹痛	
10	手三里	在阳溪穴与曲池穴连线上，曲池穴下2寸处	齿痛颊肿，上肢不遂，腹痛腹泻	
11	曲池	屈肘，成直角，当肘横纹外端与肱骨外上髁连线的中点	咽喉肿痛，齿痛，目赤痛，瘰疬，隐疹，热病，上肢不遂，手臂肿痛，腹痛吐泻，高血压，癫狂 参考资料：据报道，在犬阑尾壁内直接注射β-链球菌和金黄色葡萄球菌的混合菌液以引起实验性阑尾炎，用强刺激手法针刺"曲池"和"阑尾"穴，证明其对实验性阑尾炎有肯定的治疗作用	大肠经"合穴"
12	肘髎	屈肘，曲池穴外上方1寸，肱骨边缘	肘臂部痠痛，麻木，挛急	
13	手五里	在曲池穴与肩髃穴的连线上，曲池穴上3寸处	肘臂挛痛，瘟病	
14	臂臑	在曲池穴与肩髃穴连线上，曲池穴上7寸处，当三角肌下端	肩臂痛，颈项拘挛，瘰疬，目疾	
15	肩髃	肩峰端下缘，当肩峰与肱骨大结节之间，三角肌上部中央。肩平举时，肩部出现两个凹陷，前方的凹陷中	肩臂挛痛不遂，隐疹，瘰疬	手阳明大肠经与阳跷脉交会穴
16	巨骨	锁骨肩峰端与肩胛冈之间凹陷中	肩臂挛痛不遂，瘰疬，瘿气	手阳明大肠经与阳跷脉交会穴
17	天鼎	扶突穴直下1寸，胸锁乳突肌后缘	暴瘖气梗，咽喉肿痛，瘰疬，瘿气	
18	扶突	喉结旁开3寸，当胸锁乳突肌的胸骨头与锁骨头之间	咳嗽，气喘，咽喉肿痛，暴瘖，瘰疬，瘿气	
19	口禾髎	水沟穴旁0.5寸，当鼻孔外缘直下，与水沟穴相平处取穴	鼻塞，鼽衄，口㖞，口噤	
20	迎香	鼻翼外缘中点，旁开0.5寸，当鼻唇沟中	鼻塞，鼽衄，口㖞，面痒，胆道蛔虫症	手、足阳明经交会穴 《外台秘要》：不宜灸

五、足阳明胃经

穴名		穴位	主治	特定穴
1	承泣	目正视，瞳孔直下，当眶下缘与眼球之间	目赤肿痛，流泪，夜盲，眼睑瞤动，口眼㖞斜	足阳明经、阳跷、任脉交会穴
2	四白	目正视，瞳孔直下，当眶下孔凹陷中	目赤痛痒，目翳，眼睑瞤动，口眼㖞斜，头痛眩晕	
3	巨髎	目正视，瞳孔直下，平鼻翼下缘处	口眼㖞斜，眼睑瞤动，鼻衄，齿痛，唇颊肿	足阳明胃经与阳跷脉交会穴
4	地仓	口角旁0.4寸。巨髎穴直下取之	口㖞，流涎，眼睑瞤动	手足阳明经与阳跷脉交会穴

续表

穴	名	穴位	主治	特定穴
5	大迎	下颌角前1.3寸凹陷中，咬肌附着部前缘，闭口鼓气时即出现一沟形凹陷，即于凹陷下端取之	口㖞，口噤，颊肿，齿痛	
6	颊车	在阳溪穴与曲池穴连线上，阳溪穴上3寸处	口㖞，齿痛，颊肿，口噤不语	
7	下关	颧弓下缘，下颌骨髁状突之前方，切迹之间凹陷中。合口有孔，张口即闭	耳聋，耳鸣，聤耳，齿痛，口噤，口眼㖞斜	足阳明、足少阳经交会穴
8	头维	额角发际宜上0.5寸	头痛，目眩，口痛，流泪，眼睑瞤动	足阳明、足少阳经与阳维脉交会穴
9	人迎	喉结旁1.5寸，当颈总动脉之后，胸锁乳突肌前缘	咽喉肿痛，气喘，瘰疬，瘿气，高血压	足阳明、足少阳经交会穴
10	水突	人迎穴至气舍穴连线的中点，当胸锁乳突肌前缘	咽喉肿痛，咳嗽，气喘	
11	气舍	人迎穴直下，锁骨上缘，在胸锁乳突肌的胸骨头与锁骨头之间	咽喉肿痛，气喘，呃逆，瘿瘤，瘰疬，颈项强	
12	缺盆	锁骨上窝中央，前正中线旁开4寸	咳嗽，气喘，咽喉肿痛，缺盆中痛，瘰疬	
13	气户	锁骨下缘，前正中线旁开4寸	咳嗽，气喘，呃逆，胸胁支满，胸痛	
14	库房	第一肋间隙，前正中线旁开4寸	咳嗽，气喘，咳唾脓血，胸肋胀痛	
15	屋翳	第二肋间隙，前正中线旁开4寸	咳嗽，气喘，咳唾脓血，胸肋胀痛，乳痈	
16	膺窗	第三肋间隙，前正中线旁开4寸	咳嗽，气喘，胸肋胀痛，乳痈	
17	乳中	乳头中央		
18	乳根	喉结旁开3寸，当胸锁乳突肌的胸骨头与锁骨头之间	咳嗽，气喘，呃逆，胸痛，乳痈，乳汁少	
19	不容	脐上6寸，前正中线旁开2寸	呕吐，胃痛，食欲不振，腹胀	
20	承满	脐上5寸，前正中线旁开2寸	胃痛，吐血，食欲不振，腹胀	
21	梁门	脐上4寸，前正中线旁开2寸	胃痛，呕吐，食欲不振，腹胀，泄泻	
22	关门	脐上3寸，前正中线旁开2寸	腹胀，腹痛，肠鸣泄泻，水肿	
23	太乙	脐上2寸，前正中线旁开2寸	胃痛，心烦，癫狂	
24	滑肉门	脐上1寸，前正中线旁开2寸	胃痛，呕吐，癫狂	
25	天枢	脐旁2寸	腹胀肠鸣，绕脐痛，便秘，泄泻，痢疾，月经不调，癥瘕	大肠经“募穴”
26	外陵	脐下1寸，前正中线旁开2寸	腹痛，疝气，痛经	
27	大巨	脐下2寸，前正中线旁开2寸	小腹胀满，小便不利，疝气，遗精，早泄	
28	水道	脐下3寸，前正中线旁开2寸	小腹胀满，小便不利，痛经，不孕，疝气	
29	归来	脐下4寸，前正中线旁开2寸	腹痛，疝气，月经不调，白带，阴挺	
30	气冲	脐下5寸，前正中线旁开2寸	肠鸣腹痛，疝气，月经不调，不孕，阳痿，阴肿	冲脉所起
31	髀关	髂前上棘与髌骨外缘连线上，平臀沟处	腰痛膝冷，痿痹，腹痛	

续表

穴名		穴位	主治	特定穴
32	伏兔	在髂前上棘与髌骨外缘连线上，髌骨外上缘上6寸	腰痛膝冷，下肢麻痹，疝气，脚气	
33	阴市	在髂前上棘与髌骨外缘连线上，髌骨外上缘上3寸	腿膝痿痹，屈伸不利、疝气，腹胀腹痛	
34	梁丘	在髂前上棘与髌骨外缘连线上，髌骨外上缘上2寸	膝肿痛，下肢不遂，胃痛，乳痈，血尿	胃经的“郄穴”
35	犊鼻	髌骨下缘，髌韧带外侧凹陷中	膝痛，下肢麻痹，屈伸不利，脚气	
36	足三里	犊鼻穴下3寸，胫骨前嵴外一横指处 参考资料：①据报道，针刺健康人和胃病患者的足三里和手三里，经观察发现胃弛缓时针刺使收缩加强，胃紧张时变为弛缓，并可解除幽门痉挛。②据报道，针刺单纯性消化不良和中毒性消化不良患儿的足三里、合谷、三阴交，可使原来活性低下的胃游离酸、总酸度、胃蛋白酶和胃脂肪酶活性迅速升高。③据报道，针刺人及家兔的足三里，发现裂解素(主要是裂解含有大量多糖体的革兰氏阴性杆菌，也能灭活某些病毒)增加，人增加17.85单位，兔增加62.1单位，两者均有针后12小时增加最显。④据报道，针刺家兔的“足三里”、“大椎”，可使其调理素明显增加，从而促进白细胞吞噬指数的上升，增强其免疫能力	胃痛，呕吐，噎嗝，腹胀，泄泻，痢疾，便秘，乳痈，肠痈，下肢痹痛，水肿；癫狂，脚气，虚劳羸瘦	1. 胃经的“合穴”。 2. 本穴有强状作用，为保健要穴
37	上巨虚	足三里穴下3寸	肠鸣，腹痛，泄泻，便秘，肠痈，下肢痿痹，脚气	大肠“下合穴”
38	条口	上巨虚穴下2寸	脘腹疼痛，下肢痿痹，转筋，跗肿，肩臂痛	
39	下巨虚	上巨虚穴下3寸	小腹痛，泄泻，痢疾，乳痈，下肢痿痹、腰脊痛引睾丸	小肠经“下合穴”
40	丰隆	外踝高点上8寸，条口穴外1寸	头痛，眩晕，痰多咳嗽，呕吐，便秘，水肿，癫狂痫，下肢痿痹	胃经“络穴”；
41	解溪	足背踝关节横纹的中央，踇长伸肌腱与趾长伸肌腱之间	头痛，眩晕，癫狂，腹胀，便秘，下肢痿痹	胃经“经穴”
42	冲阳	在解溪穴下方，踇长伸肌腱和趾长伸肌腱之间，当第二、第三跖骨与楔状骨间，足背动脉搏动处	口眼㖞斜，面肿，齿痛，癫狂痫，胃痛，足痿无力	胃经“原穴”
43	陷谷	足背第二、第三跖趾关节后凹陷中	面浮身肿，目赤肿痛，肠鸣腹痛，热病，足背肿痛	胃经“输穴”

续表

穴	名	穴位	主治	特定穴
44	内庭	足背第二、第三趾间缝纹端	齿痛，咽喉肿痛，口喎，鼻衄，胃痛吐酸，腹胀，泄泻，痢疾，便秘，热病，足背肿痛	胃经“荥穴”
45	厉兑	第二趾外侧趾甲角旁约0.1寸	鼽(qiú)衄，齿痛，咽喉肿痛，腹胀，热病，多梦，癫狂	胃经“井穴”

六、足太阴脾经

穴	名	穴位	主治	特定穴
1	隐白	大趾内侧趾甲角旁约0.1寸	腹胀，便血，尿血，月经过多，崩漏，癫狂，多梦，惊风	脾经“井穴”
2	大都	大趾内侧，第一跖趾关节前缘，赤白肉际	腹胀，胃痛，呕吐，泄泻，便秘，热病	脾经“荥穴”
3	太白	第一跖骨小头后缘，赤白肉际	胃痛，腹胀，肠鸣，泄泻，便秘，痔漏，脚气，体重节痛	脾经“输、原穴”
4	公孙	第一跖骨基底部的前下缘，赤白肉际	胃痛，呕吐，腹痛，泄泻，痢疾。 参考资料： ① 据报道，对消化性溃疡病人进行X射线胃肠检查时，发现到针刺内关、足三里对胃蠕动多有增强作用，尤以足三里最为明显，而针刺公孙则胃蠕动多减弱。 ② 据报道，针刺公孙、内关、梁丘等穴有抑制胃酸分泌的作用	脾经“络穴”，八脉交会穴之一，通于冲脉
5	商丘	内踝前下方凹陷中	腹胀，泄泻，便秘，黄疸，足踝痛	脾经“经穴”
6	三阴交	内踝高点上3寸，胫骨内侧面后缘	肠鸣腹胀，泄泻，月经不调，带下，阴挺，不孕，滞产，遗精，阳痿，遗尿，疝气，失眠，下肢痿痹，脚气	足太阴、少阴、厥阴经交会穴。孕妇禁针
7	漏谷	三阴交穴上3寸	腹胀，肠鸣，小便不利，遗精，下肢痿痹	
8	地机	阴陵泉穴下3寸	腹痛，泄泻，小便不利，水肿，月经不调，痛经，遗精	脾经“郄穴”
9	阴陵泉	胫骨内侧髁下缘凹陷中	腹胀，泄泻，水肿，黄疸，小便不利或失禁，膝痛	脾经“合穴”
10	血海	髌骨内上缘上2寸 简便取穴法：患者屈膝，医者以左手掌心按于患者右膝髌骨上缘，第二至第五指向上伸直，拇指约呈45°斜置，拇指尖下是穴。对侧取法同，唯动作相反	月经不调，崩漏，经闭，隐疹，湿疹，丹毒	
11	箕门	血海穴与冲门穴的连线上，血海穴直上6寸	小便不利，遗尿，腹股沟肿痛	
12	冲门	耻骨联合上缘中点旁开3.5寸	腹痛，疝气，崩漏，带下	足太阴、厥阴经交会穴

续表

穴	名	穴　位	主　治	特 定 穴
13	府舍	冲门穴外上方0.7寸,前正中线旁开4寸	腹痛,疝气,积聚	足大阴、厥阴经与阴维脉交会穴
14	腹结	府舍穴上3寸,大横穴下1.3寸	腹痛,泄泻,疝气	
15	大横	脐中旁开4寸	泄泻,便秘,腹痛	足太阴与阴维脉交会穴
16	腹哀	大横穴上3寸,前正中线旁开4寸	消化不良,腹痛,便秘,痢疾	足太阴与阴维脉交会穴
17	食窦	第五肋间隙中,前正中线旁开6寸	胸胁胀痛,嗳气,反胃,腹胀,水肿	本经食窦至大包诸穴,深部为肺脏,不可深刺
18	天溪	第四肋间隙中,前正中线旁开6寸	胸胁疼痛,咳嗽,乳痈,乳汁少	
19	胸乡	第三助间隙中,前正中线旁开6寸	胸胁胀痛	
20	周荣	第二肋间隙中,前正中线旁开6寸	咳嗽,气逆,胸胁胀满	
21	大包	腋中线上,第六肋间隙中	气喘,胸胁痛,全身疼痛,四肢无力	脾之大络

七、手少阴心经

穴	名	穴　位	主　治	特 定 穴
1	极泉	腋窝正中,腋动脉搏动处	心痛,咽干烦渴,胁肋疼痛,瘰疬,肩臂疼痛	
2	青灵	少海穴与极泉穴的连线上,少海穴上3寸,肱二头肌的内侧沟中	头痛振寒,目黄,胁痛,肩臂疼痛	
3	少海	屈肘,当肘横纹内端与肱骨内上髁连线之中点	心痛,肘臂挛痛,瘰疬,头颈痛,腋胁痛	心经"合穴"
4	灵道	腕横纹上1.5寸,尺侧腕屈肌腱的桡侧。解剖位置在尺侧腕屈肌与指浅屈肌之间,深层为指深屈肌;有尺动脉通过;分布有前臂内侧皮神经,尺侧为尺神经	心痛,瘈疭,暴喑,肘臂挛痛	心经"经穴"
5	通里	腕横纹上1寸,尺侧腕屈肌腱的桡侧。解剖位置同灵道穴	心悸,征忡,暴暗,舌强不语,腕臂痛	心经"络穴"
6	阴郄	腕横纹上0.5寸,尺侧腕屈肌腱的桡侧。解剖位置同灵道穴	心痛,惊悸,骨蒸盗汗,吐血、衄血,暴暗	心经"郄穴"
7	神门	腕横纹尺侧端,尺侧腕屈肌腱的桡侧凹陷中。解剖位置同灵道穴	心痛,心烦,惊悸,怔忡,健忘,失眠,癫狂病,胸胁痛 参考资料:①据报道,给狗注射垂体素造成垂体性高血压,针刺"神门"穴有明显的降压作用;②据报道,针刺癫痫病人的神门、阴郄、通里、百会、大陵等穴,可使部分癫痫大发作患者脑电图趋向规则或使病理性脑电波电位降低	心经"输、原穴"

续表

穴名		穴位	主治	特定穴
8	少府	第四、第五掌骨之间，握拳，当小指端与无名指端之间	心悸，胸痛，小便不利，遗尿，阴痒痛，小指挛痛	心经“荥穴”
9	少冲	小指桡侧指甲角旁约0.1寸	心悸，心痛，胸胁痛，癫狂，热病，昏迷	心经“井穴”

八、手太阳小肠经

穴名		穴位	主治	特定穴
1	少泽	小指尺侧指甲角旁约0.1寸	头痛，目翳，咽喉肿痛，乳痈，乳汁少，昏迷，热病	小肠经“井穴”
2	前谷	握拳第五指掌关节前尺侧，横纹头赤白肉际	头痛，目痛，耳鸣，咽喉肿痛，乳少，热病	小肠经“荥穴”
3	后溪	握拳，第五指掌关节后尺侧，横纹头赤白肉际	头项强痛，目赤，耳聋，咽喉肿痛，腰背痛，癫狂痫，疟疾，手指及肘臂挛痛	小肠经“输穴”。八脉交会穴之一，通督脉
4	腕骨	后溪穴直上，于第五掌骨基底与三角骨之间赤白肉际取之	头项强痛，耳鸣，目翳，黄疸，热病，疟疾，指挛腕痛	小肠经“原穴”
5	阳谷	腕背横纹尺侧端，尺骨茎突前凹陷中	头痛，目眩，耳鸣，耳聋，热病，癫狂痫，腕痛	小肠经“经穴”
6	养老	以掌向胸，当尺骨茎突桡侧缘凹缘中	目视不明，肩、背、肘、臂酸痛	小肠经“郄穴”
7	支正	阳谷穴与小海穴的连线上，阳谷穴上5寸	头痛，目眩，热病，癫狂，项强，肘臂酸痛	心经“络穴”
8	小海	屈肘，当尺骨鹰嘴与肱骨内上髁之间凹陷中	肘臂疼痛，癫痫	心经“合穴”
9	肩贞	腋后皱襞上1寸	肩臂疼痛，瘰疬，耳鸣	
10	臑俞	腋后皱襞直上，肩胛骨下缘凹陷中	肩臂疼痛，瘰疬	手太阳、足太阳，阳维脉与阳跷脉交会穴
11	天宗	肩胛骨岗下窝的中央	肩胛疼痛，气喘，乳痈	
12	秉风	肩胛骨岗上窝中，天宗穴直上	肩胛疼痛，上肢酸麻	手三阳与足少阳经交会穴
13	曲垣	肩胛骨岗上窝内侧端，约当臑俞与第二胸椎棘突连线的中点取之	肩胛疼痛	
14	肩外俞	第一胸椎棘突下旁开3寸	肩背疼痛，颈项强急	
15	肩中俞	第七颈椎棘突下旁开2寸	咳嗽，气喘，肩背疼痛，目视不明	
16	天窗	喉结旁开3.5寸，在胸锁乳突肌之后缘	耳鸣，耳聋，咽喉肿痛，颈项强痛，暴暗	
17	天容	下颌角后，胸锁乳突肌前缘	耳鸣，耳聋，咽喉肿痛，颈项肿痛	
18	颧髎	目外眦直下颧骨下缘凹陷中	口眼㖞斜，眼睑瞤动，齿痛，颊肿	手少阳、太阳经交会穴
19	听宫	耳屏前，下颌骨髁状突的后缘，张口呈凹陷处	耳鸣，耳聋，聤耳，齿痛，癫狂痫	手、足少阳与手太阳经交会穴

九、足太阳膀胱经

穴名		穴位	主治	特定穴
1	睛明	目内眦旁0.1寸	目赤肿痛，流泪，视物不明，目眩，近视，夜盲，色盲	手太阳、足太阳、足阳明、阴跷、阳跷五脉交会穴
2	攒竹	眉头凹陷中	头痛，口眼㖞斜，目视不明，流泪，目赤肿痛，眼睑瞤动，眉棱骨痛，眼睑下垂	
3	眉冲	攒竹穴直上，入发际0.5寸	头痛，眩晕，鼻塞，癫痫	
4	曲差	神庭穴（督脉）旁1.5寸，当神庭穴与头维穴连线的内1/3与外2/3连接点取之	头痛，鼻塞，鼽衄，目视不明	
5	五处	曲差穴上0.5寸，距头部正中线1.5寸	头痛，目眩，癫痫	
6	承光	五处穴后1.5寸	头痛，目眩，鼻塞，热病	
7	通天	承光穴后1.5寸	头痛，眩晕，鼻塞，鼻衄，鼻渊	
8	络却	通天穴后1.5寸	头晕，目视不明，耳鸣，癫狂	
9	玉枕	后发际正中直上2.5寸，旁开1.3寸	头颈痛，目痛，鼻塞	
10	天柱	后发际正中直上0.5寸，旁开1.3寸，当斜方肌外缘凹陷中	头痛，项强，鼻塞，癫狂痫，肩背痛，热病	
11	大杼	第一胸椎棘突下，旁开1.5寸	咳嗽，发热，项强，肩背痛	八会穴之一，骨会大杼；手、足太阳经交会穴
12	风门	第二胸椎棘突下，旁开2.5寸	伤风，咳嗽，发热头痛，项强，胸背痛	足太阳经与督脉交会穴
13	肺俞	第三胸椎棘突下，旁开1.5寸	咳嗽，气喘，吐血，骨蒸，潮热，盗汗，鼻塞	肺的背俞穴
14	厥阴俞	第四胸椎棘突下，旁开1.5寸	咳嗽，心痛，胸闷，呕吐	心包背俞穴
15	心俞	第五胸椎棘突下，旁开1.5寸	心痛，惊悸，咳嗽，吐血，失眠，健忘，盗汗，梦遗，癫痫	心的背俞穴
16	督俞	第六胸椎棘突下，旁开1.5寸	心痛，胸闷，腹痛，寒热、气喘	
17	膈俞	第七胸椎棘突下，旁开1.5寸	呕吐，呃逆，气喘，咳嗽，吐血，潮热，盗汗 参考资料：据报道，用人工放血造成家兔的贫血状态后针刺“膈俞”、“膏肓”，结果与对照组相比，大大提前纠正了贫血状态，迅速恢复正常	八会穴之一，血会膈俞
18	肝俞	第九胸椎棘突下，旁开1.5寸	黄疸，胁痛，吐血，目赤，目眩，雀目，癫狂痫，脊背痛	肝的背俞穴
19	胆俞	第十胸椎棘突下，旁开1.5寸	黄疸，口苦，胁痛，肺痨，潮热	胆的背俞穴
20	脾俞	第十一胸椎棘突下，旁开1.5寸	腹胀，黄疸，呕吐，泄泻，痢疾，便血，水肿，背痛	脾的背俞穴
21	胃俞	第十二胸椎棘突下，旁开1.5寸	胸胁痛，胃脘痛，呕吐，腹胀，肠鸣	胃的背俞穴

续表

穴名		穴位	主治	特定穴
22	三焦俞	第一腰椎棘突下，旁开1.5寸	肠鸣，腹胀，呕吐，泄泻，痢疾，水肿，腰背强痛	三焦背俞穴
23	肾俞	第二腰椎棘突下，旁开1.5寸	遗尿，遗精，阳痿，月经不调，白带，水肿，耳鸣，耳聋，腰痛 据实验观察针刺对正常人水负荷后肾脏泌尿功能的影响，发现在大多数情况下，针刺肾俞或京门穴时可抑制肾脏的泌尿功能	肾的背俞穴
24	气海俞	第三腰椎棘突下，旁开1.5寸	肠鸣腹胀，痔瘘，痛经，腰痛	
25	大肠俞	第四腰椎棘突下，旁开1.5寸	腹胀，泄泻，便秘，腰痛	大肠背俞穴
26	关元俞	第五腰椎棘突下，旁开1.5寸	腹胀，泄泻，小便频数或不利，遗尿，腰痛	
27	小肠俞	第一骶椎棘突下，旁开1.5寸	腹痛，泄泻，痢疾，遗尿，尿血，痔疾，遗精，白带，腰痛	小肠的背俞穴
28	膀胱俞	第二骶椎棘突下，旁开1.5寸	小便不利，遗尿，泄泻，便秘，腰脊强痛	膀胱背俞穴
29	中膂俞	第三骶椎棘突下，旁开1.5寸	泄泻，疝气，腰脊强痛	
30	白环俞	第四骶椎棘突下，旁开1.5寸	遗尿，疝气，遗精，月经不调，白带，腰骶疼痛	
31	上髎	第一骶后孔中，约当髂后上棘与督脉的中点	大小便不利，月经不调，带下，阴挺，遗精，阳痿，腰痛	
32	次髎	第二骶后孔中，约当髂后上棘下与督脉的中点	疝气，月经不调，痛经，带下，小便不利，遗精，腰痛，下肢痿痹	
33	中髎	第三骶后孔中，约当中膂俞与督脉之间	便秘，泄泻，小便不利，月经不调，带下，腰痛	
34	下髎	第四骶后孔中，约当白环俞与督脉之间	腹痛，便秘，小便不利，带下，腰痛	
35	会阳	尾骨尖旁开0.5寸	泄泻，便血，痔疾，阳痿，带下	
36	承扶	臀横纹中央	腰、骶、臀、股部疼痛，痔疾	
37	殷门	承扶穴与委中穴连线上，承扶穴下6寸	腰痛，下肢痿痹	
38	浮郄	委阳穴上1寸，在股二头肌腱内侧	便秘，股腘部疼痛，麻木	
39	委阳	腘横纹外端，股二头肌腱内缘	腹满，小便不利，腰脊强痛，腿足挛痛	三焦经下合穴
40	委中	腘横纹中央	腰痛，下肢痿痹，腹痛，吐泻，小便不利，遗尿，丹毒	膀胱经“合穴”
41	附分	第二胸椎棘突下，旁开3寸	颈项强痛，肩背拘急，肘臂麻木	手、足太阳经交会穴
42	魄户	第三胸椎棘突下，旁开3寸	咳嗽，气喘，肺痨，项强，肩背痛	
43	膏肓	第四胸椎棘突下，旁开3寸	咳嗽，气喘，肺痨，健忘，遗精，完谷不化	

续表

穴	名	穴位	主治	特定穴
44	神堂	第五胸椎棘突下,旁开3寸	咳嗽,气喘,胸闷,脊背强痛	
45	譩譆	第六胸椎棘突下,旁开3寸	咳嗽,气喘,疟疾,热病,肩背痛	
46	膈关	第七胸椎棘突下,旁开3寸	胸闷,嗳气,呕吐,脊背强痛	
47	魂门	第九胸椎棘突下,旁开3寸	胸胁痛,呕吐,泄泻,背痛	
48	阳纲	第十胸椎棘突下,旁开3寸	肠鸣,腹痛,泄泻,黄疸,消渴	
49	意舍	第十一胸椎棘突下,旁开3寸	腹胀,肠鸣,呕吐,泄泻	
50	胃仓	第十二胸椎棘突下,旁开3寸	胃脘痛,腹胀,小儿食积,水肿,背脊痛	
51	肓门	第一腰椎棘突下,旁开3寸	腹痛,便秘,痞块,乳疾	
52	志室	第二腰椎棘突下,旁开3寸	遗精,阳痿,小便不利,水肿,腰脊强痛	
53	胞肓	第二骶椎棘突下,旁开3寸	肠鸣,腹胀,便秘,癃闭,腰脊强痛	
54	秩边	第四骶椎棘突下,旁开3寸	小便不利,便秘,痔疾,腰骶痛,下肢痿痹	
55	合阳	委中穴直下2寸	腰脊强痛,下肢痿痹,疝气,崩漏	
56	承筋	合阳穴与承山穴连线的中点	痔疾,腰腿拘急疼痛	
57	承山	腓肠肌两肌腹之间凹陷的顶端	痔疾,脚气,便秘,腰腿拘急疼痛	
58	飞扬	昆仑穴直上7寸,承山穴外下方	头痛,目眩,鼽衄,腰腿疼痛,痔疾	膀胱经"络穴"
59	跗阳	昆仑穴直上3寸	头痛,腰骶疼痛,下肢痿痹,外踝肿痛	阳跷脉"郄穴"
60	昆仑	外踝高点与跟腱之间凹陷中	头痛,项强,目眩,鼻衄,癫痫,难产,腰骶疼痛,脚跟肿痛	膀胱经"经穴"
61	仆参	昆仑穴直下,赤白肉际处	下肢痿痹,足跟痛,癫痫	八脉交会穴之一,通阳跷脉
62	申脉	外踝下缘凹陷中	头痛,眩晕,癫狂痫,腰腿酸痛,目赤痛,失眠	八脉交会穴之一,通阳跷脉
63	金门	申脉穴与京骨穴连线中点,当骰骨外侧凹陷中	头痛,癫痫,小儿惊风,腰痛,下肢痿痹,外踝痛	膀胱经"郄穴" 阳维脉之别属
64	京骨	第五跖骨粗隆下,赤白肉际	头痛,项强,目翳,癫痫,腰痛	膀胱经"原穴"
65	束骨	第五跖骨小头后缘,赤白肉际	头痛,项强,目眩,癫狂,腰腿痛	膀胱经"输穴"
66	足通谷	第五跖趾关节前缘,赤白肉际	头痛,项强,目眩,鼻衄,癫狂	膀胱经"荥穴"
67	至阴	足小趾外侧趾甲角旁约0.1寸	头痛,目痛,鼻塞,鼻衄,胎位不正,难产	膀胱经"井穴"

十、足少阴肾经

穴	名	穴位	主治	特定穴
1	涌泉	于足底(去趾)前1/3处,足趾跖屈时呈凹陷	头痛,头昏,失眠,目眩,咽喉肿痛失音,便秘,小便不利,小儿惊风,癫狂,昏厥	肾经"井穴"

续表

穴名		穴位	主治	特定穴
2	然谷	足舟骨粗隆下缘凹陷中	月经不调，带下，遗精，消渴，泄泻，咳血，咽喉肿痛，小便不利，小儿脐风，口噤	肾经“荥穴”
3	太溪	内踝高点与跟腱之间凹陷中	月经不调，遗精，阳痿，小便频数，便秘，消渴，咳血，气喘，咽喉肿痛，齿痛，失眠，腰痛，耳聋，耳鸣	肾经“输、原穴”
4	大钟	太溪穴下0.5寸稍后，跟腱内缘	癃闭，遗尿，便秘，咳血，气喘，痴呆，足跟痛	肾经“络穴”
5	水泉	太溪穴直下1寸	月经不调，痛经，经闭，阴挺，小便不利	肾经“郄穴”
6	照海	内踝下缘凹陷中	月经不调，带下，阴挺，小便频数，癃闭，便秘，咽喉干痛，癫痫，失眠 参考资料：据报道，针刺健康人照海穴，有明显促进泌尿的作用	八脉交会穴之一，通于阴跷脉
7	复溜	太溪穴上2寸	水肿，腹胀，泄泻，盗汗，热病汗不出，下肢痿痹	
8	交信	复溜穴前约0.5寸	月经不调，崩漏，阴挺，疝气，泄泻，便秘	阴跷脉“郄穴”
9	筑宾	太溪穴上5寸，在太溪与阴谷的连线上	癫狂，疝气，呕吐，小腿疼痛	阴维脉“郄穴”
10	阴谷	屈膝，腘窝内侧，当半腱肌腱与半膜肌腱之间	阳痿，疝气，崩漏，小便不利，膝腘酸痛	肾经“合穴”
11	横骨	脐下5寸，耻骨联合上际，前正中线旁开0.5寸	少腹胀痛，小便不利，遗尿，遗精，阳痿，疝气	足少阴经与冲脉交会穴
12	大赫	脐下4寸，前正中线旁开0.5寸	遗精，阳痿，阴挺，带下	足少阴经与冲脉交会穴
13	气穴	脐下3寸，前正中线旁开0.5寸	月经不调，带下，小便不利，泄泻	足少阴经与冲脉交会穴
14	四满	脐下2寸，前正中线旁开0.5寸	月经不调，带下，遗尿，遗精，疝气，便秘，腹痛，水肿	足少阴经与冲脉交会穴
15	中注	脐下1寸，前正中线旁开0.5寸	月经不调，腹痛，便秘，泄泻	足少阴经与冲脉交会穴
16	肓俞	脐旁0.5寸	腹痛，腹胀，呕吐，便秘，泄泻	足少阴经与冲脉交会穴
17	商曲	脐上2寸，前正中线旁开0.5寸	腹痛，泄泻，便秘	足少阴经与冲脉交会穴
18	石关	脐上3寸，前正中线旁开0.5寸	呕吐，腹痛，便秘，不孕	足少阴经与冲脉交会穴
19	阴都	脐上4寸，前正中线旁开0.5寸	腹胀，腹痛，便秘，不孕	足少阴经与冲脉交会穴
20	腹通谷	脐上5寸，前正中线旁开0.5寸	腹胀，腹痛，呕吐	足少阴经与冲脉交会穴
21	幽门	脐上6寸，前正中线旁开0.5寸	腹痛，腹胀，呕吐，泄泻	足少阴经与冲脉交会穴

续表

穴名		穴位	主治	特定穴
22	步廊	第五肋间隙，前正中线旁开2寸	咳嗽，气喘，胸胁胀满，呕吐	
23	神封	第四肋间隙，前正中线旁开2寸	咳嗽，气喘，腹胁胀满，呕吐，乳痈	
24	灵墟	第三肋间隙，前正中线旁开2寸	胸胁疼痛，咳嗽，乳痈，乳汁少	
25	神藏	第二肋间隙，前正中线旁开2寸	咳嗽，气喘，胸痛，呕吐	
26	彧中	第一肋间隙，前正中线旁开2寸	咳嗽气喘，胸胁胀满	
27	俞府	锁骨下缘，前正中线旁开2寸	咳嗽，气喘，胸痛，呕吐	

十一、手厥阴心包经

穴名		穴位	主治	特定穴
1	天池	第四肋间隙，乳头外侧1寸	咳嗽，气喘，胸闷，胁肋疼痛，瘰疬，乳痈	手厥阴、足少阳经交会穴
2	天泉	上臂掌侧，腋前皱襞上端水平线2寸，肱二头肌长、短头之间	心痛，咳嗽，胸胁胀痛，臂痛	
3	曲泽	肘横纹中，肱二头肌腱尺侧	心痛，心悸，胃痛，呕吐，泄泻，热病，肘臂挛痛	心包经“合穴”
4	郄门	腕横纹上5寸，掌长肌腱与桡侧腕屈肌腱之间	心痛，心悸，呕血，咳血，疔疮，癫痫	心包经“郄穴”
5	间使	腕横纹上3寸，掌长肌腱与桡侧腕屈肌腱之间	心痛，心悸，胃痛，呕吐，热病，疟疾，癫狂痫	心包经“经穴”
6	内关	腕横纹上2寸，掌长肌腱与桡侧腕屈肌腱之间	心痛，心悸，胸闷，胃痛，呕吐，癫痫，热病，上肢痹痛，偏瘫，失眠，眩晕，偏头痛 参考资料：据报道，电针刺激正常人内关、合谷、足三里等穴，血清淀粉酶并无明显改变，但针治急性胰腺炎患者时，其血清淀粉酶常能迅速下降	心包经“络穴”；八脉交会穴之一，通阴维脉
7	大陵	腕横纹中央，掌长肌腱与桡侧腕屈肌腱之间	心痛，心悸，胃痛，呕吐，癫狂，疮疡，胸胁痛	心包经“输、原穴”
8	劳宫	第二、第三掌骨之间，握拳，中指尖下是穴	心痛，呕吐，癫狂痫，口疮，口臭	心包经“荥穴”
9	中冲	中指尖端的中央。《针灸甲乙经》：在手中指之端，去爪甲（《素问》王冰注：去爪甲角）如韭叶陷者中。《针灸大全》：手指端内廉。《素问·缪刺论》：刺中指爪甲上与肉交者（王注：谓中冲穴）。有人据此定中冲穴在中指桡侧指甲角，并认为《针灸甲乙经》“在手中指之端”的“端”字，是指末端，而非尖端，因《针灸甲乙经》定厉兑、关冲、窍阴、大敦等穴均在“指端”云	心痛，昏迷，舌强肿痛，热病，小儿夜啼，中暑，昏厥	心包经“井穴”

十二、手少阳三焦经

穴名		穴位	主治	特定穴
1	关冲	第四指尺侧指甲角旁约0.1寸	头痛，目赤，耳聋，咽喉肿痛，热病，昏厥	三焦经“井穴”
2	液门	握拳，第四、第五指之间，指掌关节前凹陷中	头痛，目赤，耳聋，咽喉肿痛，疟疾	三焦经“荥穴”
3	中渚	握拳，第四、第五掌骨小头后缘之间凹陷中，液门穴后1寸	头痛，目赤，耳鸣，耳聋，咽喉肿痛，热病，手指不能屈伸	三焦经“输穴”
4	阳池	腕背横纹中，指总伸肌腱尺侧缘凹陷中	目赤肿痛，耳聋，咽喉肿痛，疟疾，腕痛，消渴	三焦经“原穴”
5	外关	腕背横纹上2寸，桡骨与尺骨之间	热病，头痛，目赤肿痛，耳鸣，耳聋，瘰疬，胁肋痛，上肢痹痛	三焦经“经穴”，八脉交会穴之一，通阳维脉
6	支沟	腕背横纹上3寸，桡骨与尺骨之间	耳鸣，耳聋，暴喑，瘰疬，胁肋痛，便秘，热病	三焦经“经穴”
7	会宗	支沟穴尺侧约1寸，于尺骨的桡侧缘取之	耳聋，癫痫，上肢痹痛	三焦经“郄穴”
8	三阳络	支沟穴上1寸，桡骨与尺骨之间	耳聋，暴喑，齿痛，上肢痹痛	
9	四渎	尺骨鹰嘴下5寸，桡骨与尺骨之间	耳聋，咽喉肿痛，暴喑，齿痛，上肢痹痛	
10	天井	屈肘，尺骨鹰嘴上1寸许凹陷中	偏头痛，耳聋，瘰疬，癫痫	三焦的“合穴”
11	清冷渊	屈肘，天井穴上1寸	头痛，上肢痹痛，目黄	
12	消泺	在尺骨鹰嘴与肩髎穴连线上，清冷渊穴上3寸	头痛，齿痛，项强，肩背痛	
13	臑会	在尺骨鹰嘴与肩髎穴连线上，肩髎穴下3寸，当三角肌的后缘	瘿气，瘰疬，上肢痹痛	
14	肩髎	肩峰后下方，上臂外展，在肩髃穴后寸许的凹陷中	肩臂挛痛不遂	
15	天髎	肩胛骨上角，曲垣穴上1寸	肩臂痛，颈项强急	手少阳经与阳维脉、阳跷脉交会穴
16	天牖	乳突后下方，胸锁乳突肌后缘，约平下颌角处	头痛，目痛，耳聋，瘰疬，项强	
17	翳风	乳突前下方，平耳垂后下缘的凹陷中	耳鸣，耳聋，口眼㖞斜，牙关紧闭，齿痛，颊肿，瘰疬	手、足少阳经交会穴
18	瘈脉	乳突中央，当翳风穴与角孙穴沿耳轮连线的下1/3与上2/3交界处	头痛，耳鸣，耳聋，小儿惊风	
19	颅息	耳后，当翳风穴与角孙穴沿耳轮连线的上1/3与下2/3交界处	头痛，耳鸣，耳聋，小儿惊风	
20	角孙	当耳尖处的发际	颊肿，目翳，齿痛，项强	手少阳、足少阳、手阳明经交会穴

续表

穴名		穴位	主治	特定穴
21	耳门	耳屏上切迹前，下颌骨髁状突后缘凹陷中	耳鸣，耳聋，聤耳，齿痛	
22	耳和髎	鬓发后缘；平耳郭根前，当颞浅动脉后缘	头痛，耳鸣，牙关紧闭，口㖞	手少阳、足少阳、手太阳经交会穴
23	丝竹空	眉梢处的凹陷中	头痛，目赤肿痛，眼睑瞤动，齿痛，癫狂痫	